让火箭起飞的女孩

仰望星空的初代程序员

[美] 娜塔莉亚·霍尔特 著

阳 曦 译

九州出版社
JIUZHOUPRESS

图书在版编目（CIP）数据

让火箭起飞的女孩 /（美）娜塔莉亚·霍尔特著；
阳曦译. -- 北京：九州出版社，2022.2（2022.10重印）

ISBN 978-7-5225-0682-1

Ⅰ.①让… Ⅱ.①娜… ②阳… Ⅲ.①女性－工程师
－生平事迹－美国 Ⅳ.①K837.126.16

中国版本图书馆CIP数据核字(2021)第257369号

Rise of the Rocket Girls: The Women Who Propelled Us, from Missiles to the Moon
to Mars

Copyright © 2016 by Nathalia Holt

This edition arranged with DeFiore and Company Literary Management, Inc.

through Andrew Nurnberg Associates International Limited

著作权合同登记号：图字01-2021-6554

让火箭起飞的女孩

作　　者	［美］娜塔莉亚·霍尔特　著　阳　曦　译
责任编辑	王　佶　周　春
出版发行	九州出版社
地　　址	北京市西城区阜外大街甲35号（100037）
发行电话	（010）68992190/3/5/6
网　　址	www.jiuzhoupress.com
印　　刷	天津中印联印务有限公司
开　　本	889毫米×1194毫米　32开
印　　张	10.75
字　　数	222千字
版　　次	2022年2月第1版
印　　次	2022年10月第2次印刷
书　　号	ISBN 978-7-5225-0682-1
定　　价	56.00元

献给拉尔金和我们的小火箭女孩：

埃莉诺和菲莉帕

我来到 NASA 不是为了创造历史。

—— 萨莉·莱德

我们，太阳帆，

如羽毛的羽簇般脆弱

为何却能悄然航向远方？

我们跨越长空，奔赴遥远的行星，

因为除了我们自己的生命以外，

还有更多事物值得追寻。

—— 雷·布雷德伯里与乔纳森·V. 波斯，

《航向太阳彼端》

前　言

"莉莉?"我指着一个名字试探着问道，湿漉漉的鸡尾酒垫上全是我潦草的字迹。我的丈夫摇头表示反对。我咬着笔一边努力思考，一边拖着臃肿的孕肚试图在摇摇晃晃的吧凳上保持平衡。那是2010年的夏天，我和丈夫正在为我们即将出生的女儿起名字，她的预产期在12月。我们坐在马萨诸塞州剑桥市的一间酒吧里冥思苦想，要是谁想出了某个名字，就把它写在酒垫上给对方看，感觉像是在玩一个奇怪的游戏：给宝宝起名字！但我们似乎差了点运气。我们俩的名字都不太常见 —— 我叫娜塔莉亚，他叫拉尔金 —— 所以我们希望给女儿起个好名字，免得她以后背上某个一辈子都甩不掉的烂绰号。拉尔金在酒垫上写下"埃莉诺"的时候，我立即表示反对。埃莉诺听起来太老气了，我简直无法想象，我的女儿怎么能叫这样的名字。但随着日子一天天过去，我的肚子越来越大，这个名字也渐渐走进了我的心里。我们开始替她想中间名了。我提出了"弗朗西斯"，拉尔金七年前去世的妈妈就叫这个名字。

和每一位现代的准妈妈一样，我上网搜了搜女儿的名字。在搜索框里敲下"埃莉诺·弗朗西斯"以后，我惊讶地发现，历史上有一位名叫埃莉诺·弗朗西斯·赫林的女性，她出生于 1932 年 11 月 12 日。赫林是美国国家航空航天局（NASA）喷气推进实验室（Jet Propulsion Laboratory，JPL）的一位科学家，她主持的项目旨在追踪地球附近的小行星。和我们在《世界末日》之类的电影里看到的那些科学家一样，赫林的任务是监测那些离我们的地球家园太近的小行星。在 NASA 服务期间，她发现了不少小行星和彗星——一共有 800 多颗。我的女儿能和这样的女性分享同一个名字，我感到非常荣幸。我还搜到了一张赫林的黑白照片，她捧着一面天文学奖牌，嘴角噙着一抹羞涩的微笑，金色的卷发蓬松地堆在肩头。这位女性到底为 NASA 工作了多长时间？我十分好奇。难道早在 20 世纪 50 年代，NASA 就有女性科学家了吗？遗憾的是，我可能永远无法解开这个谜题，因为赫林正好在前一年（2009 年）过世了。2010 年 12 月 14 日深夜，我们的女儿呱呱坠地，拉尔金和我给她起名叫作埃莉诺·弗朗西斯。从那以后，我时常想起那位和我女儿同名的女性，虽然我和她素昧平生。

对埃莉诺·弗朗西斯·赫林（朋友都叫她"格洛"）的痴迷引领我发现了另一群女性的故事，这些女孩曾为加州帕萨迪纳的喷气推进实验室工作，她们有个有趣的绰号："人力计算机"。20 世纪四五十年代，JPL 征募了这群女孩来完成所有关键的计算工作。是她们将早期的导弹送上天空，推动装载着沉重炸弹的火箭飞越太平洋，帮助美国发射第一颗卫星，指引月球任务和行星际探索任务的方向，甚至直到今天，火星漫游车的导航系统也离不开她们奠定的基础。在搜集资料的过程中，我找到了一张照片，照片上是 20 世纪 50 年代的这群女孩在桌前辛勤地工作。老照片已经十分脆弱，而且就连 NASA 的档案管理员也弄不清大多数女孩的名字，更别说她们的下落。看来她们的故事已经淹没在历史的尘埃中了。

很多人觉得，在 NASA 的早期历史上，女性只能承担无关紧要的文秘工作，但这群女孩却推翻了人们的固有印象。这些年轻的女工程师在我们的历史上留下了浓墨重彩的一笔，今天我们拥有的技术也离不开她们的贡献。她们是 NASA 最早的一批计算机程序员。其中一位女孩迄今仍在 NASA 工作，她也是为美国航天项目服务时间最长的女性。她们的故事让我们得以从一个全新的视角去看待美国历史上的那些关键时刻。

从女儿埃莉诺·弗朗西斯出生的那个寒夜开始，我常常想到这群女孩 —— 尤其是在情绪紧张的时候。作为一名微生物学家，我曾在南非偏远的研究站里捣鼓坏掉的吸乳器，也曾看着自己的孩子在实验室昏暗的大堂里奔跑，还曾小心翼翼地取出闪烁着迷人光辉的原始数据。在这样的时刻，我总会情不自禁地想起半个世纪前的那群女性，她们也曾面临同样的挣扎，迎来同样的荣耀。女性、母亲和科学家的多重身份有时颇为尴尬，有时又格外精彩，她们如何面对这些挑战？要找到这个问题的答案，只有一个办法：我得亲自问问她们。

目　录

前　言 / i

让火箭起飞的女孩

1958 年 1 月　发射日 / 3

卷一　20 世纪 40 年代

第一章　飞上云端 / 9

第二章　西行记 / 40

卷二　20 世纪 50 年代

第三章　火箭升空 / 59

第四章　导弹小姐 / 82

第五章　蛰　伏 / 105

第六章　90 天和 90 分钟 / 125

第七章　月　光 / 144

卷三　20 世纪 60 年代

第八章　模拟之王 / 161

第九章　行星引力 / 189

第十章 最后的太空皇后 / 214

卷四 20 世纪 70 年代至今

第十一章 男人来自火星 / 231

第十二章 看起来像个女孩 / 254

后 记 / 286

致 谢 / 290

注 释 / 294

出版后记 / 329

Barby Canright   Macie Roberts

Sylvia Miller   Janez Lawson

1958 年 1 月
发 射 日

　　女孩的心跳得很快，握着铅笔的手心里全是汗。她快速记录着电传打字机传来的数字。她已经有 16 个小时没睡觉了，但她丝毫不觉得疲惫。高强度的工作似乎让她的感官变得更加敏锐，她能感觉到理查德·费曼（Richard Feynman）就站在身后。这位著名物理学家紧盯着她笔下的那张坐标纸，时不时吐出一口长气。她知道大家都密切关注着她的一举一动，她的计算结果需要接受严格的审视。她的工作是告诉任务控制组，美国的第一颗卫星能否成功入轨。

　　几小时前，卫星还没发射的时候，她的男朋友曾祝她好运。女朋友竟然加入了美国的航天项目，而且常常加班到很晚，这件事他还不太习惯。出门之前，他抓紧时间亲了她一下。"就算那玩意儿掉进了海里我也一样爱你。"他笑着说。

　　几小时后的现在，卫星掉进海里的忧虑变得真实多了。按理说这会儿他们应该已经探测到了它发出的信号，然而那个小东西依然杳无音信。时间每流逝一秒都意味着他们离灾难性的失败更近了一分。来自全球各个跟踪站的数据如潮水般不断涌来，每传来一组新的数据，她就需要重新计算卫星的运行轨迹。如果它无法达到合适的速度，如果它不能成功入轨，那无异于朝美国的脸上摔了一颗鸡蛋，他们只能眼看着苏联在前面跑得更远。这颗卫星的命运也同样关系着女孩个人的骄傲。她是喷气推进实验室最资深的员工之一，那枚重量不及幼儿的圆筒形卫星是由她和其他科学家共同设计的火箭送上太空的。现在，整个项目最终的命运正等待着她去揭晓。

橙色坐标纸上的点连成一条曲线，她意识到这条轨迹正在逼近逃逸的临界点。如果卫星能够突破这个临界点，它就将离开大气层绕地球运行，成为美国的第一个航天传奇。太空探索的未来取决于这一刻，但女孩正试着不去想这件事。她摒弃杂念，全神贯注地处理着纸上的一串串数字。当她终于算出卫星已经越过那个关键节点离开了大气层，她立刻沉静下来。女孩一个字也没说，但一抹笑容不由自主地在她唇边浮现。

"你在笑什么？"费曼问道。时间一分一秒地流逝，物理学家的语气也正在变得越来越恼火。在卫星围绕地球完整地转上一圈、加州传来信号之前，他们无法确定那个小家伙是不是真的能够停留在轨道上。每个人的情绪都绷到了极点，他们等待着随时可能响起的"滴滴"声，那微弱的声音将宣告他们的成功。

电传打字机的嗒嗒声填满了她的耳朵，新的数据来了。漫长的寂静突然被打破了，卫星的信号传遍了整个房间，响亮而清晰。她检查了自己刚才的计算，然后将卫星最新的位置标在了坐标纸上。

"我们成功了！"她一边骄傲地宣布，一边转头去看大家的反应。在她身后，所有同事都在大声欢呼，他们几乎全都是男人。而在她身前，未来正在铺展开来，像太空般广袤无垠。

卷一
20 世纪 40 年代

 芭比·坎莱特（Barby Canright）

 梅茜·罗伯茨（Macie Roberts）

 芭芭拉·刘易斯（后改姓"鲍尔森"）
[Barbara Lewis（Paulson）]

第一章
飞上云端

她先是听到了一阵低沉的闷响。然后是爆炸声。再然后是金属互相刮擦的声音，响得像打雷一样。芭比·坎莱特猛地转过身，正好看到一块汽车大小的金属歪歪扭扭地挂在头顶的大楼边缘，金属块已经变了形，看起来危险极了。在这个瞬间，时间仿佛凝固了，她浑身僵硬地站在原地。而在下一秒钟，突如其来的恐惧充满了她的大脑，芭比惊慌地跑开，鞋跟清脆地敲打着加州理工学院（California Institute of Technology，Caltech）的红砖小径。周围的学生们都目瞪口呆地望着眼前的场景，不知道出了什么事。但芭比却心知肚明，她认识那块摇摇欲坠的金属。

站在安全距离以外，她眼睁睁地看着变形的金属部件如暴雨般砸在人行道上。先是平台，然后是火箭发动机，最后轰然落地的是沉重的单摆。自制的科学设备堆成了小山，在旁观者看来，这些东西无异于垃圾，但芭比却知道它们真正的价值。随着设备残骸一起掉下来的还有一块建筑物碎片，砖头在地面上砸得粉碎。尘埃落定后的校园安静得不可思议。芭比离开现场的时候，周围的学生才刚刚开始窃窃私语。仿佛是被方才的巨响震慑了心神，人们迟疑了好一会儿才敢开口说话。

最近芭比经常和丈夫一起共进午餐。她总会在午后逃离打字员的小隔间，穿过大学的校园，呼吸点新鲜的空气，享受南加州的阳光。不过 1939 年 3 月的这一天却是个罕见的阴天，对于那群人称"自杀小队"（Suicide squad）的家伙来说，这仿佛预示着他们的实验前途不妙。

那群家伙走到哪儿都引人注目，就像马戏团吸引人群，他们总有数不清的新鲜噱头和怪主意。自杀小队由三个年轻男孩组成：弗兰克·马利纳、杰克·帕森斯和埃德·佛曼（Frank Malina, Jack Parsons, Ed Forman）。谁也不会把他们当成正经的科学家，或许是因为这三个人里只有弗兰克是这所大学的学生。他的体格和其他男孩一样健壮，头发却稀疏得像个中年人。别看弗兰克的发际线日渐退缩，他实际只有 26 岁，和埃德一样大；他和杰克同一天生日，不过后者要小两岁。本着年轻人大无畏的精神，这三个男孩经常凑在一起捣鼓火箭。

埃德和杰克从中学开始就是一对密友，他们的母校是帕萨迪纳的华盛顿高中。杰克是三人组里的化学家，他在帕萨迪纳时髦光鲜的"百万富翁巷"长大。虽然杰克的学习成绩不怎么样，但凭着家里的背景，到头来他怎么也能上个大学。然而大萧条改变了杰克的命运，随着家庭的败落，他自己的职业前景也变得渺茫起来。埃德却出身寒微。他的父母是帕萨迪纳的工人阶级，所以他从小就擅长拼装零件。作为小团体的机械师，他总能让最简陋的设备发挥出最大的作用。对科幻和火箭的热爱奠定了两个男孩友谊的根基，同样的爱好又让他们和弗兰克走到了一起。

对芭比和她的丈夫理查德来说，自杀小队一点也不神秘；他们是这个小家庭的朋友，就这么简单。他们是在加州理工的校园里认识的，自杀小队没事就在这儿捣鼓火箭，虽然他们三个人里有两个根本就不是这里的学生。他们常常在坎莱特家的庭院里围着那张柳条边的玻璃桌聊到半夜，看着月亮在夜空中升起。加州的月亮似乎格外地大，在俄亥俄的家乡，芭比从没见过这么大的月亮，不过这或许是因为在俄亥俄温暖的夏夜里，人们总是待在门廊的纱窗后面，好躲开傍晚就开始出现的蚊子。

在帕萨迪纳这个宁静的小镇上，坐在后院里的芭比、理查德和自杀小队三人组能够清晰地看到夜空中的星星。大萧条以来，美国的商业急剧萎缩，从 1929 年起的 10 年里，全国商业规模萎缩了 52%。不过经济衰退也不是全无好处，至少夜空中的光污染变少了，天鹅绒般漆黑的天空为他们憧憬群星的话题提供了最合适不过的背景。朋友们讨论飞机的时候，芭比总是很感兴趣。对于一个爱幻想的 19 岁少女来说，太空飞行似乎是个触手可及的目标。他们的话题天马行空，从燃料到辅助翼，什么都聊。

自杀小队的三个男孩是梦想家，也是麻烦制造者。去年他们打算把一罐二氧化氮搬到化学楼里，结果阀门突然被堵住了，液态的二氧化氮在大楼外面制造出了一道有毒的喷泉。接下来的几周里，草坪上焦黑的斑块让学校的园丁恼怒不已，但芭芭拉每天上班路过那片草坪时总会露出会心的微笑。不幸的是，下一次实验就没这么有趣了。

三人组试图测试一种罕见的组合——二氧化氮与甲醇的混合物——看它在火箭发动机里表现如何。芭比对此深感不安。得益于高中时优异的化学成绩，她知道二氧化氮有多危险。吸入这种气体可能致命。想把二氧化氮和廉价的醇类混合起来放到火上，那无异于自寻死路。芭比对此大摇其头，自杀小队真是名不虚传。

三人组将这种危险的混合物灌进了一台小型火箭发动机。然后他们在发动机上拴了根50英尺[1]长的绳子，绳子末端系着配重块，类似一个单摆。绳子沿着楼梯井从古根海姆航空实验室的天台直通地下室，仿佛一架巨型秋千。只需要测量单摆的振幅，他们就能算出火箭在发射试验中可能达到的高度。但他们的实验并不顺利。第一次测试这套设备的时候，发动机没能成功点火，泄漏的有毒气体浸透了整幢大楼，所有接触到这种气体的金属都生了锈，所有抛光的表面都蒙上了一层雾霾。这幢楼里有个昂贵的新风洞，它也是当时世界上最大的风洞；试验失败后，风洞闪闪发光的金属表面很快就出现了一层橘褐色斑点，看起来就像得了麻疹。正是这次失败为三人组赢得了"自杀小队"的绰号。

三个男孩担心他们在加州理工的前途会随着风洞的生锈而毁于一旦。虽然埃德和杰克不是这里的学生，但他们研发火箭

1　1英尺＝30.48厘米。——编者注

的大计还仰仗着学校的庇护。所以当他们发现自己还能继续做实验的时候，三个人都又惊又喜。只是他们得把场地挪到户外。大楼侧面的一座金属平台成了他们的新基地，三人组把拖着单摆的火箭发动机搬了过去，小心翼翼地将它挂在平台侧面。那个三月的下午，芭比抬头发现爆炸的时候，她看到的正是这座平台——带着上面的所有设备——轰然坠落。事情原本有可能发展得更糟——弗兰克差点送命。只不过在最后一刻，他突然被叫走了，他得帮导师把一台打字机送回家，所以最后留下来做实验的只有埃德和杰克。弗兰克办完事回到学校里，却看到自己原本应该站的位置横着一根木梁，下面还埋着一块压力计的碎片。

这场事故进一步打响了自杀小队在学生中的名气，只不过这样的名声不太好听。芭比和理查德无情地取笑了他们。不过玩笑归玩笑，平台坠落时芭比不在附近，理查德对此深感庆幸。

理查德和芭比是一对热恋正酣的新婚夫妇。岁月还没来得及磨平这段婚姻的棱角，他们经常吵架，然后很快言归于好，一会儿哭了，一会儿又放声大笑。婚后不久，他们就从俄亥俄"私奔"到了南加州。当时理查德21岁，芭比比他小两岁，在雄性泛滥的加州理工校园里，她的回头率总是很高。她的一头黑发打着卷儿垂落在肩头，棕黑色的大眼睛和富有女性气质的娇小身段都像个标准的中西部女孩。她的工作也十分符合人们的固有印象。芭比是个打字员，她整天坐在键盘前面敲敲打打，平时有空的时候，她还会去洛杉矶西方学院上课。芭比非常聪明，上高中的时候，她选的数学课和化学课总是最难的，而且她常常是这些高难度课堂上唯一的女生。不过在学校里苦读的时候，她从没想过有朝一日这些功课会影响她的未来。她之所以努力学习，只是因为她真的乐在其中。尤其是在谈起数学的时候，这个女孩简直充满爱意。虽然芭比是个充满魅力的少女，但对于女性受到的种种限制，她觉得十分恼火。当时女性能够从事的职业不外乎老师、护士和秘书，但这些工作她都不喜欢。而且不管她选择什么职业，都只能是个临时的过渡。因为现在她结了婚，一旦她和理查德有了孩子，她就没法继续上班了。母亲才是她责无旁贷的终身职业。

和芭比一样，理查德对自己的工作也不太满意。为了养家，他在物流公司找了一份开卡车的工作；与此同时，他还在加州理工继续研究生的学业。和芭比不一样的是，他看得见地平线上的曙光。理查德想当工程师，而且他知道，只要付出足够的努力，他就能达成目标。芭比和理查德都没有意识到，尽管他们成天取笑自杀小队，但他们的命运终将和那个疯狂的小团体纠缠在一起。不到一年以后，弗兰克·马利纳将为这对夫妇提供一个诱人的工作机会。

1939 年，美国国家科学院给自杀小队拨了一笔款子，现在这个小团体有了一个更正式的名字：加州理工学院古根海姆航空实验室（Guggenheim Aeronautical Laboratory at the California Institute of Technology，GALCIT）火箭研究计划。这笔钱来得正是时候。在此之前，因为缺乏资金，三人组的火箭项目已经濒临解体。杰克和埃德去了哈利法克斯粉末公司打零工，弗兰克开始为土壤保育协会搞研究。国家科学院提供的1000美元奖金拯救了这个项目，将他们重新团结在一起。第二年他们又拿到了一笔足以改变命运的资金，金额是第一笔的10倍。这也是美国政府在火箭研究领域的第一笔投资。为了致敬这笔资金的提议方——美国陆军航空兵团，自杀小队再次更名为航空兵团喷气推进研究计划（Air Corps Jet Propulsion Research Project）。他们的目标十分明确：研发火箭飞机。这个无畏的项目小组就是喷气推进实验室的前身。

有了钱，三人组终于能雇几个人来帮忙了。弗兰克深知他们需要训练有素的数学家，所以他找到了坎莱特夫妇。芭比知道这份工作很不靠谱，她十分怀疑这群无法无天的家伙到底有没有常性。可靠显然不是三人组的长处，要接受他们的邀请，她和理查德就得放弃更好的工作。但这个机会的确相当诱人。

如果接受了弗兰克的邀请，芭比就将再次成为一群男人里面唯一的女性。她从没想过自己会走上这样一条职业道路，但她的资质显然足以胜任。对她来说，数学就像第二层皮肤一样舒适，握着铅笔肯定比坐在打字机前舒心。另外，这个职位相当体面，她可以和丈夫一起工作，薪水也比当打字员多一倍。除了钱以外，这份工作还能给她一个机会，让她重拾荒废的数学才能。

那时候的芭比还不知道，她即将加入的团队不仅仅是个普通的火箭研究小组，它还将成为一个福泽数代的独一无二的组织。在苹果公司、IBM和配合内存使用的现代中央处理单元诞生之前，"computer"这个词语指代的不是我们今天所说的"计算机"，而是那些负责计算的人。靠着一张纸、一支笔和自己的大脑，这些计算员就能解开复杂的数学方程。

　　18世纪的天文学家需要计算员帮他们预测哈雷彗星的回归周期。第一次世界大战期间，很多男人和女人踏上了"弹道计算员"的岗位，他们的职责是计算战场上步枪、机枪和迫击炮的射程。大萧条期间，美国政府雇用了450位计算员，其中有76名女性。这些计算员隶属于公共事业振兴局（Works Progress Administration，WPA），他们拿着微薄的薪水，却做出了辉煌的成就。他们用一行行数字填满了一部多达28卷的皇皇巨著，最终，在哥伦比亚大学出版社付梓的这部著作有了一个朴实的名字：《数学表格工程》（*Mathematical Tables Project*）系列。他们不知道的是，未来某天，这部充满了对数、指数函数和三角函数的巨著将成为我们飞向太空的基石。

　　探索太空的梦想让自杀小队的几位元老走到了一起。白天他们忙着折腾火箭发动机，到了晚上，他们就开始畅想宇宙的极限。其实早在拿到联邦政府的资助之前，这个小团体已经吸引了一些新成员。1936年，加州理工的两名研究生A.M.O.史密斯（A.M.O.Smith）和钱学森加入了自杀小队。这个无畏的小团体如此诱人，为了当上他们的摄影师，加州理工天体物理系的助教韦尔德·阿诺德甚至"贿赂"了弗兰克1000美元，这也是自杀小队收到的第一笔（非正式的）资助。第一笔100美元的款子全是皱巴巴的1美元和5美元纸币，韦尔德骑着自行车把它送到了弗兰克手里。谁也没问他从哪儿弄来了这么多钱，光是看到钱大家就够高兴了。

这群人总是嘲笑电影里那些外星飞船不合情理的设计，不过他们更津津乐道的是弗兰克写的剧本，当然，火箭科学家是剧中的英雄。他们沉浸在幻想里，没完没了地讨论自己心目中最理想的太空飞船：火箭飞机。

不过想要造出真正的飞机，他们得先找个新的工作场所。慑于自杀小队越来越强的破坏力，加州理工将他们赶出了校园。男孩们开车远赴荒芜的山区，最后看中了一片尘土遍地的峡谷——阿罗约塞科。虽然它离帕萨迪纳只有几英里[1]，但感觉却像是另一个世界。这里没有窥探的眼睛，陡峭的谷壁环抱着与世隔绝的实验场地。镇上的人觉得这片峡谷本身就像某种怪兽。虽然南加州似乎永远阳光灿烂，但乌云偶尔也会聚集到一起，引来瓢泼大雨。暴雨会灌满阿罗约塞科的河床，激流奔向山脚的居住区和商业区，带来突发的洪水。帕萨迪纳的居民痛恨这片峡谷，最后他们决定想点办法来遏制大自然的怒火。1935 年，WPA 开始修建一系列迷宫般的水泥渠，试图将肆意泛滥的支流纳入人类的掌控之下。曾经野性难驯的洛杉矶河乖乖流进了水泥河道，沿着山谷蜿蜒奔向山脚。

曾经的河床变成了大地上干涸的遗迹（在西班牙语里，阿罗约塞科 "arroyo seco" 这个词的意思就是 "干河床"），虽然阿罗约塞科看起来荒无人烟，但实际上，从自杀小队存放设备的加州理工校园开车过来并不远。不过这地方也有缺陷：岩石嶙峋的干燥地面上点缀着一簇簇灌木，很容易引来野火。当然，

1　1 英里 ≈ 1.61 千米。——编者注

对星星之火的担忧也无法阻挡自杀小队点亮夜空。

　　他们在荒凉的峡谷里生生凿出了一个家，然后根据这里的地形重新设计了实验。这时候他们的团队还很弱小，弗兰克的研究生导师西奥多·冯·卡门（Theodore von Karman）做了项目主任，首席工程师正是弗兰克本人。坎莱特夫妇和几位新的工程师一起加入了这个团队，他们发现，干涸的河床特别适合测试火箭。他们挖了几处试验井，又盖了几幢小房子来安放设备。不过在芭比看来，这里依然十分荒凉。灰尘弄脏了她的鞋子，又钻进了她的头发。沙子简直无孔不入，无辜遭殃的不光是她的车和皮包，甚至还有她的口红。虽然这地方遍地沙尘，小团队的成员却过得相当充实。偏僻的峡谷掩盖了危险实验的巨响，与世隔绝又让这群人显得越发神秘。外人觉得他们总是躲在山沟里摆弄爆炸装置，简直就像一群疯狂科学家。

　　那时候火箭还是一门边缘学科，大家根本不会正眼看待以此为业的人。弗兰克向加州理工教授弗里茨·兹威基请教问题的时候，这位老师教训他说："你是个大傻瓜，你想干的事儿根本就不可能成功。火箭不能在太空中运行。"事实上，"火箭"这个词儿的名声烂到了家，自杀小队给自己的研究所起名字的时候甚至刻意避开了这个词，所以才有了我们今天熟悉的这个名字：喷气推进实验室。就连姐妹机构麻省理工学院（Massachusetts Institute of Technology，MIT）古根海姆航空实验室的科学家也会嘲笑他们，MIT 的工程学教授万尼瓦尔·布什就曾轻蔑地说："我真是不明白，正经的科学家和工程师怎么会跑去搞火箭。"

　　把火箭绑到飞机上的主意和自杀小队经常取笑的 UFO 一样

科幻。当时的飞机靠活塞发动机推动螺旋桨旋转，但这样的设计有天然的速度上限，因为越接近每小时 760 英里的音速，螺旋桨的运行效率就越低。空气的高速流动还会在螺旋桨周围形成激波，由此产生的阻力会拖慢飞机的速度。为了突破速度上限，一些科学家想了个大胆的主意：他们打算彻底抛弃活塞发动机和螺旋桨，转而研发一种能为飞机提供足够推力的喷气式发动机。批评家对这个想法嗤之以鼻。因为这显然是个不可能的任务，就算他们真能造出这么强大的发动机，那它也肯定重得飞不起来。

如果你给一个气球充满气，然后突然把它的气嘴松开，气球就会向前飞出去，喷气式发动机的原理其实也一样。空气之所以会通过狭窄的出口向外喷射，推动气球向前飞行，是因为气球内部的气压高于外部，受到挤压的空气分子会想方设法地往外逃窜。只要限制了出口的大小，逃逸的分子就能产生足够的推力，迫使物体向前运动。

第二次世界大战之前，这个想法还停留在实验室里，德国的汉斯·冯·奥海恩（Hans von Ohain）和英国的弗兰克·惠特尔（Frank Whittle）都是这个领域的佼佼者。既然喷气式飞机发动机还处于实验阶段，资深的航空工程师难免会觉得用火箭来推动飞机的主意简直幼稚透顶。火箭发动机比喷气式发动机还要复杂，尽管二者的原理基本相同，但火箭发动机不能使用空气中的氧气来氧化燃料，它需要装载自己的氧化剂，所以它的工作机制更加复杂，自重也更大。

虽然大家都觉得火箭飞机的主意十分荒唐，但弗兰克和他的团队却一丝不苟地追逐着这个目标。给妈妈写家书的时候，弗兰克详细描述了自己对这种飞机的期望，他甚至精确地阐述了他们需要克服哪些技术障碍。作为一位钢琴老师，母亲培养了弗兰克对音乐的热爱，她看不懂火箭飞机的技术细节，但儿子大胆的计划令她惊叹不已。

弗兰克的母亲或许不懂儿子为什么想造火箭飞机，但她仍深深地为他感到骄傲。虽然她出生在美国，但她的家庭和弗兰克的父亲一样来自捷克斯洛伐克。弗兰克的父母相识于休斯敦交响乐团，他们希望未来的孩子能像他们俩一样投身于音乐事业。弗兰克7岁的时候，父母带着他回到了捷克斯洛伐克，他们一起在摩拉维亚生活了5年。上音乐课的间隙，弗兰克喜欢在纸上画气球和飞机，不过他的飞翔之梦里常常穿插着威尔第的曲目。科学和艺术在弗兰克的笔下密不可分，这也为他的一生奠定了奇妙的基调。

弗兰克12岁的时候，他的父母带着一家子搬回了美国。小男孩发现自己来到了得克萨斯中东部的布伦汉姆，周围全是玉米和棉花。对于刚刚进入青春期的男孩来说，小镇生活简直是场噩梦。弗兰克从父亲那里继承的几乎每样东西都会遭到嘲笑，从肤色到他的姓氏。弗兰克拿到得克萨斯 A&M 大学的机械工程学位以后，母亲就知道他会头也不回地离开得州。很快儿子就证明了她的猜想，他去了加州理工念博士。虽然弗兰克没有踏上父母期望的音乐职业道路，但从小受到的熏陶在他心中播下了艺术的种子。虽然这些种子暂时陷入了沉睡，但只要耐心等待，它们自会绽放。

芭比和弗兰克同病相怜。他们俩都离开了家乡远走高飞，虽然他们绝不会搬回家乡，但他们都深深思念着自己的母亲。每周他们都会给家里写几封长信。弗兰克的家书像日记一样琐碎详尽。他会以科学家的精确笔触描绘自己的情绪、想法和行动。从另一方面来说，芭比的信里充满了女性化的细节，她知道妈妈爱看这些东西。

除了舞会和晚宴以外，芭比还会兴奋地告诉妈妈他们新成立的研究所拿到了源源不断的政府资助。但并不是每个人都为 JPL 新近获得的军方背景欣喜雀跃。MIT 航空工程系的系主任杰罗姆·亨塞克就对此不以为然。"就让冯·卡门去完成巴克·罗杰斯[1]的任务吧。"他说。亨塞克的团队主攻的是飞机挡风玻璃的除冰技术，在航空工程领域，他们的课题远比 JPL 的项目更受尊重，虽然它确实不如后者那么引人注目。

亨塞克嗤之以鼻的"巴克·罗杰斯任务"旨在研发人们长久以来梦想的火箭飞机。但军方想要的不是探索地球大气层极限的火箭，而是能帮助轰炸机将沉重的炸弹通过短短的跑道送上天空的强大推进器。轰炸机本身的推力难以完成这样的壮举。所以这个大胆的计划可以简化成一个问题：弗兰克和他的团队能把火箭绑到飞机上吗？

坐在午餐桌前的芭比第一次听到了"JATO"这个词组。弗兰克解释说，这个缩写的意思是"喷气助推起飞"（jet-assisted takeoff）。这个名字让她情不自禁地笑了起来，看来为了避开

1　Buck Rogers，20 世纪二三十年代的美国太空歌剧故事主角。——译者注

"火箭"这个词，大家真是拼尽了老命。芭比的丈夫给它起了个更随意的绰号：捆绑式火箭。无论叫什么名字，是时候让实验进入下一步了；他们需要测试的不再是干河床上的火箭，而是绑在飞机上的火箭，虽然这架飞机被铁链牢牢地拴在地上。

1941 年 8 月，芭比几乎每天都起得很早。清晨 5 点她就得起床，然后穿上精心搭配的高跟鞋、长袜、连衣裙或者短裙。和她一起工作的男人们不修边幅，丝毫不在乎形象。他们总是随便套一件衬衫、蹬一双舒服的靴子，既不搭外套，也不系领带。和他们相反，芭比每天早上都会认真化妆，卷发也梳理得整整齐齐。但要是不系头巾，她的卷发很快就会被机场里的阵风吹得乱七八糟。还有灰尘，她似乎永远都躲不掉这些阴魂不散的坏蛋。

早上出门之前，芭比和理查德常常在玫瑰色的厨房里一起喝咖啡。他们会聊一会儿工作和晚上的计划，芭比还会在脑子里预想一遍当天的任务，她知道，只要进了机场，她就别想静下心来了。上班路上她爱听格伦·米勒的《每天都是假日》或者安德鲁斯姐妹的《军号男孩》。

小小的马区机场坐落在帕萨迪纳东面，离市区大概有 1 小时车程。芭比和理查德开车前往机场的路上，远处的丘陵才开始渐渐透出晨光。平静无风的清晨最适合他们的实验，到了下午，仿佛突然苏醒的大风会将芭比的裙子紧紧裹在腿上，也会为他们的捆绑式火箭测试带来许多风险。

早期的测试常常以失败告终。风不仅会吹乱芭比的卷发，也会摇晃跑道上的飞机。他们弄来了一架小飞机，拆掉了它的螺旋桨，然后用铁链把它拴在了跑道上。工程师们希望这些措施能稳定飞机的位置，降低事故率。之所以要用铁链拴住机身，是因为他们的火箭暂时还不能真正地把飞机送上天空。

他们用来做实验的是一架厄柯普（Ercoupe），这架小飞机只有一个座位，固定在机身下侧的机翼外面裹着一层闪亮的铝制蒙皮。它的重量只有 838 磅[1]，"二战"结束后，你甚至能在梅西百货的男装部买到这款飞机。JPL 的工程师在厄柯普机翼下方的蒙皮上开了个 10 英寸[2]宽的槽，然后把火箭发动机直接固定在了机身外面，刚开始是一边两个。霍默·鲍施伊中尉坐在驾驶舱里，他曾是冯·卡门的学生，现在是军方的飞行员。他的任务是给填满了爆炸性粉末的发动机点火。

第一次测试的时候，火箭发动机没能成功点火。但谁也不知道原因。第二次测试更加糟糕，飞机外面一共绑了 4 个喷气单元，其中一个直接解体了。排气喷嘴在机身上撕出了一个大洞，最后轰地砸在跑道上。发动机的燃烧室足足飞到了 100 英尺以外。工程师们在实验记录里写道："强大的冲击力导致后部角铁松动，排气喷嘴正上方的硬铝蒙皮延展变形，最终导致四五枚铆钉松脱。"这次事故震撼了组里的所有人，他们竟然打破了厄柯普"全世界最安全飞机"的广告宣传。不过至少没人受伤。

除了和其他工程师一样的常规实验记录，芭比还在棕色封皮的窄长笔记本里画了许多数据表格。她需要计算每台火箭发

1　1 磅 ≈ 0.45 千克。——编者注
2　1 英寸 = 2.54 厘米。——编者注

动机产生的推力，研究发动机推力与飞行试验结果之间的关系。她要寻找的是能够帮助工程师评判火箭发动机表现的线索——这些隐藏的数据也许会告诉他们怎样才能把飞机送上天空。

出了事以后，团队很担心试飞员鲍施伊会打退堂鼓。要是中尉真的走了，他们不知道还能不能找到下一位志愿者。幸运的是，鲍施伊决定再试一次。杰克·帕森斯后来在笔记中写道："飞行员打算等到飞机修好以后立即重启飞行测试，他的勇敢值得我们钦佩。"

接下来的一周里，他们修好了飞机，又给圆筒形的火箭加装了一个安全罩。他们甚至还加了两台火箭发动机，现在这架小飞机上一共绑了6枚火箭。飞行员重新钻进驾驶舱的时候，大家都紧张极了。他们在飞机鼻子上贴满了海报，上面写着大字：小心！不要受伤！这是为了提醒大家牢记上一次惊险的事故。飞机拖着铁链在空中盘旋的时候，芭比屏住了呼吸。虽然在这次试验中，飞机只离开了地面几英尺，但他们第一次看到了梦想中的火箭飞机走进现实的曙光。

4天后的1941年8月12日，JPL的工程师解开了固定飞机的铁链。机场里十分安静。芭比紧张得一个字都说不出来。大家辛苦了那么久，成败就看今天的实验了。令人欣喜的是，实验结果达到了团队的最高预期。他们的火箭将飞机起飞所需的滑行距离缩短了一半。鲍施伊走出驾驶舱的时候满脸笑容。这正是军队需要的东西，它也证明了JPL的能力。在那个阳光灿烂的秋日，所有团队成员站在飞机旁边拍了一张合影，照片里的机身上还绑着火箭。这架小飞机很快就将改变JPL的未来。

芭比站在机场里，感觉机身冰冷的金属触碰着自己温暖的肌肤。哪怕在一天中最热的时分，铝制机壳也会将大部分热量反射回天空。就像火箭飞机上打的"补丁"一样，芭比在过去几个月里失去的所有东西也得到了补偿。她上过的那些科学课程，冒险从俄亥俄搬到加州，甚至包括放弃加州理工打字员的职位，所有付出和牺牲都在这一天得到了超乎预期的奖赏。

和芭比一样，火箭飞机也刚刚开始小试牛刀。之前 JPL 的工程师在机身上绑了 6 枚火箭，将它送上了天空，现在是时候进一步挑战极限了。虽然"自杀小队"的名字已成历史，团队的规模也有所扩大，但他们从未停止冒险。下一步他们打算给飞机加装 12 个 JATO 单元，看看单靠这些火箭，飞机能不能成功起飞。结果他们的小飞机真的飞上了天，完全不需要螺旋桨的辅助，这也是美国历史上第一次完全由火箭驱动的飞行试验。他们的成功来得正是时候，4 个月后，火箭驱动的飞机将成为军方急需的尖端装备。

1941 年 12 月 7 日，坎莱特夫妇原本应该享受一个宁静的星期日下午。芭比开着收音机在厨房里做饭，就在这时候，播音员打断节目播报了一条突发新闻。日本人袭击了珍珠港。芭比无力地蹲在厨房地板上，泪如泉涌。战火烧到了家门口。夏威夷和加州突然变得近在咫尺。接下来的一整晚，芭比和理查德一直守在收音机前。在这个晦暗的时刻，芭比听到广播里传来了第一夫人有力的声音。埃莉诺·罗斯福说："我们知道，我们必须面对。我们也知道，我们已经做好了准备。"芭比十分清楚，如今的局面意味着他们的工作变得更加重要。第二天去实验室的时候，芭比和理查德或许还会讨论珍珠港事件，但他们满心里想的全都是火箭飞机。

不过缩短厄柯普的起飞距离充其量只能算是个小成就，军方需要将 14 000 磅的轰炸机送上天空。短短一个月，芭比就用掉了 20 多本笔记簿，上面全是排列得整整齐齐的印刷体数字。每一列都是一次实验的数据，她将这些原始数据代入复杂精巧的方程，算出工程师需要的结果。芭比负责计算的一个关键参数是飞机的推重比，这个参数可以帮助工程师比较火箭发动机在不同条件下的表现。这个参数芭比反反复复算过无数次，她在方程式中游走，就像穿鞋一样轻松自如。一切的努力都是为了完成那个最终的目标。

JPL 的火箭只花了 1 年时间就将道格拉斯 A-20A 轰炸机（Douglas A-20A bomber）送上了天空。重型轰炸机上的 JATO 单元完成了 44 次点火测试，火箭只需要再做一点小小的改动，这个项目就算大功告成。站在轰炸机旁的芭比·坎莱特第二次露出了骄傲的笑容。是时候让他们的技术离开实验室，进入实际的生产了。弗兰克和冯·卡门成立了一家名叫"航空喷气"（Aerojet）的公司来生产火箭，与此同时，他们本人仍留在阿罗约塞科继续做研究。

金钱和成功为这个不起眼的团队赢得了支持，他们在加州的这片峡谷里正式定居了下来。现在的 JPL 需要更多的雇员。弗兰克告诉芭比，他打算再雇一男一女两位计算员，弗里曼·金凯（Freeman Kincaid）和梅尔巴·尼德（Melba Nead）。听到这个消息，芭比十分高兴。直到这时候，芭比和弗兰克的秘书仍是研究所里仅有的两位女性雇员。芭比和那位秘书打交道的机会不多，没有同性的陪伴，她一直觉得有些孤单。

从另一方面来说，梅尔巴觉得压力很大。第一次去杰克和海伦·帕森斯家参加派对的时候，面对那么多几乎完全陌生的面孔，她显得十分羞涩。也许是感觉到了她的沉默，一位老绅士走到了她的面前。"我是冯·卡门。"他伸出手和蔼地说。梅尔巴握住了他的手，实验室主任竟然这么随和，她惊讶极了。这群人的熟络迅速感染了梅尔巴，她很快就跟所里的工程师和计算员打成了一片，现在她觉得舒服多了。

不过有一位计算员即将离开他们。芭比的丈夫升职做了工程师，理查德终于凤愿得偿。虽然芭比的资历和丈夫差不多，但她却没有得到提拔，她自己也从没想过这方面的事儿。女性的身份天然伴随着种种限制，就是这么简单。虽然她热爱自己的工作，但既然理查德升了职又加了薪水，她开始考虑生孩子了。

与此同时，理查德在实验室里开始了新的折腾。他想看看他们的火箭在水下的表现。为了完成这个任务，工程师们在试验井附近挖了一条沟，然后在里面灌满了水。他们把火箭发动机放到沟里，水立即涌进发动机，淹没了燃料管。发动机离水面的距离只有 9 英寸，但芭比觉得这已经够绝望了，火箭怎么可能点得燃。JPL 试图研发的是所谓的"水下炸弹"。虽然从本质上说，这玩意儿其实就是鱼雷，但他们不敢明目张胆地这么叫它，因为只有海军才有权研发鱼雷。给发动机点火的时候，理查德和他的团队本来以为火箭会发出一阵悲鸣然后熄火，结果他们惊讶地发现，发动机在水下的表现很不错。理查德立即把水沟抛到了脑后，他们带着发动机去了附近的一片湖边，在那里，他们可以让火箭下潜到 6 英尺的深度。回来以后，他把数据交到妻子手里，兴奋地等待她的计算结果。

理查德升职后不久，JPL 又迎来了两位女性雇员，维吉妮亚·普雷蒂曼（Virginia Prettyman）和梅茜·罗伯茨。现在计算室里的团队一共有 5 个人，4 女 1 男。刚开始的时候，两位新员工根本干不了多少活儿。进入 JPL 之前，维吉妮亚和梅茜（很快大家对她们的称呼就变成了金妮和博比）从没听说过"计算员"这个职位。前来应聘的时候，她们完全不知道自己将要从事的是什么样的工作。虽然两位新雇员还很稚嫩，但几位计算员很快就成了好朋友。他们每天一起工作，有时候伏案计算，有时候去试验场观看实验，跟工程师聊天。这几位同事在帕萨迪纳住的地方几乎就在隔壁，所以他们还经常一起共进晚餐，然后找点消遣。

JPL 的大部分员工都开车上班，偶尔也会有人拼车。弗里曼和梅尔巴喜欢坐公交，他们会在荒无人烟的文图拉街站下车，然后穿过干河床上方低矮的山脊走到办公室里。峡谷里只有零零落落的几幢房子：一座旧谷仓，两间小实验室，一个液态推进剂车间，两台加工金属的液压机，还有 11 号楼。11 号楼是 JPL 的工程楼，它正好紧挨着几座试验井。这几座试验井也有名字，分别叫作 5 号楼、6 号楼、7 号楼和 10 号楼。但这几幢"楼"其实只是盖在火箭试验井上方的简陋棚子而已。

11 号楼的规模也不大，但却很新。小楼里面有一间会议室和一间暗房，还有为工程师和计算员准备的粉刷一新的办公室。墙上的一整排窗户为计算室带来了充裕的加州阳光，每位计算员都有自己的木质办公桌，阳光常常给这些桌子镀上一层金色的光晕。

这间屋子永远都静不下来。除了大型电子计算器、计算尺的声音和交谈的背景音以外，5 位计算员也贡献了不少噪音，但来自试验井的巨响足以淹没室内的一切声音。埋头工作的计算员常常被吓得跳起来。更糟糕的是，现场团队还决定增加点火警报。为此机械师特地改装了一套福特卡车的喇叭。每次听到那刺耳的"叭叭"声，室内的工作人员总会跳得跟听到爆炸声的时候一样高。这两种噪音也让附近的新居民不堪其扰。

梅尔巴有时候会躲到走廊里清静一会儿。她会跟弗兰克的秘书多萝西·刘易斯愉快地聊会儿天，然后走进弗兰克的办公室跟他讨论一下数据。29 岁的弗兰克刚刚升任了 JPL 的代理主任。

1944 年，冯·卡门离开了 JPL 去帮助空军组建科学顾问组。随着他的离开，JPL 的领导层也需要进行相应的调整。加州理工的航空学教授克拉克·密立根很想接替他的位置来管理这间新成立的研究所。虽然密立根经验老到，但冯·卡门却更希望把 JPL 交给自己以前的学生。弗兰克的确还很稚嫩，但他对研究工作的热忱足以弥补这一缺陷。

眼看着弗兰克在极短的时间内从学生变成了教授，芭比的感觉一定十分复杂。出于工作需要，现在他不得不摆出一副正经的面孔，至少大部分时候是这样。虽然他还是喜欢在实验室里搞恶作剧，不过基本都是在深夜，那时候办公室里只有他一个人。从无拘无束的自杀小队成员到一家正经研究所的负责人，这样的转变对弗兰克来说相当艰难。有一天，芭比和 JPL 的其他计算员惊讶地看到弗兰克正在严厉地批评一位工程师。

工程师常常需要去加州的穆拉克（如今的爱德华兹空军基地）测试 JATO，某次试验间隙，沃尔特·鲍威尔开始摆弄他的玩具飞机，结果被弗兰克抓了个正着。弗兰克毫不留情地训斥了他，"把你的玩具收起来，沃尔特。这里不是游乐场。"沃尔特非常生气。研究所刚刚成立的那几年，他们经常一边干活一边玩，但现在却不行了。弗兰克回了办公室，但沃尔特还是对他的责备耿耿于怀。既然弗兰克不把自己放在眼里，沃尔特决定给他点颜色看看。他抄起一把短斧冲到弗兰克的办公室门口，大吼一声举起斧头劈向紧闭的房门。一下，两下，三下……

透过房门被砍开的缝隙，弗兰克看到了沃尔特气得通红的脸，他开始高喊救命。几个人闻声赶来。他们试图安抚沃尔特，但这头蛮牛气得浑身发抖。一位工程师手里正好捏着一把剪刀，他想出了一个主意。他径直走向沃尔特，剪断了他的领带。走廊里立刻安静下来。有人第一个笑出了声，很快就连弗兰克都大笑起来。沃尔特没笑，但他放下了斧头。他觉得难堪极了。这个八卦在研究所里传了整整一个月。芭比和梅尔巴经常模仿这戏剧性的最后一幕，芭比会拿着剪刀假装追逐梅尔巴。过了很久以后，沃尔特才重新开始在上班的时候系领带。

为了预防以后再发生类似的事情，弗兰克独自揽下了所有招人的活儿。虽然研究所扩张得很快，但他招聘的时候一直很谨慎，最终打造出了一支敬业的团队。坐落在偏远峡谷里的这间研究所是他亲手建立起来的，他希望这个小团队里的所有人都能愉快地工作。考虑到大家要一起工作那么长时间，JPL 的员工不能仅仅是同事 —— 他们需要像家人一样亲密无间。

计算室里的工作运行得像机器一样流畅，笔记簿从一张桌子传向另一张桌子，五位同事通力合作，把原始的数字转化为有意义的数据。办公室里最值钱的财产是一台弗莱登（Friden）计算器。我们今天使用的计算器做工精巧，功能繁多，小得能放在掌心里，但那个年代的计算器却大不一样。它足足有一个面包盒那么大，而且重得要命。这台弗莱登刚刚送到办公室的时候，芭比高兴极了，有机会掌管这么个很多人连见都没见过的稀罕玩意儿，她觉得十分得意。这台最新的科技产品运算速度比计算尺快得多，虽然它只能加减乘除。这个灰盒子看起来

弗莱登计算器的广告

很像打字机，但它的键盘上印的不是字母，而是一排排从 0 到 9 的重复数字。报纸上的广告吹嘘说，只需"轻敲键帽"，这台弗莱登计算器就能"自动地将数据从刻度盘转移到键盘上"。你只要正确输入每一列的数字，它就能"全自动"完成运算。

这台计算器会从上方吐出一小片纸，上面写着等式和计算结果，就像打字机里的打字纸一样。今天的我们很难相信，这么复杂的一台机器功能竟然这么简单。当然，这些简单的功能只能完成计算量的冰山一角——其他的计算全靠芭比和其他计算员的双手来完成。每天 8 小时捏着铅笔写写算算，他们的手指上都结出了厚厚的茧子。

现在芭比已经不需要计算到底需要多少枚火箭才能把轰炸机送上天了。空军的项目完成以后，JPL 重新将目光投向了大气层的边缘。他们必须设法把火箭送到更远的地方，起码得超越简单的氢气球。为了设计出完美的发动机，工程师和计算员必须解开四个描述发动机物理性能和变化率之间关系的方程。经过一段时间的协同工作，计算结果清晰地表明，推进剂是他们达成目标的关键所在。

梅尔巴、梅茜、维吉妮亚、弗里曼和芭比需要算出哪种材料最适合做火箭推进剂。可能是因为梅茜比团队里的其他人大了整整 20 岁，她特别在意对术语的精确使用。如果有人把火箭推进剂错误地叫成"燃料"，她就很不愉快。梅茜进入工程领域的时间很晚，之前她一直在国税局当审计员，所以在火箭科学课程上学到的所有东西她都记得很牢。她会以严格而得体的方式温柔地提醒那位冒失鬼，推进剂不仅仅由燃料组成，它的成分还包括氧化剂，这种物质会像氧气一样吸收电子，引发剧烈的氧化还原反应。电子的转移会产生能量；无论是在火箭发动机里，还是在人体细胞里，氧化还原反应的原理总是一样的。

如果没有氧气之类的氧化剂，燃料根本就无法燃烧。氧气吸引电子（带负电荷的微小粒子）的强大能力为燃烧提供了必要的条件。这一点非常重要，因为火箭最终会飞入太空，那里没有氧气，所以火箭必须自己携带氧化剂。

有一天，维吉妮亚和芭比坐在外面吃午餐。维吉妮亚恭维了芭比的新发型："你的短刘海真是太可爱了，你看起来简直就像贝蒂·戴维斯。"芭比谢谢了她的夸奖，伸出手指梳了梳自己时髦的刘海，然后小心翼翼地整理了一番缩在颈窝里的卷发。那天她穿着雪白的收腰衬衫裙和白色单鞋，显得格外漂亮。实验室要给所有员工拍一张大合影，她想展现出自己最好的一面。对芭比来说，穿白色的衣服还蕴含着一点挑战的意味，她骄傲地站在峡谷里，毫不畏惧呼啸的风沙。

聊了一会儿发型以后，芭比重新将话题转回了推进剂。

"我听说杰克又有了新主意。"她想起了昨晚理查德跟她聊的八卦，"你不会相信他打算用什么材料 —— 沥青。"

维吉妮亚摇摇头。"确实像是杰克的风格。"她说。

用铺路的厚重沥青推动火箭，这个主意听起来的确有些疯狂，但其实谁也不知道什么才是最好的火箭推进剂，所以一切皆有可能。JPL 的团队尝试过的材料五花八门，包括固态、液态和气态材料。沙地上的试验井紧挨着峡谷里不多的几幢永久性建筑和一排沥青毡搭成的窝棚，他们把各种燃料和氧化剂灌进试验井的火箭里，然后点火测试。

发动机上的仪表能够测量废气离开喷嘴的速度和试验前后推进剂重量的变化。每次试验结束后，技工都会给这些仪表拍照，然后把胶片送到 11 号楼的暗房里冲洗。芭比、梅尔巴、梅茜、维吉妮亚和弗里曼借着暗房里的微弱光线查看照片，小心翼翼地把仪表读数抄到蓝色的坐标纸上。然后他们会带着笔记簿回到办公室，开始计算。

计算员可以根据火箭发动机的排气速度算出每次实验产生了多大的力。有了原始数据，他们就能手工算出推力（推动火箭向前飞行的力）、燃烧率和速度（包括大小和方向）。他们把这些数值记在棕色的笔记簿上，然后输入到弗莱登计算器里进行核对，最后再用计算尺完成第三次验算。梅尔巴更喜欢简单直接的计算尺。它看起来就像普通的尺子，但只要将指针对准某个数字，然后把计算尺的中间部分移动到合适的位置，你就能用它做乘法和除法、开平方，甚至还能算三角函数。梅尔巴花了好几年时间才习惯了新的弗莱登计算器。

工程师和计算员最感兴趣的参数是比冲量，它描述的是单位质量的火箭推进剂燃烧产生的冲量。比冲量可以大致地告诉工程师，火箭消耗的推进剂一共能产生多少动量。高比冲量意味着火箭只需要很少的燃料就能飞很远。要比较各种推进剂的效率，最简单的办法就是看它们的比冲量。不过要计算火箭的比冲量，计算员需要使用 4 个方程。首先他们得算出推力和速度，然后把这些数值代入另一个方程，最后才能算出单位质量的推进剂产生的推力。

这样的计算很花时间，因为所有工作全凭计算员手工完成。火箭发动机的点火时间只有短短几秒，但分析一次实验的数据可能要耗费这些"人力计算机"整整一周时间，甚至更久。芭比喜欢把所有数据都堆在办公桌上，就像一堵纸墙。笔记簿越堆越高，她内心的成就感也越来越强。等到一次实验的所有参数计算完毕，交出了最终的报告以后，她才会把桌子上的笔记簿全部清掉。

某个温暖的秋日清晨，芭比和梅茜迫不及待地开始分析用沥青做火箭基础燃料的第一次实验数据。这个八卦计算员们已经私底下传了好几个月，不过其中只有一部分和燃料本身有关。的确，在此之前谁也没试过沥青，但想出这个主意的工程师也是个非常值得八卦的人物。

早在自杀小队刚刚成立的时候，芭比就跟杰克和他的妻子海伦结成了朋友。杰克很聪明，但他的性子也很古怪。直到认识了弗兰克，他的才能才开始绽放光华。不管遇到什么工程问题，杰克总能想出一些稀奇古怪的主意。

杰克的古怪之处不仅仅在于他的工程设计。这对夫妇是同事们八卦的焦点之一。杰克聊起科幻故事的时候总说得像真的一样，后来他加入了某个类似邪教的疯狂宗教组织，还跟海伦分居了。虽然杰克是 JPL 最奇怪的员工，但在寻找火箭燃料的过程中，他的才能让大家都心服口服。

让芭比和梅茜兴奋不已的这种新推进剂由液化的沥青和高氯酸钾氧化剂组成。计算员需要弄清燃料和氧化剂的最佳配比，经过计算，他们发现，70% 的德士古 18 号沥青加上 30% 的联合石油润滑油是最完美的组合。技工将沥青和润滑油的混合物加热到135℃使之液化，然后再加入碾碎的高锰酸钾。这些混合物冷却后会变成固态的圆块，看起来就像蛋糕，于是大家顺理成章地给它起了个绰号：杰克牌蛋糕。

技工和工程师在试验井的火箭燃烧室里填满了这种黑色的"粉末蛋糕"。整个发动机看起来就像一张卷起来的脏报纸，一头的陶制喷嘴连接着推进剂和点火器，另一头的排气管会喷出一道烟雾，点火以后，工程师能够测出废气向下喷射的速度。固定在试验井里的火箭发动机承受的压力极大，当它点火的时候，就连大地都会颤抖。火箭排出的废气只需几秒就会冲向山腰，氯化钾形成的白色浓烟从试验井里腾空而起，这是推进剂燃烧的副产物。

计算员会搜集发动机仪表上的数据，然后开始计算。他们的目标定得很高：他们想找到一种能持续10~30秒产生1 000磅推力的火箭推进剂。固态燃料火箭从来没有达到过这么高的数值，这个目标真的能实现吗？就连JPL的工程师心里也没底。他们的黑色粉末推进剂试验常常以爆炸告终。发动机的密封圈会被冲开，排气管裂了好几次，或者干脆整个发动机都烧了起来。但杰克牌蛋糕和别的推进剂都不一样。

几位计算员发现，杰克的古怪推进剂比冲量高达186，喷气速度达到了每秒5 900英尺，产生的推力高达200磅。军方需要的正是这样的燃料，因为它不但威力惊人，而且使用的原料都很常见（还很便宜），储存的温度要求也不严格。看着眼前的数据，芭比几乎立即就做出了判断：美国海军肯定喜欢这样的火箭。

JPL所有的工作都是秘密进行的，实验报告严格保密。战争还没有结束，火箭研究应该专注于军事应用而不是科学探索。一部分人觉得战争带来的只有干扰。用自杀小队成员埃德·佛曼的话来说："我们研发火箭飞向高空甚至太空，进行科学探索的梦想只好往后再推几年。"但从另一个方面来说，如果没有这场战争，JPL可能根本就不会存在。最初的私人资助很快就花光了，要是没有军方的资金，他们的团队大概早就散伙了。

能为这场大战贡献自己的力量，芭比倒是觉得十分骄傲。弗兰克的感受和她一样，他曾在家书中写道："最近我们协助研发的一些小玩意儿在太平洋上救了几条命。"加州和珍珠港的距离近得令人不安。报纸上成天都在讨论日本袭击加州的可能性，日裔美国人都被集中起来送进了拘禁营。显而易见，现在的美国急需加强军事力量。在这样的气氛中，JPL的人力计算机部门失去了唯一的一位男性成员——弗里曼·金凯。他加入了美国商船学院，战争期间，这所学校成了海军的辅助部门。应聘计算员的男人本来就不多，金凯离开以后，这个部门就只剩下了几位女性员工。

不管是替军方打工还是为自己干活，JPL一直坚持不懈地研发火箭，虽然外面有很多人还在嘲笑他们，但这支团队决定在轰炸机助推火箭的基础上继续前进。他们想设计导弹，但这同样牵涉到推进剂的问题。他们或许已经找到了一种优秀的军用固态推进剂，但谁也不知道液态推进剂是否能提供更大的推力。JPL分成了两个团队：固态推进剂部门和液态推进剂部门。

但计算员却没有分家，他们同时和两边的工程师协同工作。实验室每周开一次大会，所有工程师和计算员齐聚一堂，分享专业知识和最新的成果。

既然要开发新武器，他们需要增加大量计算员。随着实验室的扩张，弗兰克决定提拔梅茜来管理这个部门。弗兰克十分重视这次提拔，除了经理的常规职责以外，他还把面试、录用新计算员的权力交到了梅茜手里。梅茜的确很适合这个职位。她就像一只鸡妈妈，她想做的不仅仅是组建一个团队，还有建立一个大家庭。在梅茜的主导下，JPL 的计算部门成为一支真正的娘子军。

随着梅茜的升职，芭比在研究所里的日子也走到了头。她怀孕了。她的肚子越来越大，也越来越难遮掩，她知道过不了多久，自己就得辞职离开。那时候的美国没有产假。她的确盼望着宝宝的到来，但想到要离开这个从诞生之初她就参与其中的团队，芭比依然有些黯然神伤。

1943 年的元旦是个晴天，几位计算员挤在人群中欣赏玫瑰花车游行。因为担心西海岸可能遭到袭击，1942 年的游行盛典改在北卡罗来纳州举行，这在历史上也是唯一的一次。现在，玫瑰花车回到了它的故乡帕萨迪纳。花车上身穿彩裙的女孩朝人群缓缓招手，她们蓬松的裙子下面都绷着裙箍。梅茜认出了其中一位公主：她是帕萨迪纳专科学校（Pasadena Junior College）数学系的一名学生。这个女孩本来没打算参加游行，但所有 17 岁以上的女孩都必须在体育课上参加玫瑰宫廷竞选，这是她们的义务。就算女孩对此不感兴趣，她也必须上台走一圈，让裁判委员会来评判她的仪态、美貌和优雅。看到那个站在花车上的数学天才少女，梅茜笑了。这个女孩还完全不知道，什么样的机遇正等待着她。

在梅茜的引领下，这群年轻的女孩将逃离原本注定的命运。她们不再是学校里的怪胎，不再是数学和化学课上鹤立鸡群的女孩，她们将组成 JPL 最独特的女性团体，踏上一条从来没有人走过的职业道路。

第二章
西行记

　　海伦·凌周叶（Helen Yee Ling Chow）听到头顶传来飞机的轰鸣，紧接着是炸弹落地的巨响。猛烈的震颤一直传到了她的骨头深处。她甚至能透过哥哥的身体感觉到他的心跳，他们俩挤成一团，胳膊紧紧挽在一起。泪水顺着海伦的脸颊滴落在哥哥的脖子上，他们不敢发出声音，寂静带来的恐惧压得人喘不过气来。躲在黑暗的小空间里，孩子们只能听到外面的枪炮声越来越近。香港正在沦陷。

　　与此同时，近 6 000 英里外的珍珠港也遭遇了炸弹的袭击。1941 年 12 月的那一天，日本同时袭击了美国和香港。珍珠港的军事基地毫无准备，被日本人的突袭打了个措手不及，而香港甚至没有像样的武装力量。这个殖民地只有一支由英国人、加拿大人、印度人和中国人组成的杂牌军，而且敌军的数量是他们的 4 倍。

　　一年前海伦也曾很不情愿地拉过哥哥的手。那时候他们沐浴在菲律宾马尼拉的阳光下，战火纷飞的中国看起来是那么遥远。妈妈恳求这对兄妹乖乖站在一起，好让摄影师给大家拍一张全家福，海伦拉着哥哥汗津津的手，但只过了几秒就嫌恶地甩开了。不管别人怎么说，她都不肯继续配合。她和埃德温还有另外两个姐妹转着圈子跑来跑去，捉弄爸爸和妈妈。任凭妈妈软硬兼施，他们就是不愿意乖乖听话。那时候他们觉得触碰彼此简直令人作呕，哪怕只是一小会儿。但是现在，这对兄妹挤在黑乎乎的衣柜里，恨不得贴在对方身上。最让海伦觉得害怕的是，她意识到妈妈突然不见了。

残酷的突袭将美国卷入了"二战"的旋涡，然而在太平洋另一端的中国，自1937年日本入侵以来，战火从来就不曾停歇。在战争带来的混乱中，海伦的母亲成了全家的中流砥柱。20世纪40年代，日本已经占据了中国边境的大片领土，而且还在继续向腹地挺进。海伦一家颠沛流离，辗转中国内外，竭力试图逃脱这场不断升级的战争。海伦的父亲是一名将领，他的军事智慧为全家指明了每一次搬迁的方向，但就连父亲的洞见也无法帮助他们彻底摆脱战争的阴霾。直到一家子搬到了香港，他的心才终于放了下来。大英帝国的庇护让这座城市成了安全的天堂。这个强大的帝国不想放过任何一个殖民地，日本人的淫威也难以让他们屈服。

但暴雨般的炸弹打破了东方之珠安全的幻梦。海伦的母亲被困在邻居家里，她不能离开这幢房子，但想到留在家里的孩子，她心急如焚。等到爆炸终于停歇下来，她飞奔回家，大声喊着孩子们的名字。她在衣柜里找到了挤成一团的埃德温和海伦，另外两个女儿也从角落里爬了出来，一头扑向妈妈。海伦轻声啜泣，她的声音仍在颤抖："我们还以为你丢了。"

赶在黑色圣诞到来之前，海伦一家离开了香港。12月25日，英国宣布投降，香港落入日本之手，大量居民惨遭凌辱和杀害。海伦的父亲带着全家返回中国大陆，躲到乡下避难。

在这样艰难的时刻，当妈的很难有精力考虑生存以外的事情，但海伦的母亲是个例外。她非常重视教育。这时候的他们已经在战争中失去了一切，包括家园和安全，但她不打算牺牲孩子们的学业。无论搬到哪儿，私立学校都是她计划中的必需品。她严格督促子女完成家庭作业，还跟海伦认真讨论起了上大学的事儿。显然，海伦的数学才能从幼时就开始崭露头角，在妈妈的熏陶下，她对学业的重视也超越了其他的一切。

16岁的海伦眼睁睁看着祖国在自己脚下分崩离析。那是1944年。一天深夜，她听到父亲告诉母亲，局面正在恶化，日本人准备发动总攻。这一次，他们已经无处可逃。她听到父亲提起了美国人。他们一直在秘密资助中国的抗战，数千万美元的资金悄无声息地流入了蒋介石的军队。与此同时，在罗斯福总统的默许下，一百位美国志愿者以平民的身份来到中国，成为战斗机飞行员。这支队伍名叫"飞虎队"，他们是第一批和中国人并肩作战的美国勇士。太平洋战场上的飞虎队同时佩戴中美两国徽章，他们的战机鼻子上喷绘着凶猛的鲨鱼，雪白的利齿闪闪发光。

那天晚上，海伦一直没有睡着，她躺在床上琢磨父亲的话，但她想的不是自己的生死。她只希望自己不必被迫离开学校，她喜欢学校里的老师，而且十分憧憬大学。她常常忍不住幻想，离开家人、离开中国去上大学，那会是什么样子。她喜欢和妈妈坐在一起聊这些事儿，在这样的时刻，战争成了模糊的背景，虽然只有一小会儿。

她也会幻想美国：大学校园里点缀着一幢幢砖砌的建筑，就像老师给她看的照片一样；教室里挤满了快乐的学生，侵略和死亡的恐惧离他们十分遥远。但在做白日梦的时候，她完全不知道自己会在那完美的教室里学习哪些课程，未来又将踏上怎样的职业道路。她只知道，她想离开这个泥潭，去哪儿都好。

盟军的胜利宣告了战争的落幕，海伦的梦一下子变得清晰起来。埃德温去了美国念大学，但海伦走的路和他不一样。她留在中国上了岭南大学（Canton College）。海伦刻苦学习了两年，不过和所有少女一样，她关注的不仅仅是学业。

她遇到了一个男孩——亚瑟·凌。他的学业因为战争的影响偏离了正轨。"二战"爆发前，他原本已经念完了4年大学，但现在校方却告诉他，他必须重修所有课程，因为之前的注册记录全都埋在了废墟里。亚瑟和海伦相遇在岭南大学的校园里，当时他是深受同学欢迎的学生会主席。除了没能及时拿到学位以外，亚瑟在其他方面似乎都得天独厚。不过学业中断了这么多年，大男孩难免有些迷茫，他不知道自己以后想做什么。海伦迷上了这个她几乎完全不认识的年轻人，但亚瑟不愿做出任何承诺，无论是对学业还是对他的仰慕者。

躁动的青春期引发的迷恋不足以让海伦留在中国。1946年，她以优异的成绩获得了美国圣母大学（University of Notre Dame）的全额奖学金，美国的同学们恐怕完全无法想象，这位少女为此克服了多少艰难险阻。

满怀着兴奋和恐惧，18岁的海伦踏上了印第安纳州的土地。虽然她偶尔还是会想起亚瑟，但家乡似乎变得十分遥远。海伦的英语一直是她的骄傲，不过一下子面对这么多母语者，她难免有些底气不足。留学的确是她梦寐以求的机遇，然而到了晚上，她还是会哭着思念母亲。

美国的大学也没有帮她解开"我以后想做什么"的问题。海伦主修的是美术，她的理想是设计大百货公司的展示橱窗。她喜欢看那些橱窗，每一面橱窗背后似乎都有一段纯洁美丽的人生，完美无瑕，惹人艳羡。就算你买下了橱窗里的所有东西，也永远无法重现他们制造的氛围。

海伦辅修了数学，这个专业似乎和布鲁明戴尔的橱窗一样毫无实用价值。她想不出拿着数学学位的女人能做什么工作。不过这并不妨碍她在圣母大学刻苦钻研数学课程。作为全是男生的课堂上唯一的女孩，她倒是不觉得害怕，只觉得自己仿佛成了隐形人。

当隐形人的感觉，芭芭拉·刘易斯十分熟悉，不过要是看到她的样子，你绝不会把这个词和她联系在一起。这个女孩和JPL的第一位女性计算员芭比·坎莱特同名，而且她们都来自俄亥俄。高中时的芭芭拉开朗活泼，在学校里很受欢迎。只有在数学课上，她才会安静下来。和海伦一样，她也是课堂上唯一的女孩。上课前男孩们总会三五成群地围在课桌前面，讨论作业和他们喜欢的女孩。芭芭拉上其他课的时候表现得很积极，但在数学课上，她很少举手提问，大部分时间她都一个人埋头钻研功课。但她一点也不觉得气馁。她喜欢学校里的老师，在俄亥俄州哥伦比亚的这所学校里，她修完了学校开设的所有数学课程，从三角函数到几何，再到微积分。

虽然她的同学都是男生，但芭芭拉在日常生活中却很少跟男性打交道。她14岁的时候父亲就去世了。父亲活着的时候也常常忙于工作，只有星期天才能在家待一会儿，这一切都是为了赚取45美元的周薪。作为生产公司的记账员，他习惯了默记数字，哪怕给本地市场送水果和蔬菜的时候也不例外。芭芭拉常常坐在父亲的卡车里，钦佩地看着他以极快的速度计算数字，然后从白色的笔记簿里撕下一张纸交给杂货商。

芭芭拉的父亲死于心肌梗死，他丢下了妻子、三个女儿和一个儿子，孤儿寡母悲痛欲绝，生活无着。芭芭拉的母亲似乎没什么拿得出手的工作技能。她来自宾夕法尼亚的一个矿工小镇，学历只有八年级。虽然没有接受过正式的教育，但她的毅力和精明足以弥补这一缺陷。她在国税局找了份秘书的工作，然后存钱买了一幢两层六个房间的新房子。她一直是个严厉的母亲，失去丈夫以后，她对子女的要求变得更加严格。他们家的孩子放学后必须马上回家做功课，这位母亲深切地感受到了缺乏教育带来的痛苦，所以她鼓励孩子们努力考上大学，尤其是三个女儿。芭芭拉的姐姐是家里的第一个大学生，她上了俄亥俄州立大学。

芭芭拉高中毕业的时候，她的两位姐姐已经念完大学搬到了加州。芭芭拉很想去投奔姐姐。在她心目中，加州是个神奇的地方，那里到处都是电影明星，终年阳光灿烂，还有她做梦都想上的精英大学。芭芭拉最向往的学校是加州大学洛杉矶分校和南加州大学，这两所大学坐落在波光粼粼的太平洋岸边，校园里遍植棕榈。她的很多同学也想去加州，不过她们的梦想是被星探发现，成为劳伦·白考尔那样性感的电影明星。星期六的晚上，她们常常结伴去剧院看电影。芭芭拉的理想和女伴们玫瑰色的浮华幻梦截然不同。

芭芭拉是个漂亮的女孩，她拥有一头浓密的棕发，棕色的眼睛闪闪发光。19岁的芭芭拉还很青涩。和女伴在一起的时候她总是轻松而自信，但男孩让她觉得紧张，所以只要有他们在场，她就很少说话，显得十分木讷。当她畅想加州生活的时候，男孩们不过是背景里模糊的影子。

两个大女儿不断恳求，小女儿也成天游说，芭芭拉的母亲终于举手投降。她收拾好行李，带着孩子离开俄亥俄，动身前往西边。妈妈带着芭芭拉和弟弟在阿尔塔迪纳租了一幢小房子，这座小镇位于洛杉矶东北14英里外。

加州的生活和芭芭拉想的不太一样。因为交通拥挤，妈妈每天晚上回到家都筋疲力尽。芭芭拉梦想的学校离阿尔塔迪纳是那么遥远，似乎和在俄亥俄的时候没什么两样，至少对这个没有车的女孩来说，情况的确如此。于是她申请了本地的一所专科学校，全身心地投入了数学课程。

她的两位姐姐住在隔壁的帕萨迪纳。她们俩都是秘书，想到自己将来可能也得从事这份职业，芭芭拉就忍不住暗自皱眉。这完全不符合她对生活的期望。问题在于，她看不到太多的替代选项。她和老师聊过可能的职业选择，答案非常简单：秘书、老师、护士。芭芭拉的未来似乎没有科学的容身之地。

芭芭拉哀叹前途暗淡的时候，大姐贝蒂也感同身受。于是她想出了一个主意。贝蒂工作的地方名叫喷气推进实验室，虽然她不用直接跟计算员打交道，但她早就注意到了办公室里那群做计算的姑娘。从门外路过的时候，她见过一个女孩正在敲打某种奇怪的机器。她决定跟妹妹提一提这件事。"那个女孩，"贝蒂说，"她似乎很喜欢自己的工作，她桌上的那个大家伙看起来挺有趣的。"

芭芭拉好奇地望着姐姐，"那是什么东西？"

"呃，我不知道。我从没见过那样的机器。不过我觉得那个女孩的数学应该很好。"

知道这么多就够了。第二天，芭芭拉跟着贝蒂一起去了办公室。她们离开了帕萨迪纳的铺装街道，沿着沙尘遍地的公路来到JPL。几幢小楼坐落在峡谷深处，这地方看起来仿佛远离文明。

这是芭芭拉第一次参加面试。听到自己的脚步敲打着楼梯和长长的走廊，她觉得紧张极了。她不敢相信这份工作提供的薪水：每小时90美分[1]。当时的最低工资标准只有每小时40美分。走进面试的房间，她的紧张立即不翼而飞。芭芭拉知道，面试官很可能就是她未来的上司，她本以为那肯定是个男人。但一头灰发、笑容和蔼的梅茜·罗伯茨给了她一个惊喜。握着梅

1　100美分 =1 美元。——编者注

茜温暖的手，芭芭拉一下子就放松了下来。

1941 年 12 月 7 日，住在西海岸的苏珊·格林（Susan Greene）只有 5 岁。经历了那黑暗的一天之后，苏珊和同学们都做好了准备，如果日军袭击校园，他们会迅速藏到课桌底下。战火席卷西海岸似乎已经不可避免。

苏出生在洛杉矶。只消看上一眼，你就知道她肯定是个加州女孩。浓密的金发和明亮的蓝眼睛让她走到哪里都引人注目。父亲去世的时候，苏只有 9 岁。第二次心肌梗死夺走了他的生命，小家庭就这样失去了舵手。这个讨人喜欢的强壮男人一直很在乎家人。他毕业于哈佛商学院，后来进入了企业保险行业，父亲的学历和工作让苏深感骄傲。他的去世让格林一家陷入了困境。作为一位家庭主妇，丧夫之后，苏的妈妈似乎完全不知道生活该如何继续。苏也深感沮丧，她不明白妈妈为什么找不到工作，随着时间的流逝，他们的生活变得越来越艰难。我绝不能活成这样，在愤怒和悲伤中，9 岁的苏暗自想道。

苏是个安静的女孩，所以她交朋友的时候也十分慢热。她喜欢书，但她阅读的速度慢得让人痛苦。她的字更是写得惨不忍睹。她讨厌在纸上写字，为了逃避这份苦差，她什么都愿意做。想要逃避写字，最自然的途径就是沉浸在数字中。这个世界里没有她一不小心就会写歪的字母，简单清晰的数字让苏沉醉其中。

虽然苏念完了数学和科学课程，但她不打算以此为业。现在的苏已经长成了一个美得惊人的少女，她开始做兼职模特。

她常常出没于小型百货公司的时装秀舞台，微笑着向观众展示连衣裙、短裙和泳装。

但苏并不想当职业模特。她申请了斯克利普斯学院（Scripps），这所小型女校位于洛杉矶郊外的圣盖博谷。苏选择的专业是美术，对她来说，这个专业最大的好处是几乎不用写字，而且她梦想成为一名建筑师。但她很快就发现，美术似乎跟她格格不入，她就是没有这方面的才能。但数学就不一样了。事实上，斯克利普斯提供的数学课程对她来说实在太简单了。于是她决定去隔壁的男校莱蒙特学院（Claremont）选课。第一学期的微积分课程已经满了，于是她选了第二学期的。这能有多难？

结果她发现，这门课真的很难。除了学习课堂上讲的微分方程以外，她还得自学积分方程。这对她的理解力是个巨大的挑战。苏熟悉的代数答案都很简洁，现在她得学会用方程来描述数学问题的答案。感觉就像用一个问题来回答另一个问题。微分方程将完整的式子切割成碎片，积分方程又把这些碎片拼凑起来。老师把这两种方程分开来教当然是有原因的，同时学习微分和积分的确相当困难。苏学得非常痛苦，要知道，她根本不喜欢学习，而且从来就不是什么好学生。

学期结束的时候，苏只拿到了一个C，对此她一点也不觉得意外，但这并没有阻止她选修更多的课程。这个女孩的勇气和精力让教授深感诧异，很快他就意识到，在这个全是男人的教室里，苏绝不仅仅是个花瓶。随着苏的数学才能逐渐展露，教授请了她来给研究生论文评分，帮他的研究项目做统计。有时候苏会抱怨美术专业带来的痛苦，由于成绩太差，她也没法转到加州大学洛杉矶分校去学建筑，教授深表同情，并建议她考虑改修数学和工程。但苏已经对学校失去了兴趣。3年后，她决定退学。

南加州的航空航天业正在经历爆炸式的发展。1933年，这一行的从业人员只有1 000名，到了1943年，它已经吸纳了30万就业者。"二战"结束后，美国的飞机制造业成为全世界规模最大的单一产业，工作机会遍地都是。苏随便申请了一个康维尔公司（Convair）打字员的职位，这间飞行器制造公司位于加州的波莫纳。其实她对这份工作毫无兴趣，她只是需要一份稳定的收入。

第二天，苏回到康维尔公司的时候，负责招聘的人把她拉到了一边。公司需要计算员，他们愿意训练新雇员。"你喜欢数字吗？"那个人问她。

"我热爱数字。"苏高兴地回答。她在心里默默地加了一句，*数字至少比字母强得多*。

就这样，苏成了一名计算员，虽然她从没听说过这个职位。每天早上，她都得登记进入安全门，然后打卡签到。和她一起工作的还有另外一位女同事，她们俩成天都在摆弄方程。她们拿到的有公司火箭测试的原始数据，也有工程师们要解的方程。两位计算员需要手写每一步的解题过程。苏的大笔记本上写满了蓝色的字迹，简单的代数无法解决这些问题，她需要动用自己学过的所有几何和微积分知识。

一行行文本和数字组成了一套错综复杂的命令。计算员需要标出前后命令之间的关系，尽量让这套复杂的系统变得简单一点。在外人看来，这些东西就是一大堆毫无意义的数字和字母，但这些清晰的命令蕴含着一种内在的优雅，每一行命令环环相扣，一步步得出最终的结果。数字周围的圆圈将某个方程的解代入下一个命令行，保持方程的整洁需要熟练的技巧。缺乏经验的计算员会在笔记簿上留下大量冗余的方程，这会破坏命令行的简洁之美，用起来也不太方便。这是一个建造的过程，苏内心深处的建筑师热爱这种感觉。她完全沉浸在工作中，从不抬头看表。

当时的苏并不知道，她实际上是在编程。她创建的命令行是最早的计算机程序的前身。未来某天，这些命令行会轻松地编译成一行行代码，等到那时候，苏会发现，利用同样的技巧，她可以用电子计算机写出行云流水般清晰的程序，虽然现在她的手里只有纸和笔。

苏笔下的方程简练而整齐，她的感情生活却是一团乱麻。简单地说，供她选择的男孩实在太多。上学的时候，她在桥牌社认识了皮特·芬利（Pete Finley），皮特所在的加州理工几乎全是男人，而苏上的斯克利普斯学院是一所纯粹的女校。起初她对这个男孩没什么想法。他比她大两岁，学的是化学。前一年他刚刚得了一场严重的山谷热——真菌感染侵入他的身体，带来了难以忍受的肌肉和关节疼痛。疾病将他变成了一个严肃冷淡的年轻人。刚开始的时候，苏对这个沉默得过分的男孩没有太多好感，但慢慢地，她爱上了他温和的性情和深邃的思想。但是当他向她求婚的时候，她选择了拒绝。她觉得自己还能找到更好的对象。

不幸的是，离开学校以后，苏发现世界上的好男人实在不多。在康维尔上班的时候，她身边的男人的确不少，但面对这些同事，她连约会的兴趣都提不起来，更别说结婚。虽然她拒绝了皮特的求婚，但是两个月后，她又在北加州一位朋友的婚礼上再次见到了他。经历了几个月糟糕的约会，现在皮特看起来可爱多了。苏突然意识到自己错了。他们坐在一起聊了会儿天，就在这时候，苏脱口说道："好吧，我愿意嫁给你。"皮特惊得目瞪口呆，第一次被拒绝以后，他还没有再次求婚呢。望着她的眼睛，他意识到她是认真的。两个人同时大笑起来，皮特拉起她的手，领着她走进舞池。他们俩重归于好了。

1957 年的一个晴天，皮特和苏在加州亚凯迪亚的好牧羊人教堂结为夫妇。婚礼刚刚结束，苏就告诉妈妈她现在还不想生孩子。母亲笑着点了点头，什么也没说。现在她不想给女儿太多压力，因为她知道，随着时间的流逝，这个不驯而独立的 20 岁女孩多半会软化下来，她早晚会盼望成为母亲。

结果事与愿违，婚后不久苏就怀孕了。母亲拥抱了她，高兴得哭了。苏的肚子越来越大，沿着 10 号高速从帕萨迪纳去康维尔的通勤之路也变得越来越艰难。路上堵得厉害，苏讨厌开着车被堵在一点也不高速的公路上。她想换一份离家近一点的工作，可是她知道，没有哪位老板愿意雇佣孕妇。事实上，要是康维尔的经理发现她怀了孕，她连现在的工作也别想保住。她知道这些事难以避免，但想到要离开热爱的工作，她简直觉得无法接受。苏走在加州理工的校园里，漫无目标地浏览着宣传栏里贴的广告传单，就在这时候，她发现 JPL 正在招募计算员，工作地点离学校很近。这不是很方便吗？她忍不住做起了白日梦。我可以应聘这份工作。

但没过多久，她就顾不上考虑工作的事儿了。预产期日益临近，她的孕肚也变得越来越明显，苏别无选择，只能离开康维尔。她准备好了家里的婴儿房，试着去想象自己作为家庭主妇和母亲的未来。肚子里的宝宝总在踢她，它的力气一天比一天大，这让她开始憧憬未来。苏渐渐放下了愁绪。皮特每晚回来都会惊叹一番她的大肚子，然后和她一起猜测孩子是男是女。

离预产期还有一周，苏开始感觉到了宫缩。是时候了。她叫醒皮特，又打了个电话通知妈妈去医院碰头，然后他们俩匆匆上了车。一进医院，苏立即被送进了产房，皮特和其他准爸爸一起留在等待室里，透过敞开的房门，他们隐约能听见女人生孩子的动静。

痛苦的分娩一直拖到了第二天。疼痛撕扯着她的身体，耗尽了她的体力。最后的一刻总算来了，医生叫她用力。苏拼尽了最后一丝力气，她的宝宝终于降生了。"是男孩还是女孩？"她急切地问道。"是个男孩！"医生宣布。苏累得浑身颤抖，她躺在床上，慢慢消化这个消息。现在她成了一个小男孩的母亲。她真是太快乐了。但产房似乎安静得有些过分。她没有听到婴儿的哭声。哪怕隔着房间，苏也看到了孩子身上的瘀青。医生抱着宝宝冲出了房间，护士告诉苏，孩子有点问题。"你的宝宝需要帮助。他没有呼吸。"护士匆匆说道，"一有消息我们就告诉你。"

苏和皮特给他们的小天使起名叫作斯蒂芬，他们全心全意盼着他能熬过这一关。产后的激素让苏觉得浑身沉重，但她的脑子却十分清醒；她什么也做不了，只能等待，祈祷儿子平安无事。

两天后医生走进了房间，看到他的表情，苏就知道事情不妙。"对不起。"他说，"我们无能为力。"一声绝望的哭喊冲出了苏的喉咙，随之而来的啜泣让她的身体陷入了剧烈的颤抖。她从病床边摔倒在医院的地板上，她的手紧紧地抓着皮特，拖得他也一起跌倒在地。她什么都感觉不到，也听不见护士急匆匆地跑过来，把她扶回床上。她抓扯着自己的头发，丝毫不觉得疼痛。妈妈和丈夫都在跟她说话，但他们说什么都无济于事。沉重的内疚压得她喘不过气来。她说过现在不想要孩子。难道这就是那些无心之语招来的惩罚？要是能收回那些话，她情愿付出任何代价。

离开医院之前，她抱了抱自己毫无生气的孩子。斯蒂芬蜷缩在婴儿毯里，看起来小得不可思议。醒醒，她无声地呐喊，快醒醒。她的指尖轻轻拂过孩子心形的小脸。他的皮肤依然温热，粉嫩的嘴唇勾出完美的弧线。苏只抱了儿子几分钟，然后她放开了他。这样的事情永远找不到解释。她的小男孩就这样离开了她，一去不回。

苏沉浸在悲伤中。走在杂货店里，她总是困惑地看着周围的人群。她的生活如此摇摇欲坠，但别人的世界还在自顾自地运行，真是不可思议。排队结账的时候，她盯着前面的女人，暗自揣想她们怎么完全感觉不到她的痛苦。

苏不信任何宗教，但她还是决定去一趟教堂，请他们祝福她的孩子。虽然她不相信没来得及受洗就已夭折的儿子会永远被困在地狱边缘，不过她觉得牧师的安慰能帮助她舒缓混乱的头脑。她站在教堂门前，克制着心头的紧张，推了推大门把手。门没有开，他们上了锁。转身离开的时候，她感受着内心的刺痛，默然想着这样的折磨是否真的会淡去。

海伦快要从圣母大学毕业了。想到毕业后她得离开印第安纳，去帕萨迪纳跟哥哥埃德温和父母（他们也搬到了美国）生活在一起，她就有些紧张。1953年，她第一次见到了这座山谷小镇。它看起来很小，到处都是灰尘，棕榈随处可见。虽然这样的第一印象不算美妙，但接下来的60年里，这座看似沉闷的小镇将成为她的家园。

海伦想找一份百货公司橱窗设计师的工作，但西海岸的就业环境完全不符合她的预期。她发现自己申请的职位总是被人捷足先登，优胜者通常跟雇主有这样那样的关系，比如说有亲戚朋友介绍。海伦满心挫败，她不知道自己还能做什么。她以优异的成绩毕业于全国顶尖的大学，但没有人愿意雇她。海伦的自尊遭到了无情的践踏，被迫靠家人养活又加深了她的挫败感。

埃德温搬到帕萨迪纳是因为他在JPL找到了一份结构工程师的工作。某天晚上，他高兴地回到家里，因为他看到了实验室发布的一份招聘通知。JPL要招计算员。埃德温觉得这个职位非常适合他的数学天才妹妹。海伦也很激动。也许她在大学里上的那些数学课终归能找到用武之地。她越想越兴奋，但同时也有些紧张。海伦害怕自己无法满足 JPL 的招聘要求，她甚至开始担心自己的口音。她试图压下所有的不自信，盼着能得到这份工作。以前海伦一直觉得数学只是毫无实用价值的奇思妙想，现在她完全不敢相信，这门学科真的为她带来了一个实实在在的工作机会。

卷二

20 世纪 50 年代

 芭芭拉·刘易斯（后改姓"鲍尔森"）

 珍妮·劳森（Janez Lawson）

 海伦·周叶（后改姓"凌"）
［Helen Yee Chow（Ling）］

 苏珊·芬利（Susan Finley）

第三章

火箭升空

这一天芭芭拉·刘易斯等待了很多年。她充满爱意地抚摸着巨型导弹纯白的漆面，把自己的名字笨拙地签在导弹身上的空白处。这是 1955 年的 4 月，一小群人聚集在导弹周围，和这个耗费了他们 10 年心血的长达 39 英尺的大家伙说再见。导弹被拆开装进了一支卡车车队，它将被送到新墨西哥州南部的白沙导弹靶场（White Sands Proving Ground）做最后的测试，那里离美墨边境只有 60 英里。和导弹告别的时候，JPL 的这群人以为他们终于摆脱了这玩意儿带来的一大堆麻烦。但他们错了。

一切始于 20 世纪 40 年代一个名叫"下士"的计划：这套导弹系统和 JPL 之前做的任何东西都不一样。军方想要新武器：快得能逃脱敌方战斗机追击、可以携带 1 000 磅战斗部飞行上百英里的喷气式远程导弹。这是芭芭拉在 JPL 参与的第一个项目，看来他们很快就能圆满完成任务。1945 年 10 月，他们的第一台原型机就在白沙靶场达到了 40 英里的射程，落地之前，这枚火箭几乎已经触到了太空的边缘 —— 它是有史以来飞得最高的

带有芭芭拉和同事签名的下士导弹（Corporal missile），1955 年
（供图：NASA/JPL-加州理工）

火箭。人们叫它 WAC 下士火箭，"WAC"的意思是"无高度控
制"（Without Altitude Control），因为它没有导航系统，除此以
外，这个缩写也有"妇女陆军兵团"（Women's Army Corps）的
意思，因为它的个头比那些名字特别铁血的导弹小得多，实验
室的人都叫它"小妹妹"。WAC 下士火箭为 JPL 后来制造更大、
更先进的下士型导弹奠定了坚实的基础，后者的长度几乎达到
了前者的两倍。

　　把"小妹妹"改造成能携带战斗部的导弹，这个任务没有
大家想象的那么轻松。JPL 仍在评估液态燃料火箭的潜力。与固
态推进剂相比，液态推进剂能将最多的热能储藏在最少的分子

弗兰克·马利纳（中）在白沙靶场给 WAC 下士火箭称重，1945 年
（供图：NASA/JPL-加州理工）

里，而且点火和燃烧的速度都更快。不过从另一方面来说，这样的能力也让液态推进剂变得更加危险，JPL 的部分成员曾对此深怀警惕。

液态推进剂试验一直火药味十足。芭芭拉入职之前没几年，JPL 的团队就曾把试验井后面的小山烧成了白地，除了干枯的灌木丛以外，实验室的很多设备也被付之一炬。问题来自一个谁也无法解释的现象。液态推进剂会增强发动机的抖动，这样的抖动起初并不明显，但它的力量会慢慢积累，直到最后发动机因无法承受而炸开。更糟糕的是，这样的抖动似乎是随机发生的，于是爆炸也完全不可预测。

对于这方面的危险，芭芭拉所知甚少。这个 19 岁的女孩双颊丰满，皮肤柔软，看起来就像个孩子。但这副少女的躯壳里藏着一位决心融入 JPL 火箭文化的坚定女性。实现这个目标并不容易；她发现液氢、液氧和液氮混合物测试带来的爆炸响得吓人，周围的同事也总是吵吵嚷嚷；实验室里随时都有人在高声交谈，这样的环境固然令人振奋，但也难免有几分恼人。最讨厌的还是福特牌卡车喇叭改装的警报，每次听到它尖锐的声音，她总会吓得跳起来。

但对芭芭拉来说，每一声巨响都代表着一组新的数据。她一遍遍计算着苯胺和冒着红烟的硝酸产生的推力，这种烈性混合物会让火箭发动机的尾巴喷出一股猩红的火焰。芭芭拉和其他计算员并不知道，他们枯燥的日常工作正孕育着一些惊天动地的东西，未来某天，他们协助改进的液态推进剂将把人类送上月球。他们正在研发的是一种自燃推进剂（hypergolic propellant），这种燃料一接触氧化剂就会自行点火。如果不发生接触，这两种化合物都相当稳定，但只要在火箭燃烧室里混合在一起，它们就会立即点火。20 年后，阿波罗计划（Project Apollo）的推进火箭里装填的就是自燃推进剂。

芭芭拉的任务是利用试验数据来计算导弹的飞行参数。计算一条弹道就需要花费一整天时间。每算完一组数据，她的笔记簿里就会增添一份令人骄傲的新成果，那是她亲手绘制的下士导弹飞行轨迹。芭芭拉和其他计算员的笔记簿里画满了各种各样的弹道，这些图案将帮助工程师调制出最理想配比的导弹推进剂。

1948 年，JPL 的团队正在埋头研制下士导弹，与此同时，他们还在继续改进下士的"小妹妹"，WAC 下士火箭。芭芭拉发现，"小妹妹"的计算工作格外有趣，因为现在工程师把它改造成了二级火箭。小巧的美国火箭屁股下面多了一枚纳粹的 V-2 火箭，弹道导弹 V-2 最辉煌的战绩是征服了巴黎和伦敦。"二战"结束后，敌方的这款火箭和研发它的纳粹科学家一起被送到了美国。V-2 的潜力令人思之颤抖：它能轰炸 200 英里外的一座城市。将 V-2 的力量与 WAC 下士无可匹敌的飞行高度结合起来，这个主意十分巧妙。工程师梦想着把这两款火箭的组合体送入外太空。V-2 可以提供初期的强劲推力，然后分离坠向大地，WAC 下士接着点火，飞往从未有人到达过的新高度。这个组合被 JPL 的工程师命名为"减震器 WAC"（Bumper WAC）。

为了预测减震器 WAC 能飞多高，芭芭拉计算了两级火箭发动机各自的推力，然后将火箭的重量和长度代入方程，最终算出它们的发射速度。除此以外，她还需要考虑重力和阻力的影响。现在她的微积分终于派上了用场，因为每个变量都是一个随时间而变化的函数。这份工作并不轻松，长期的伏案计算让她的食指磨出了一层红白色的厚茧。握着铅笔的手经常出汗，在坐标纸上留下一丝丝褶皱。

芭芭拉用计算尺和弗莱登计算器来做验算。这两种设备她用得还不是很熟，因为进入 JPL 之前，她从没接触过这些东西。她喜欢计算器，但就连这么先进的设备也没法满足她的需求。比如说，计算器不能算对数，它描述的是一个数字需要连乘几次才能得到另一个数字，举个例子，$2 \times 2 \times 2 = 8$，这意味着 2 需要连乘 3 次才能得到 8，用数学语言来表达的话，就是 $\log_2 8=3$。

　　所以芭芭拉不得不求助于计算室里那一摞磨得边角残破的棕色封面工具书——《数学表格工程》系列。这套书体积太大，难以搬运或者携带，但芭芭拉和同事非常需要书中的珍贵数据。要算出减震器 WAC 的弹道，她需要将大气密度转化为以高度为变量的函数。随着海拔的增加，空气会变得越来越稀薄，要算出具体的值，计算员们离不开 WPA 编制的巨著，这套工具书计算室里的每个人都很熟悉。

　　芭芭拉在坐标纸上熟练地画出了两个峰值。她预测 V-2 火箭的点火和坠落将分别带来轻微的上升和下降，最终将小妹妹送往更高的天空。根据她的计算，这枚二级火箭将创造历史，成为在太空中飞得最远的人造物体。芭芭拉和其他计算员、工程师组成的团队不光算出了火箭的飞行高度，还预测了它的坠落点与发射场之间的水平距离。回收组应该能在 64 英里外找到烧尽的残骸。在工程师的指引下，计算员算出了再入大气层的过程很可能摧毁火箭。地球大气层将如何影响高速运动的抛射体，他们做出了最前沿的分析。这样的思考方式更适合设计太空任务，而不是研发武器。工程师们算出了再入大气层将产生多少热量，再过几年，这些看似没用的数据将会派上大用场。

　　就在他们折腾"小妹妹"的时候，1947 年 5 月 22 日，下士导弹飞上了天空。这是完全由美国主导的第一次大型导弹试验，它搭载着唯一一款完全由美国设计制造的大推力发动机。指望一蹴而就无异于天方夜谭，JPL 早就习惯了历经磨难才能修成正果。所以当他们听说这个庞然大物飞到了 129 000 英尺的高度并最终击中了 60 英里外的目标，每个人都惊讶极了。JPL 工程师马丁·萨默菲尔德在收音机前惊得目瞪口呆，他把导弹试飞成功的消息转告给梅茜·罗伯茨的时候，她也难以置信地摇了摇头。成功似乎来得太容易了一点。

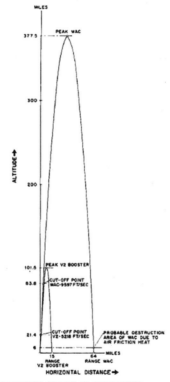

JPL 计算员绘制的减震器 WAC 弹道，1948 年
（供图：NASA/JPL-加州理工）

最艰巨的任务完成了。现在他们只需要继续制造、测试下士导弹，最大限度地挖掘它的潜力，然后将量产的任务转交给私营承包商就行。芭芭拉签下名字的这枚下士导弹要做的是射程测试，想到自己辛苦工作完成的产品将在地球上空飞行，她不禁有些头晕目眩。她完全可以想象，自己的名字将飞向白沙靶场的天空。

对芭芭拉来说，白沙靶场离实验室虽然只有一天的车程，但感觉上却像是狂野的西部。这座靶场刚修好没几年，但它已经目睹了无数次的成功和失败。洁白的石膏沙丘为荒凉的沙漠地貌增添了一抹亮色，这些沙子像粉笔一样柔韧。群山环绕的图拉罗萨盆地为军方提供了最完美的秘密军事实验基地。从20世纪40年代初期开始，莫哈韦就成了JPL工程师的导弹测试场。加州的峡谷实验室不能闹出太大的动静，所以那些大家伙全都被拉到了这里。最开始的时候，工程师们只能蹲在小小的帐篷里，帆布墙壁根本挡不住外面的细沙。

但珍珠港事件之后，建设秘密测试场的需求变得更加迫切，盆地深处的军事基地急剧扩张，这片与世隔绝的125万英亩[1]的土地上修起了各种各样的设施。发射区是一大片水泥平地，场地旁边的控制中心仿佛一座碉堡，10英尺厚的水泥墙壁固若金汤，钢筋加强的尖顶就像金字塔。这座偏远的基地引来了不少军方的研究项目，沙漠中的远征很快得到了回报。仅仅一年后的1945年，这里就成了托立尼提（Trinity，人类历史上首次核

1　1英亩≈4046.86平方米。——编者注

试验）的试验场，有史以来飞得最高的火箭也是在这里升空的。随着大战的结束，导弹靶场的设施也得到了加强。乘坐火车来到白沙的工程师不用再住帐篷甚至拥挤的军营，独立的住所和游泳池正在欢迎他们的到来。

JPL 的工程师都盼着去白沙。远离亲朋好友的视线，这座导弹靶场给了他们梦寐以求的自由，无论是实验方面的还是生活方面的。在这里，他们可以无拘无束地干上一整天的活，然后打几场扑克牌，喝点酒，一直玩到深夜。他们还经常跨过边境线去墨西哥的华雷斯寻欢买醉。计算员很少去白沙。芭芭拉也不是很想去。亲眼看到凝聚着自己心血的导弹飞上天空固然震撼，但她在帕萨迪纳已经受够了男人们的吵吵嚷嚷。在白沙这样的地方，你不能指望谁会认真看待一个 19 岁的姑娘。

喧哗不仅限于白沙。JPL 的工作环境十分宽松，对于一间军事研究所来说，这有点异乎寻常。这是草创时期留下的传统，那时候这片空旷的峡谷刚刚迎来那群不务正业的科学家和他们异想天开的实验。这样的历史，再加上加州无拘无束的氛围，JPL 充满了其他军方下属机构里看不到的积极快活的空气。

JPL 的着装要求反映了他们的休闲精神。第一次看到这些专业人士对领带和运动短袖衫嗤之以鼻的时候，芭芭拉惊讶极了。虽然男人们都不拘小节，但芭芭拉却不愿意穿得随随便便地跑来上班。每天早上她都会精心挑选连衣裙或者短裙，然后配上高跟鞋，无论天气多热，她都不会脱下长筒袜。芭芭拉喜欢打扮，但对待工作她也同样一丝不苟。她不打算在 JPL 招蜂引蝶，虽然她不是没有机会。女伴们总爱给她牵线搭桥。"噢，给他一个机会嘛。"要是有哪位年轻英俊的工程师朝芭芭拉这边多看一眼，她们总会低声怂恿。但芭芭拉总是摇头回答："不用了，谢谢你们。"她秉持着校园女生对男性的谨慎，只要身边有男人，她就觉得不自在，无论他们有多迷人。

JPL的某些男人实在令人作呕，其中一位工程师似乎格外猥琐。所以当他提出要找一位计算员来协助工作的时候，梅茜·罗伯茨十分警惕。"你们不能去他的办公室，"她这样叮嘱手下的女孩，"真有事就让他上我们的办公室来。你们不能去其他任何地方见他。"芭芭拉十分好奇，为什么她们就不能去他的办公室呢？她问了另一个女孩，后者哈哈大笑，然后悄悄告诉她："一会儿我带你去看。"快要下班的时候，两个女孩溜到那位工程师的办公室门外。确定他走了以后，她们跑到那间小屋门口，朝里面张望。芭芭拉大吃一惊。这个男人的办公室墙上贴满了漂亮姑娘的画报，她们摆着各种各样的姿势，而且都没穿衣服。芭芭拉从没见过这样的照片，她忍不住笑出了声。两个女孩咯咯笑着跑掉了，她们可不想被抓个正着。这个小实验无法帮助芭芭拉克服面对男人时的紧张，不过倒是成功说服了她听从梅茜的警告。

不过总的来说，女孩们和工程师的关系十分融洽。这一点非常重要，因为每天他们都得一起工作很长时间。作为一个团队，他们需要碰撞彼此的设想，花费大量时间讨论他们的设计将如何影响火箭的速度，从下士的尾翼形状和尺寸到发动机内部的燃烧过程。

芭芭拉觉得工程师天经地义就该是男人，JPL连一位女工程师都没有。但她也从来没觉得自己的工作就是女性专属的。计算员是个很受尊重的职位，申请这份工作的男人多得要命，只是他们都被拒绝了。梅茜只要看到男人的名字就会毫不犹豫地刷掉，她认为男人会毁掉自己一手建立的团队。她无法想象能有哪个男人愿意听她的指挥。梅茜相信，男人都觉得自己是老板，女人只配当下属——而不是反之。

梅茜之所以不肯雇佣男人，还有一个原因。她花费了大量心血来打造这支融洽的娘子军，她们不仅是同事，还是闺中密友。办公室里愉快的交谈不绝于耳，她们的紧密合作总能做出漂亮的成果。芭芭拉对现状十分满意，她热爱办公室里的女同事，丝毫不想改变。

对计算室里的姑娘们来说，梅茜是个谜。她已经50岁了，在一屋子20出头的年轻姑娘眼里，这个年纪的人简直就是老古董。她进入JPL的时候已经不年轻了，女孩们都不明白她为什么会突然跑来干这个行当。她的丈夫是IRS的会计，这份工作相当不赖，她完全用不着上班。此外，女孩们也看不懂梅茜和一位计算员——维吉妮亚·普雷蒂曼——的紧张关系。维吉妮亚曾是梅茜的儿媳，但这段短命的婚姻只维持了不到一年，计算员们也不在乎那个男人。维吉妮亚和梅茜的关系常常剑拔弩张，尤其是在维吉妮亚开始约会某个工程师的时候。面对这样的挑衅，梅茜依然表现出了无可挑剔的礼节，从不流露一丝感情。芭芭拉有时候会斜眼偷瞟这位上司，琢磨那张平静的脸背后涌动着怎样的情绪。

梅茜每天都会早早地来到办公室。迟到的女孩把包放到办公桌上的时候总会小心地看她一眼，含糊地找个借口或者道歉。梅茜往往会挥挥手让她们不用解释，但她严肃的态度总让大家心存忌惮。沉默常常是她维持纪律最有力的工具。

　　面对手下的姑娘们，梅茜表现得十分强势，但有时候她也有几分心虚。穿梭在计算员的办公桌之间，越过她们的肩膀检查工作的时候，她偶尔会发现自己看不懂女孩们写下的方程。这些数学知识真的很难，而且常常超越了她的能力水平。如果芭芭拉需要帮助，她绝不会去找上司，她情愿求助于其他女孩。她们会一起解决问题，在密密麻麻的一排排数字和符号中寻找答案。要是发现了某个愚蠢的错误，她们会放声大笑，嘲弄对方的计算漏洞，解决难题带来的巨大满足感又让她们变得更加亲密。这些女孩不像是在工作，倒像是结成了一个秘密社团。

　　坐电车去实验室的路上，梅尔巴·尼德看起来和任何一个赶去上班的妇女没什么两样。谁也不会想到她整天干的都是什么活。某天午休闲聊的时候，一位计算员说，我们这里"就像大学姐妹会"，身在这样一个亲密的女性团体里，她觉得自己似乎从未真正离开校园。梅茜无意中听见了这句话，但她一点也不觉得高兴。"你们是职业女性。"她提醒大家。

　　南加州从不下雪，就连雨水都很罕见。1949 年那个寒冷的 1 月，芭芭拉坐在帕萨迪纳的家里望向窗外的时候，脑子里转的正是这个念头。她在俄亥俄早就看够了雪，不过和其他所有人一样，她从没想过干燥的加州大地也会盖上一层白毯。几年前她就扔掉了冬天的外套，现在天这么冷，她简直不知道该怎么保暖。芭芭拉尽量把自己裹成了一个球，然后小心翼翼地开车去上班。山脚下的 JPL 遭遇了最猛烈的暴风雪，整个实验室都埋在 1 英尺厚的雪里。停车场和实验室之间有一座小小的人行桥，芭芭拉小心翼翼地走了过去。拱桥上面乱成一团，到处都有人滑倒。芭芭拉的骨头都被冻透了，脚上也全都是水，但她终于走进了 11 号楼的计算室。

过去一年来，她在这里花费了那么多时间，这幢小楼已经成了她的第二个家。这个家不算舒适。最起码这里没有暖气，所以在这个星期二的上午，女孩们都不太愉快。11 号楼只是一幢水泥地板的木结构小楼，夏天闷热，冬天冷得要命。不过这里的位置倒是很方便。路对面就是半嵌在山坡里的实验副楼。芭芭拉和其他女孩只需要穿过小路就能取到数据，她们把原始数字填在一个 12 英寸 × 18 英寸的大表格里，然后回到办公桌前开始分析。

在这样的冬日里，谁也不想出去干活。实验室外面十分安静，只听得见沙沙的雪声。没有爆炸声，也没有惊得她跳起来的喇叭。但计算室里充满了嗡嗡的交谈声，谁也没在帕萨迪纳见过这样的天气。梅茜叫大家安静一点。虽然她的声音十分柔和，但她严厉的态度立即得到了女孩们的服从。不过就连梅茜也知道，今天和往常不一样。女孩们就像淘气的小学生，为冬天的第一场雪雀跃不已，谁也不想老老实实地坐在办公桌前。所有人都站在大窗户前面，搓着手沉醉于加州罕见的雪景。

对实验室来说，这个冬天格外艰难。他们本以为下士项目很快就能成功，但事实却证明第一次测试不过是走了狗屎运，接下来的日子里，整个实验室眼睁睁地看着自己心爱的作品一头扎进沙漠，箭身四处火舌乱蹿。导弹装车的时候，所有人都兴奋又紧张，不知道这次又是什么结果。希望一天比一天渺茫，下士导弹也赢得了"野兔杀手"的绰号。看来它永远都不可能飞到足以杀死其他任何东西的高度。

减震器 WAC 在白沙的表现也不尽如人意。最后一轮测试尤其让人失望。把酒精泵入燃烧室的管道发生了泄漏，火箭的整个尾巴都被扯了下来，它支撑的箭身也轰然倒地。一长串失败的发射让实验室的假期变得分外灰暗。就连圣诞节派对也充斥着抱怨，这个季节本应洋溢的热闹气氛荡然无存。

与此同时，军方正在寻找火箭测试的新场地。虽然工程师们深爱白沙肆无忌惮的夜晚和志同道合的氛围，但这个地方已经容不下他们的新玩意儿了。一枚偏航的 V-2 火箭从得州的埃尔帕索上空掠过，一直飞到了华雷斯，最后在地上轰出了一个方圆 50 英尺、深 30 英尺的大坑。幸运的是，没有人受伤，但其中的危险谁都看得见。白沙离人口聚集区太近。火箭应该在大洋上空飞行，而不是沙漠。

国防部正在研究几个备选地点。JPL 的团队最支持的是大家都看好的一个地方，那里就在圣迭戈郊外，几乎可以算是他们的后院，开车沿着海岸线过去只要 3 个小时。战争部最终选定了加州的这个地点，大家都高兴极了——除了墨西哥总统以外。华雷斯那场意外留下的创伤仍未淡去，墨西哥政府绝不愿看到导弹飞向太平洋之前还要掠过下加利福尼亚的海滩。战争部只好退而求其次，选择了佛罗里达的可可比奇。

佛罗里达这个沉闷的小镇与世隔绝，但天气倒是晴朗灿烂。这地方也有一个缺陷：从可可比奇发射的火箭必须先经过巴哈马上空，然后才能进入开阔的大洋。幸运的是，英国政府没有提出抗议。等到多年以后，可可比奇的靶场变成太空海岸（Space Coast）的一部分，人们还会发现这里有个非常重要的优点：这座小镇离赤道很近，地球的自转速度能为起飞的火箭增添几分助力；地球自转在赤道上的线速度最快，这意味着从这里发射的火箭需要的推力更小。

佛罗里达的布里瓦德县偏远荒凉，一座座单车道矮桥组成了迷宫般的庞大网络，连接着无数柑橘果园，印第安河流域的柑橘和西柚是这里最负盛名的特产。沼泽湿地里乌云般成群结队的蚊子挡住了人类的脚步，直到20世纪40年代中期DDT问世，这里的人烟才开始密集起来。有了对付害虫的新武器，渔夫和农民纷纷搬了过来。听说要建导弹靶场，附近的居民反应不一。一方面来说，这必然带来新的工作和经济增长点，但随之而来的还有外乡人和危险的导弹。有人想卖掉自己的土地和家园，从政府手里赚一大笔钱；也有人担心自己的家会被强制征收推倒，好给发射场腾出地方。

我们把目光转回加州，整个JPL笼罩在一片愁云惨雾之中，发射失败的次数越来越多，以后要做试验还得横穿整个美国。芭芭拉也深感失望，她实在无法接受自己的工作陷入失败的泥潭。这份烦闷渗入了她的家庭生活，让她变得愈发严肃沉默。妈妈总是好心问她过得如何，但芭芭拉觉得自己和同事遇到的烦心事跟妈妈根本说不清楚。他们的工作内容需要保密，就算不用保密，那些技术细节也过于艰深，这又进一步隔绝了她和实验室大门之外的生活。另一方面来说，共同的经历让她和 JPL 的女同事们变得更加亲密。

妈妈的期盼有时候会让芭芭拉觉得窒息。这个单身姑娘一点也不着急定下来。家里盼着她早点找个丈夫，但她却看不到合适的人。下班回家的时候，芭芭拉的脚步总是无精打采。只要一进门，她还没来得及挂好帽子，妈妈就会开始唠叨：你每天工作这么长时间，这怎么结得了婚？姐妹们不断替她张罗相亲。就连去教堂她都躲不开善意的规劝和在所难免的尴尬相亲，就好像每个人都有个特别适合她的儿子。只有在 JPL，她才能暂时逃离这些沉甸甸的好意。谁也没指望她在实验室里找对象，事实上，办公室恋爱不是很受鼓励。工作给了她自由，这里评判成功的标准是她做的计算，而不是有多少人求婚。不过晚上躺在床上，她偶尔也会被孤独终老的恐惧淹没。我应该害怕吗？她扪心自问。有生之年我能不能拥有一个自己的家？

在那个 1 月的雪天里，芭芭拉觉得有些害怕。计算员们终于在屋里待不住了，她们开始跑到楼下捏雪天使、堆雪人，雪球划破了冷冽的空气。她们需要这样的释放，需要借助这样的轻松暂时摆脱算不完的弹道和越来越长的工作时间，虽然随着冬季一天天过去，下一个发射日离她们越来越近。

接下来的几天里，融化的雪水在实验室外面留下了一摊摊泥水坑，天气也开始晴朗起来。和工程师讨论减震器 WAC 最近遇到的麻烦时，计算员柯拉莉·皮尔森发现了一个问题。之前她们计算弹道的时候一直假设火箭的推进剂箱是满载的，但在现场的发射试验中，火箭只灌装了部分推进剂。与之相比，满箱推进剂能将燃烧时间延长 13 秒。起初工程师觉得这个问题无关紧要，只是几秒钟的偏差而已，虽然它的确会影响计算。不过乐于尝试的工程师最后还是同意在下次测试时把推进剂装满。此外，他们做了一些其他调整。他们在减震器 WAC 的喷嘴外面盖了一个浅圆盘，以便在火箭升空过程中保持气压稳定。

JPL 在白沙靶场只剩下了最后几次发射的机会，他们面临的压力也越来越大。1949 年 2 月 24 日，美国山地时间[1]凌晨 1 点 15 分，工程师和技工开始做准备。技工接通电路和引线，检查了 O 型圈，确认了天气，然后进入无线电静默。清晨 7 点 15 分，工程师已经做好了点火准备，但天公却不作美。云团开始聚集。奋战了一个通宵的团队只能再等 7 个小时，看天气会不会放晴。整个白天都在刮风，但他们还是决定冒险尝试。下午 3 点 14 分，指挥官开始倒数："三、二、一，点火！导弹发射！"火箭稳稳地腾空而起。30 秒后，V-2 火箭分离，"小妹妹"轻盈地滑了出来，露出三片黑得发亮的尾翼。有了额外的推力，它飞得更快，现在它的时速达到了 5 150 英里。火箭冲破大气层，高速进入太空。最终它飞到了离地 242 英里的高度，成为有史以来飞得最高、速度最快的人造物体。消息传到 JPL，实验室里立即一片欢腾。人人都在抢着拥抱柯拉莉。一下子成了所有人的关注焦点，女孩的脸红得就像火箭的整流罩。现在终于有点春天的样子了，芭芭拉想道。

---

1 美国山地时间比北京时间慢 14 个小时。——编者注

火箭试验大获成功，现在 JPL 的团队必须面对更现实的问题：火箭最终的用途。JPL 的人满脑子想着突破大气层边界冲出藩篱，但他们刚刚设计完成的火箭注定要装上战斗部。他们的目标不是探索，而是为军方提供助力。蜷缩在舒适的学院派氛围中，他们可以拒绝承认这个基本事实，但随着减震器 WAC 的成功，芭芭拉第一次意识到了这一切真正意味着什么。这让她感到焦虑。

在实验室外面，芭芭拉一直小心地避免谈及自己的工作。实验室利用一套颜色编码系统来区分员工的密级权限。JPL 工作证上的红色条带意味着该员工做的是保密工作。芭芭拉这样的员工证件上还有一条蓝色的带子，这代表他们的工作密级更高。芭芭拉每天下班前都会小心地锁上存放秘密计算结果的文件柜。

在这些条条框框的限制下，芭芭拉把工作和家庭生活分得很清楚。她不会跟母亲和姐妹讨论自己的工作，去教堂或者跟朋友外出的时候，女孩们也很少谈职业方面的事情。与社交生活相比，工作不过是个边缘话题。只有和计算员同事在一起的时候，她才能自由自在地发言。

红色的阴影笼罩了美国，对共产主义者渗透美国政府机构的恐惧愈演愈烈。1949 年，苏联（USSR）在哈萨克斯坦一处偏远的发射场引爆了他们的第一颗原子弹"闪电一号"，美国唯一拥核国家的地位遭到了挑战。苏联研发核武器的速度惊得美国人目瞪口呆。和大部分国人一样，看到有共产主义背景的美国科学家将信息泄露给苏联的消息，芭芭拉浑身的血都凉了。

整个国家越来越歇斯底里。间谍潜藏在美国实验室里的故事充斥报纸头条。面对苏联日益增长的威胁，JPL 开了一次又一次会，FBI 开始对每个人的背景寻根究底。在此之前，芭芭拉从未留意过这方面的新闻。她爱听音乐广播，但从来不听新闻；她喜欢看电影，但很少看新闻片，也几乎不读报。谁也不会指望 20 岁的姑娘能头头是道地讨论政治，或者关心世界大事。但是现在，紧张的国际关系直接影响了她的生活。

红色恐怖不再仅仅是报纸上的头条，它正在摧毁和她朝夕相处的同事的生活。JPL 是个知根知底的团队，作为实验室的创始人之一，钱学森跟大家都很熟。他是 V-2 火箭专家，"二战"期间他就已经开始研究这款武器了。1935 年，钱学森从中国来到美国麻省理工学院求学。和 JPL 的执行主任弗兰克·马利纳一样，他在加州理工获得了博士学位，然后几乎立即就加入了自杀小队。虽然他生性安静，但这个胆大包天的团队深深吸引了他。他是 JPL 草创时期的元老之一，加入美国陆军之前，他曾为 JPL 的成功发挥关键的作用。

在军队里担任荣誉上校期间，钱学森曾是回形针行动的顾问，这个计划的目标是抢在苏联人的前面抓住纳粹的重要科学家。美国渴望得到纳粹的火箭技术，德国人在这个领域的研究比盟军先进得多。作为一位业绩卓著、深受尊重的火箭科学家，钱学森很自然地成为军方讯问敌方科学家的最佳选择。纳粹的两大火箭科学家沃纳·冯·布劳恩（Wernher von Braun）和鲁道夫·赫曼（Rudolf Hermann）被俘后，钱学森是最早和他们谈话的人之一。钱学森和弗兰克一直在深入研究纳粹 V-2 火箭的技术，他们渴望揭开它最终的秘密，更盼着将 V-2 的技术和发明它的纳粹科学家带回美国。靠着这样的火箭，JPL 能做出怎样的成就，钱学森对此满怀期待。

讽刺的是，就在 V-2 火箭即将为美国带来回报、芭芭拉和 JPL 的团队刚刚把二级火箭"减震器 WAC"送上天空的时候，钱学森的世界开始崩塌。

在麦卡锡主义的风潮中，FBI 指控钱学森参加过伪装成加州理工研究生院派对的共产主义者秘密集会。他们发现这位羞涩的年轻人有几个朋友是共产主义者，他的中国背景又加深了政府的忌惮，尤其是考虑到最近他重返加州理工任教，开始更加频繁地拜访 JPL。1950 年，政府终于撤销了针对钱学森的安全调查，但他从此以后再也不能进入自己亲手创建的实验室了。

JPL 的很多员工觉得这些指控实在荒谬。虽然全国各地的实验室里被指控的人越来越多，间谍似乎无处不在，但 JPL 的大部分人仍然相信钱学森是无辜的。这个话题太过伤感，谁也不愿意多提。钱学森才华横溢，人缘也很好，FBI 提出的指控简直就是莫须有。

经历了 5 年的软禁，钱学森一家最终被遣送回了中国。就在这位科学家被贴上叛徒的标签驱逐出境的时候，他曾帮助过的纳粹战犯却在美国得到了前所未有的自由和资源。1950 年，也就是钱学森被软禁的第一年，冯·布劳恩和他带领的德国科学家小组来到了亚拉巴马州亨茨维尔的红石兵工厂（Redstone Arsenal），他们研发火箭的才能得到了美国政府的赏识。

回到祖国以后，钱学森为中国太空项目做出的贡献将为他赢得"中国火箭之父"的美誉。要是那场悲剧不曾发生，他能为美国的太空项目带来怎样的创新，这样的美梦太过诱人。美国政府直到 1999 年才发布了一份迟来的报告，他们继续指责钱学森是个间谍，虽然那些指控从未被证实。

JPL 的创建人兼主任弗兰克是红色恐怖的另一位受害者。和钱学森不一样的是，弗兰克在 20 世纪 30 年代末曾公开参加共产主义者集会，但在 1939 年，他和这个团体断绝了关系。弗兰克不是共产主义者，但你很难定义他的政治面貌。他的自由主义习气和眼下的政治氛围格格不入。揪出共产主义科学家的偏执风潮愈演愈烈，再加上研发武器带来的道德困惑，两相夹攻之下，最终弗兰克永远地离开了 JPL 和火箭研究领域。看到实验室的心脏和灵魂就这样离开，计算员们都难过极了。但她们知道，弗兰克天性敏感，他无法再承受 JPL 带来的一切。告别火箭研究以后，他将重新拥抱自己的天赋，创造出融合科学与艺术激情的动态艺术。

1955 年一个春天的下午，弗兰克的动态艺术展在巴黎的一间画廊开幕；同一年，钱学森被遣送回国，芭芭拉和朋友们在 JPL 制造的第 100 枚下士导弹洁白的金属外壳上签下自己的名字。这是一个意义重大的时刻，过去 10 年来，JPL 的团队一直在优化这款武器，在这个过程中，他们经历了漫长而痛苦的失败。看着签满名字的火箭被拆开装上卡车，在场的所有人都觉得一阵轻松。下士火箭需要大量辅助设备：巨大的空气压缩机、气源、平台和发射架。吊车将这些笨重的设备一件件装上卡车。帮助火箭竖起进入发射位置的长梁上还涂着樱桃红的醒目油漆，仿佛在提醒大家它在苹果园里服务的卑微过往。两台油罐车分别装载着高爆液态燃料，接下来的很多年里，工程师还要殚精竭虑地研究它们的最佳配比。火箭主体装进了一个巨大的船运集装箱。卡车车队逶迤绵延16英里，就像一支赶赴战场的军队。

天边低垂的太阳在草坪上投下舞动的长影，目送卡车开出大门奔向沙漠，有的姑娘开始挥手。悲伤涌上芭芭拉的心头，感觉就像看着孩子离家远行。工程师和计算员们坐在椅子上喝着香槟，直到天空变得绯红。他们的庆祝快乐但安静。他们当然期待成功，但过去的无数次灾难教会了他们不要高兴得太早。

一周后，十几位技工和工程师将涂满签名的火箭送上了白沙的发射台，开始倒数。随着指挥官揿下按钮并高呼"导弹发射！"火箭开始点火。起初火箭还在慢慢上升，紧接着它突然一

这枚下士导弹上曾经签满了芭芭拉和同事们的名字，
但现在它成了散落在白沙周围的残骸碎片，1955年
（供图：NASA/JPL-加州理工）

头栽进了沙漠，但没有爆炸。火焰吞没了箭体，浓重的黑烟腾空而起。把火扑灭以后，他们只找到了看不出本来面目的残缺碎片。虽然这已经是他们制造的第 100 枚下士导弹，但工程师们还是不知道问题出在哪里。现在他们的签名孤零零地散落在新墨西哥的沙漠中。

看来 JPL 注定要跟这款武器继续纠缠下去，哪怕实验室里的人已经开始畅想没有它的未来。创建者离开以后，团队仍要继续前进。恐怕最令弗兰克感到沮丧的是，接下来的几十年里，他只能远远地看着 JPL 一点点实现探索太空的梦想。不断调整自己的技术去探索宇宙的极限，享受随之而来的激动战栗，他已经永远失去了这样的机会。但芭芭拉·刘易斯还有机会。不过在此之前，她还得先当一回选美皇后。

第四章

导弹小姐

芭芭拉·刘易斯小心翼翼地取下卷发器，细心梳理乌黑浓密的头发。这个盛大的夜晚终于来了，今晚她会跳舞，大笑，甚至可能夺得 JPL 导弹小姐大赛的桂冠。她的手指轻柔地梳理着发卷，撩起依偎在脸蛋旁边的几缕发丝，系上一条黑色的天鹅绒发带。对于今晚的选美大赛，她满怀信心，但这不是因为她觉得自己比其他竞争对手更漂亮。在她眼中，导弹小姐大赛绝不仅仅是简单的选美比赛。要取得胜利，最关键的因素不是优雅的身姿或者内衬裙箍的褶裙，而是参赛者在实验室里受欢迎的程度。每个春天，各个部门都会挑出一名女孩作为候选者，接受所有人的公开投票。考虑到这个因素，芭芭拉一直在挖空心思讨好各位同事。她不算个好厨娘，但她还是烤了三炉巧克力薄脆曲奇，装在小篮子里送给大家。芭芭拉捧着曲奇篮子在实验室里转悠，看见谁都微笑着送上点心，大方地公开拉票："投芭芭拉一票！"

可是投票还没开始，同事们就簇拥着芭芭拉登上一辆敞篷汽车，带她出去兜风了。风儿在她的发丝间穿梭，她一边笑一边挥手。这样的举动让她觉得自己有点傻，于是她笑得更大声了。芭芭拉或许不是实验室里最漂亮的姑娘，但她待人热情，易于共事。所有计算员都是她的铁杆。她不禁开始想象实验室主任在夏夜舞会上为她戴上桂冠的情景，但触手可及的胜利没有冲昏她的头脑，因为这场比赛不过是个玩闹的小把戏，谁也不会拿它太当回事。芭芭拉是计算部门的代表，她的对手是化学家洛伊丝·拉比和研究设计部的玛格丽特·安德森。这几个漂亮姑娘都很年轻，干起活来也得心应手。虽然以今天的标准来看有些奇怪，但这场选美大赛却是 JPL 先进的人才策略带来的结果。漂亮的姑娘手持花束戴上胜利的冠冕，这样的比赛不经意地让 JPL 受过良好教育的年轻女员工成为人们关注的焦点。归根结底，20 世纪 50 年代的其他实验室就算想搞这样的比赛也有心无力：他们根本没有那么多女雇员。

　　芭芭拉穿上了一条朴素的衬衫裙，裙摆轻轻拍打着她的小腿。黑裙子上点缀着白色的小波点，她买下这条裙子就是为了迎接今晚。她保守地扣紧了领口，但纤细的腰身完美地衬托出了她柔美的身形。她套上长筒袜，欣赏了一番漂亮的新鞋子，然后才踩了进去。黑色缎面的鱼嘴高跟鞋是如今最流行的款式。最后抹上一点暗红色的唇膏，她就做好了出发的准备。芭芭拉在镜子前面快活地转了个圈子，然后才下楼迎接妈妈和姐妹的检阅。

　　计算室已经快要装不下接踵而来的新雇员了。JPL 拿到了一份新的军方合同，梅茜·罗伯茨一直在尽力搜寻素质过硬的年轻女孩。从 1950 年到 1953 年，JPL 的年度预算翻了一番，从不到 500 万美元涨到了 1 100 万美元。工作任务也翻了一番，但管理层还在犹豫要不要继续扩张。大家都很眷恋实验室的亲密氛围，他们不想毁掉自己一手建立的文化。考虑到这一点，梅茜一直谨慎地只招女员工，因为她觉得这是维持团队和谐的唯一办法。

看到珍妮·劳森的履历，梅茜眼前一亮。这个女孩毕业于著名的加州大学洛杉矶分校（UCLA），她学的是化学工程。珍妮是个土生土长的洛杉矶女孩，家庭环境也颇为富裕。在珍妮和妹妹的成长过程中，父母总是尽力给她们最好的东西，以弥补自己儿时的缺陷。尽管父母早已功成名就，珍妮仍然没有放弃刻苦学习。她热爱化学和数学。虽然她常常是班上唯一的女孩，但她还是一门心思追逐着科学女神的裙角。但珍妮不是书呆子。漂亮的容貌再加上开朗的性格，她注定会成为班上最受欢迎的女孩。

在 UCLA 念书的时候，珍妮加入了 δσθ 姐妹会，为了奖励她获得的成就，姐妹会接纳了这位新成员。紧张的学习之余，姐妹会为她提供了最完美的消遣方式。珍妮有时候会从图书馆里溜出来，和朋友一起去海边玩，或者帮忙筹备一年一度的白色圣诞舞会。和姐妹们在一起的时候，她总是很风趣，甚至有点傻乎乎的，但回到教室里，她又重新变得严肃起来。大学的最后一年为珍妮快乐的学生生涯画上了一个完美的句号，姐妹会成员推举她当了 δσθ 的会长，她即将带着数不清的荣誉光荣毕业。离开学校的日子越来越近，珍妮开始检视自己能做什么工作，那时候的她完全没有想到，她竟然还有机会再次打造一个科学氛围浓厚的亲密团队。

有一天，珍妮站在 UCLA 的招聘栏前，搜寻着适合自己的职位。虽然她学的是工程，但道格拉斯飞行器公司招聘工程师的广告她连看都没看。珍妮心里非常清楚，她根本挤不进那个几乎完全由男性组成的精英圈子。在征募钣金工和速记员的海报中间，一则来自加州理工的招聘广告吸引了她的注意力。海报最上方印着巨大的黑体字：急征计算员。下面的小字详细介绍了岗位需求：计算员不需要丰富的经验或者太高的学历，但你必须拥有数学方面的天赋和兴趣，愿意学习操作计算器。在无数可供选择的职位中，这份广告鹤立鸡群。这是由顶级学术机构提供的数学专业职位。珍妮立即理解了"不需要学历"背后的暗示：女性可以申请这个职位。对于一个立志要当工程师的女孩来说，找一份计算员的工作就像是走后门偷偷溜进了这个领域。

就这样，1952 年 3 月的一个上午，珍妮信心十足地握住了梅茜的手。"我叫珍妮·劳森。"她微笑着自我介绍。

"我是罗伯茨太太，负责计算部门。"梅茜一如既往地言简意赅。她没有寒暄，径直问道："我看你是 UCLA 的毕业生？"

"是的。我获得了化学工程学士学位，本专业的所有高等数学课程我都学过。"

"你以前用过弗莱登计算器吗？"

"我见过一台，不过上课的时候没用过。"珍妮犹豫了片刻，又补充说，"但我学东西很快。"

"你愿意和其他女性一起工作吗？"

"呃，"珍妮快速思考了一会儿措辞，"我在 UCLA 上课的时候，课堂上几乎没有其他女生。不过我当然愿意和其他女性一起工作。在姐妹会当会长的时候，我和会里的姑娘们一起组织过很多活动。我们的冬季舞会总能赢得不少称赞。当然，妈妈是我的人生楷模，她是个活跃的社交分子。"

珍妮浑身散发的自信给梅茜留下了深刻的印象。这个年轻姑娘举止成熟，干劲十足。梅茜确信她将为这个团队增添一份宝贵的助力。但要雇用这个女孩，她必须克服一个障碍：珍妮是个非裔美国人。

虽然加州慵懒的自由主义氛围浓厚，但无可否认的是，当局仍未废除种族隔离制度。无论是学校、社区还是工作场所，不同的族群各行其道，泾渭分明。随着战后婴儿潮的爆发，越来越多的非裔美国人来到了南加州，尤其是洛杉矶。1940 年，洛杉矶还只有 75 000 人，到了 1950 年，这座城市的人口已经暴涨到了近 25 万。人们从全国各地涌向南加州，他们憧憬着这里的阳光和海滩，有的人还满怀着成为电影明星的美梦。这是一片梦想家的乐土。为了容纳这么多人口，开发商推掉了无数柑橘果园，一排排房屋取代了挂着橘色果子的葱郁树木。但这些新社区的族群结构也很单一，在这座快速膨胀的城市里，非裔美国人主要集中在几个区域。劳森一家就住在圣莫尼卡一片生机勃勃的新社区里。

对 JPL 来说，做出雇用珍妮·劳森的决定并不轻松。她将成为这间研究所在专业性职位上雇佣的第一位非裔美国人。珍妮延续了家族的传统。她的父亲希拉德·劳森也曾是圣莫尼卡市议会的第一个非裔美国人。珍妮的到来可能引发很多问题，其中最重要的是：其他员工对此将作何反应？梅茜很快替女孩们做出了回答：她们当然会愉快地接受珍妮。她也有把握说服工程师那边。珍妮入职的事情就这么定了下来。

随着团队迈出种族融合的第一步，冷战带来的压力也与日俱增。下士导弹的设计（至少是概念设计）已经定稿，JPL 在这个项目上投注的精力骤然减少。现在他们的工作重点是提高导弹的可靠性。为了完成这个目标，他们得把这个项目转交给私营承包商，后者将负责导弹的制造工作，然后和 JPL 联合完成火箭的测试与后续探讨。最后拿下合同的是凡士通轮胎和橡胶公司（Firestone Tire and Rubber Company）。距离是这家公司的一大优势，因为他们的工厂就在洛杉矶。不过研究所和承包商的关系从最开始就颇为紧张。JPL 发给凡士通的图纸常常不够完整，而凡士通不稳定的产品质量和工艺也让 JPL 恼火不已。这样的混乱对导弹的研发来说绝不是什么好事。有时候导弹的导航系统表现出色，但同一套系统偶尔也会让巨大的火箭一头栽进灌木丛。如果试验出了问题，工程师会把数据交给计算员，然后他们再一起设法解决。

问题的一部分症结在于，现有的导航系统实际上是在"二战"技术的基础上改进而来的。虽然 JPL 的工程师知道全惯性制导系统（all-inertial system）——导弹可以自行纠正飞行轨道——才是最理想的，但他们没有时间来设计这套东西。军方的合同压在大家头上，这意味着他们不能浪费时间来慢慢捣鼓。所以下士导弹搭载的是无线电指令制导系统，战争期间德国人就曾实践过这种制导方式。地面人员可以利用雷达和多普勒效应实时跟踪导弹的位置和速度，然后通过无线电发射器纠正航向。

匆匆拼凑起来的导航系统经常出毛病。计算员们开玩笑说，一阵轻风就能把它吹得偏航。现在下士导弹转移到了凡士通的装配线上，感觉已经不再是他们的孩子了。由于生产环节缺乏一致性，最后的产品常常带来失望和挫败。JPL 越来越希望能在研究所内部生产自己设计的产品，这样他们才能更好地掌控研发过程的方方面面，但这样的愿望在武器装备领域根本无法实现。JPL 只能零星制造几枚火箭，无法保质保量地生产战争所需的大批武器。

除了与私营承包商艰难的磨合以外，JPL 还启动了一个新项目：中士。这个型号的导弹将搭载更成熟的制导系统，打击精度和射程也有所提高。中士导弹准备采用压实的蛋糕状固态燃料，所以送导弹去靶场的时候也不需要 16 英里长的车队。中士将成为全世界最先进的导弹系统。但这个项目暂时只是 JPL 单方面的愿景，军方还没有点头。不过随着美国军队登陆朝鲜，军方似乎正需要一款强大而灵活的武器。看来解决方案就藏在一个被遗忘的"二战"时期的工程奇迹里。

20 世纪 30 年代，英国的一群科学家陷入了绝境。英国和德国之间的战争一触即发，他们需要研发一款防空武器，但他们手边的材料少得可怜，而且几乎完全没钱。最后，他们用唯一能找到的材料——薄铁皮管——做了一款直径只有 2 英寸的简陋的"地空火箭"。但问题在于，火箭发动机的高热会轻而易举地烧化脆弱的外壳，他们需要想个办法隔开发动机核心和薄薄的火箭筒。

不列颠伍利奇皇家兵工厂（British Woolwich Royal Arsenal）反应组的化学家哈罗德·詹姆斯·普尔（Harold James Pool）想了个巧妙的办法。他发明的结构藏在火箭里面，那是一枚漂亮的五角星。现在他们的导弹外观依然平平无奇，但它内部的固态推进剂却是一个五角截面的长条。推进剂与外壳之间的空隙里填满了隔热密封材料。除了保护火箭筒以外，这颗星星还有另一个重要的优势。由于燃烧过程被限制在五角星内部，所以燃料消耗的速率变得更加稳定，从而赋予了火箭前所未有的更大推力和恒定的加速度。但麻烦也随之而来。科学家手边仅有的那种燃料可能漏进隔热层里，从内部破坏火箭。普尔和他的团队解决不了这个问题，最后他们只得放弃了这颗燃烧的星星。

虽然五角星的设计无法实现，但普尔却舍不得放弃自己智慧的结晶，他坚信这才是火箭推进剂最理想的设计。他画了各种各样的星星，有三角的、八角的、十角的，甚至还有十二个角的。他相信，星形燃料能带来最稳定的燃烧过程，由此产生的稳定推力将赋予火箭更多助力。但他的设计一直停留在纸面上。当时的英国面临战争的压力，政府没有资金可以支持这方面的实践。"二战"末期，普尔的设计传到了美国。1945 年底，JPL 收到的一份备忘录附件里描绘了这种星形推进剂，设计图旁边还有几个方程。JPL 的团队深深迷上了这张图，20 世纪 40 年代末，他们开始推进这个构想。

　　计算员和工程师通力合作，试图解决技术问题。战时的资源短缺已成过往，所以他们很快就找到了答案。最大的难点似乎在于燃料的泄漏。为了解决这个麻烦，他们只需要把星形推进剂直接固定在密封层里，然后换一种不容易泄漏的材料就好。至少从纸面上看，这样的设计完美无缺。

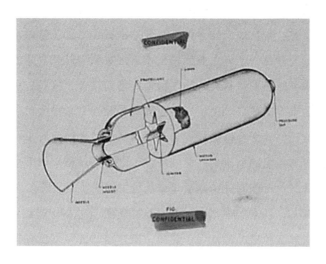

火箭发动机内部的星形推进剂（供图：NASA/JPL-加州理工）

　　不过当这些数字从纸面走进现实的时候，局面开始失控。中士火箭发动机第一次测试就发生了爆炸，剧烈的爆炸震得整个计算室都晃了起来，姑娘们吓得花容失色。当天傍晚，工程师回收了这台全尺寸发动机的残骸，现在它已经变成了一堆扭曲的钢卷，女孩们完全看不出原来的星星形状。她们的计算肯定出了问题。而且问题还在继续出现。1950 年他们又做了 12 次测试，星星每次都会分崩离析，火箭发动机提前爆炸，预定的目标看起来似乎遥不可及。虽然测试充满危险，但这个团队依然执着地继续实验，虽然每一次爆炸都像是打开一扇通往意外的大门，桀骜地挑衅命运。

工程师和计算员最后终于得出了结论。问题有一部分出在这些星星身上：它的角实在太尖，在高压环境中，这样的结构很容易崩塌。女孩们的计算表明，只要把星星的尖角设计得钝一点，再加厚密封层，火箭就能在爆炸之前飞得更远。但之前的一连串失败吓坏了实验室主任路易斯·邓恩，他十分担心安全问题。最后邓恩叫停了这个项目，所有人都大失所望。

1951年，玛丽·克劳利（Marie Crowley）来到JPL的时候，大家还不知道这些燃烧的星星将何去何从。进入JPL之前，玛丽曾在航空喷气公司的数据精简组工作过一小段时间。这家公司主要生产火箭和导弹，它也是自杀小队——弗兰克·马利纳、杰克·帕森斯、埃德·佛曼、马丁·萨默菲尔德，还有他们的顾问西奥多·冯·卡门——在1942年创立的。航空喷气和JPL的关系如此密切，所以玛丽可以大大方方地公开去实验室面试，她希望这边的工作能更有趣一点。她喜欢公司里的那些工程师同事，但她觉得数据精简无聊透顶。她只需要机械地把数字填进方程式，完全不知道这些计算背后的意义。日复一日地坐在办公室里跟平方根、对数和多项式打交道，她想尝试一些不一样的东西。

机械重复的计算工作正在消磨数学最初吸引她的美感。数字竟能如此完美地描述自然，玛丽曾为此深深着迷。1202年，为了描述野兔繁殖的速度，一位意大利数学家将斐波拉契数列引入了欧洲。事实上，在我们的生活中，斐波拉契数列无处不在。除了最开始的两个数字以外，这串数字中的每一个数都等于前两个数之和：1，1，2，3，5，8，13，21，34，55，89，144……就连花瓣也逃不开斐波拉契数列的魔力：一朵向日葵的花瓣数量必然是 55 片、89 片或者 144 片。风围绕植物打转的螺旋线、松果和菠萝外壳鳞片的排列方式以及螺壳的形状都符合斐波拉契数列的描述。这些数字藏在海星的 5 条触手里、人类手指的骨头里，甚至活细胞的分裂方式里。

在洛杉矶无瑕圣心学院（Immaculate Heart College）念书的时候，玛丽就迷上了斐波拉契数列。她是家族里第一个上完大学的人，毕业时她拿到了化学和数学双学位。玛丽的父亲将骄傲藏在心底，板着脸教训女儿："你最好赶紧赚点钱。"和大萧条时代的许多孩子一样，玛丽的确渴望找到一份稳定的好工作。所以当她发现 JPL 没有合适的化学职位时，她简直感觉天都塌了。化学部门已经有了 3 位女员工，男性部门经理觉得这个数量已经很理想了。和梅茜不一样，这位经理觉得女员工不够稳定，她们往往结婚有了孩子就会辞职。他自己的生活经历可能影响了他对职业女性的看法 —— 他的母亲和妻子都留在家里抚养孩子 —— 尽管他手下的几位女员工都已经在实验室里干了好几年，根本没打算离开。

虽然玛丽去不了化学部，但计算室那边还缺人，她决定接受这个职位。接受梅茜面试的时候，她有些紧张。梅茜个子不高，玛丽觉得她看起来更像个婆婆，而不是老板。梅茜的第一个问题就让她大吃一惊："你介意和有色人种一起工作吗？"以前从来没有人问过玛丽这样的问题。她马上回答："不介意。"

入职以后，玛丽终于理解了梅茜为什么会问她那个奇怪的问题。她将和珍妮·劳森分享一张巨大的木质办公桌。这时候JPL的计算员已经从11号楼那间通风良好但狭窄的办公室搬到了刚修好的122号楼里。这幢光照充足的小楼共有两层，计算员和工程师们比邻而居，现在大家聊天就方便多了。计算室的大窗户每天都会迎来灿烂的阳光，有时候阳光太强——室内没有空调——姑娘们在笔记簿上奋笔疾书的时候，眉头和掌心常常挂着汗珠。现在办公室里又配了好几台弗莱登计算器，每张办公桌上都摆着一台，但其中只有一台能开平方，所以她们还是得轮流使用这个先进玩意儿。

同坐一桌的珍妮和玛丽很快结成了密友，上班时她们一起工作，下班后也常常去对方家里做客。珍妮告诉玛丽，她喜欢和科学家一起工作。"科学家没有那么强的偏见，"她说，"普通人根本不感兴趣的那些东西他们都懂。"玛丽大笑起来，她完全赞同好友的看法。

珍妮的数学才能给玛丽留下了深刻的印象。她觉得梅茜肯定也看到了珍妮的天赋。JPL只派了两位计算员去IBM的培训学校进修，珍妮就是其中之一。实验室迎来了第一台并非血肉铸就的计算机，珍妮接受的培训也派上了用场。IBM701是这家公司推出的第一款商用科学计算机，他们叫它"防御计算器"（defense calculator）。17世纪以来，"computer"这个单词指的一直是负责计算的人，不过从19世纪末开始，人们渐渐开始用这个词来指代机器。到了 20 世纪 40 年代，虽然"computer"主要指的还是计算员，但大家开始更加频繁地用这个词来指代电子机器。

IBM701 是一大堆管子和存储器组成的精密机器。它的机身里藏着数以万计的锗二极管，每个二极管都有拇指大小，它能放大电子信号，作用类似灯泡。这些管子会将外界输入的二进制数据（比特）传往输出端。这台计算机还配备了先进的电子存储系统，和信纸一样宽的黑色磁带缠在卷轴上，它就是计算机的存储媒介。早在"二战"期间，利用磁带记录声音信号的技术就已问世。纳粹政权掀起的浩劫固然令人瞠目，但美国大兵还是万分羡慕他们的录音质量。早上你可以偷空听会儿音乐，磁带里的管弦乐团仿佛就在你耳边演奏，你完全听不到每分钟 78 转的唱片常有的咝咝声和唱针滑过盘面的噪音。大家都觉得这样的技术已臻完美，根本不需要任何改进。

IBM 是最早用磁带来充当计算机存储装置的先驱之一。和磁带录音机一样，IBM701 使用的磁带表面也覆盖着一层氧化铁微粒。这台机器利用磁铁将信息写入磁带，磁铁产生的电流会磁化这些微粒。每个磁化的微粒都是一个数据存储单元，每卷磁带能存储 200 万位信息，这台计算机共有 4 卷磁带。

IBM701 在办公楼里占据的面积和大多数计算员家里的房子差不多。这台庞然大物不是一个简单的方盒子，它由 11 个独立的组件单元组成，总重量高达 20 516 磅。体积庞大的 701 带领 IBM 进入了计算机行业。起初他们觉得这样的机器应该不会有太大的市场。IBM 总裁小托马斯·沃森曾在股东大会上表示，他们觉得这款机器一共只能卖出去 5 台，但他们"打道回府的时候已经拿到了 18 台订单"，其中一张订单就来自 JPL。

尽管 701 最早的月租金高达 11 900 美元，但机器送来的时候却没有使用说明书。要使用这台机器，你必须学习一套晦涩难懂的数字编码。就连最简单的操作都需要编一大堆程序才能实现，比如说开平方根。更糟糕的是，这个大家伙很容易过热。虽然 IBM 吹嘘说 701 一秒钟就能完成 16 000 次加减运算，但它的系统却常常崩溃。一支烧坏的二极管就能让整台机器陷入瘫痪，所以计算员和工程师完全信不过它的准确度和可靠性。在 IBM 接受过专业培训的珍妮成了 JPL 的第一批计算机程序员。

玛丽刚刚嫁给了她的大学男友。保罗在服役期间被派到了战场，他们共同生活的梦想也随之搁浅。保罗接受基础训练和外派的时候，他们几乎没有机会见面。对一个年轻姑娘来说，爱上一个不回家的男人实在令人心碎。待在空荡荡的屋子里，她时常觉得孤单，好像只有等到保罗回来，她的生活才会真正开始。为了逃避孤独，她一头扎进了工作。

虽然玛丽没像丈夫一样扛起枪，但她有时候也会和危险擦肩而过。在航空喷气公司工作的时候，某个星期四的下午，一声巨响打破了办公室的宁静，大地在她脚下颤抖起来。她从来没听过这么响的声音。来这儿上班以后，她已经渐渐习惯了大型发动机测试产生的爆响，但这次的响动和以前的完全不一样。她转头环顾其他计算员和工程师，就在这时候，一阵喧哗传进了办公室敞开的窗户。

几分钟后，一位工程师出现在房间里，他的脸上挂满了汗珠。"出了点意外。"他解释说,"是固态推进剂。"他严肃地扫视着办公室里的同事,告诉大家刚才混合新的固态推进剂时发生了爆炸。但谁也不知道原因。"有人受伤吗?"玛丽问道。工程师还没来得及回答,她已经从他的表情中读出了答案。他点了点头。办公室再次陷入沉默,他们远远地听到了救护车的笛声。

试验井离玛丽的座位只有 200 码[1],那里有 11 个男人已经死了,或者正在死去。她刚刚开始习惯频繁的爆炸声,甚至学会了对周围人员的小伤熟视无睹。但死亡毫不留情地戳破了她的自满。那些人是她的朋友。玛丽和她的工程师同事们想到了自己计算的那些方程,他们痛苦地想道:会不会是我们做的计算杀死了那几位同事。战争带来的压力悬在头顶,大家都情不自禁地加快了步伐。每一天的工作都很紧张。计算员的铅笔刚刚离开纸面,他们的笔记簿很快就会被直接送到试验井里。他们的工作连交叉检查都很少有人做,没有安全预防措施,更没有相应的督查。

跳槽到了 JPL 以后,玛丽发现这里的安全标准也好不到哪儿去。JPL 的工作节奏和航空喷气公司一样匆忙。虽然她还是没什么机会检查自己的计算结果,但至少 JPL 有一大群计算员,她们只需要探一探头就能看到别人的笔记簿。玛丽还发现,这里的工作有趣得多。她觉得自己终于有了参与项目的感觉,她能理解自己的计算有何意义,她的数学才能在火箭的研发中扮演着怎样关键的角色。但这里的工作时间还是很长。计算员们

---

1   1 码 =91.44 厘米。——编者注

经常在办公桌前一坐就是 12 个小时，每周 5 天，天天如此。大家都很累，但在这样的时刻，她们更得时刻保持头脑清醒。

高强度的工作也影响了大家在实验室外的社交生活。玛丽推掉了一个又一个晚餐和午餐邀请，她能感觉到老朋友们正在逐渐离她远去。与此相对，在 JPL 的大门里，她和同事相处得越来越融洽。光是在办公室里共度那么长时间还不够——女孩们经常发起晚间派对，在这样的场合，她们可以尽情交流生活琐事和 JPL 的各种八卦。同事们时常聚会，玛丽在自己家里办过意面餐会，维吉妮亚·斯旺森（Virginia Swanson，朋友都叫她金妮）也请大家吃过瑞典式自助冷餐。珍妮常常在帕萨迪纳的朋友们家里玩到很晚，然后再开车回洛杉矶。玛丽住在阿罕布拉，一天晚上，大家在她家聚餐，芭芭拉坐在佩茜·内霍尔特（Patsy Nyeholt）旁边，两个女孩快活地聊着天，珍妮和金妮正在哈哈大笑。金妮和玛丽拉着手向大家祝酒，女孩们都举起了杯子。玛丽调皮地将一勺食物送进金妮嘴里，然后她们俩都笑了起来，朋友们拍下了这一幕，照片里的两个女孩看起来都有点傻气。计算员们就这样成天腻在一起还嫌不够。

大部分时间，计算员和工程师们都在外面的长桌上解决午餐，他们不喜欢狭窄的食堂。和同事一起坐在桌边，玛丽享受着晒在背上的温暖阳光，听着周围人们的交谈。同事们正在讨论最新的设计，她暂时忘掉了繁琐的日常计算细节。畅想整体的蓝图，讨论火箭的极限，这是一天中她最喜欢的时光。

虽然实验室不断扩张，但这个团体还是小得足以容纳家庭的温馨感。JPL 的团队彼此信任，互相依靠，考虑到他们工作的特性，这样的亲密不光停留在办公室里，也渗入了他们的生活。实验室里不幸的事故让大家更紧密地团结在一起。第一次在航空喷气公司遇到事故的时候，玛丽只不过是个旁观者，但现在，她身处其中。

玛丽正在计算中士火箭的喷嘴开口尺寸。喷嘴只不过是火箭尾部的一个圆筒，但它的尺寸和形状却至关重要。喷嘴会加速火箭尾部喷出的灼热废气。排气速度越快，驱动火箭向上的推力就越大。玛丽尝试了各种各样的喷嘴尺寸，她需要分别计算氧化氮和煤油组成的混合废气流经不同的喷嘴后将达到多快的速度。她会先扩大喷嘴，完成一组计算。计算下一组数据的时候，她可能又会大幅缩减喷嘴尺寸。她想尝试尽可能多的组合。

但时间越来越紧，今天下午，她必须把本轮测试的数据交给工程师。她快速检查了一遍方程，然后把结果发了出去。坐在办公桌旁，她还在琢磨脑子里的方程，就在这时候，警报声打断了她的沉思。尖锐的笛声意味着实验即将开始。试验井深处正准备点火的发动机是根据她的计算设计出来的。玛丽突然觉得浑身的血一下子变凉了：交出计算结果之前她忘了开平方。她慌乱地跑到电话旁边，但她还没来得及拨号，就听到山那边传来了爆炸的巨响。电话那头一片死寂。每次试验前他们都会切断电话线路。灾难的景象占据了玛丽的大脑，强烈的爆炸，大火，甚至可能有同事丧命。她放下话筒，焦虑地等待消息传来。周围静悄悄的。

幸运的是，这次事故没有造成伤亡。一位工程师出现在门口，他看起来只是有些沮丧。"唉……"他的叹息徘徊在空气中。"我知道，"玛丽回答，"对不起。"尽管玛丽的错误导致了火箭发动机失效，但 JPL 没有追究责任，也没有检讨。几分钟痛苦的等待就是玛丽得到的全部惩罚。那窒息的感觉将萦绕在她身旁，时时刻刻提醒她，她在笔记簿上写下的数据和方程将决定同事的生死存亡。

　　JPL 设计的中士集成了当时最先进的导弹系统。它凝聚着整个实验室在火箭领域的心血，过去的无数次失败又为他们积累了更多经验。这枚火箭的尺寸和纳粹的 V-2 差不多，但它携带的战斗部重量将达到 V-2 的 9 倍，精密的导航系统能帮助它击中 84 英里外的目标。下士在发射前需要 9 个小时的准备时间，但中士只需要 90 分钟。

　　玛丽迷上了中士即将搭载的仪表，这是真正的尖端科技。实验室正打算将研究范围从单纯的喷气推进扩展到电子领域。JPL 的新主任威廉·皮克林（William Pickering）推动了这一重大变革。和几位前辈不同，威廉不是火箭专家——电子才是他更感兴趣的研究领域。中士导弹指令系统采用的技术向前迈了一大步。下士搭载的是指令制导系统，它的导航信号来自地面站发射的无线电波。这套系统的缺陷在于准度偏低，而且需要一个庞大的地面团队，更麻烦的是，它很容易被外界因素干扰。敌人可以探测下士的无线电制导信号，然后设法切断导弹和地面的联系，甚至用假信号来冒充。

　　为了避开这些问题，JPL 正在研发惯性制导系统。这种新系统利用导弹内部搭载的加速度计和陀螺仪来跟踪导弹的速度和位置。旋翼和万向节将帮助导弹调整航向。"它就像一个陀螺。"工程师们这样告诉玛丽。陀螺仪似乎能挑战重力,只要陀螺仪绕着某根轴开始旋转,它就会始终保持同样的方向。惯性的力量赋予了火箭稳定性。在火箭里搭载大型陀螺仪并不稀奇,但微型电动机驱动的新型小陀螺仪和它的前辈很不一样。JPL正在测试的陀螺仪裹着一层钢铝外壳,外面还绕着密密麻麻的线圈。这样的设备看起来好像并不先进,但外壳内部的结构始终保持着微妙的平衡。

这些陀螺仪不光看起来精致,还能大幅提高导弹的准度。无论火箭怎么运动,安装在导弹主轴稳定平台上的陀螺仪都能维持自己在空间中的位置。随着火箭不断加速升高,陀螺仪必须更加努力工作才能抵抗外力的影响。陀螺仪通过缆线与火箭飞翼相连,它抵抗外力的作用越强,推动飞翼前后移动的力量就越大,导航系统通过这种方式来校正火箭的方位。

现在JPL不再需要依靠地面站提供的外部参照点来控制火箭了。计算员利用新设备搜集的速度和方向数据算出了地球重力对导弹的影响。现在的制导系统是无线电和惯性的混血儿,全世界的实验室都在尝试用陀螺仪给火箭导航,但还没有人真正造出过全惯性制导的导弹。所以军方迟迟不愿批复JPL的设计。要说服美国政府投资支持这么大胆的新技术,JPL必须先证明它真的可行。计算员也不能确定他们能不能拿出漂亮的结果来说服军方,哪怕只是在纸面上。

一天早上,一个女孩咯咯笑着走进实验室,一本书掩在她的胸口。珍·奥尼尔（Jean O'Neill）的侄子兴奋地把这本书借给了她，他想知道书里的幻想故事有几分是真的。这本书的封面上画着一枚飞向月亮的火箭，还有一个机器人正在星空中坠落。这本名叫《飞向月亮》的书是莱斯利·格里纳写的，珍只花了两个晚上就读完了这本 256 页的小书。书里的科幻情节常常让她忍俊不禁，但真正令她惊讶的是书中描述的火箭技术。书中的火箭之所以能够摆脱重力飞向太空，靠的正是一件现代神器：陀螺仪。虽然这个幻想色彩浓郁的故事很傻，但它的字里行间却隐藏着真正科学的关键点。女孩们聚在一起听珍大声朗读书里的段落，她们一边笑个不停，一边欣赏火箭在太空中飞行的插图。

美国人格外痴迷火箭和太空，JPL 的员工在这方面的热情更是远胜于常人。计算员们走到哪儿都能看到火箭玩具和外太空主题的特百惠派对，广播节目也时常畅想未来的宇航员。也许正是这种全国性的狂热吸引了珍妮·劳森投身于 JPL 仍停留在纸面上的项目。作为学校里的优秀学生，她总是喜欢探寻"如果"。白天她忙着捣鼓全世界最精密的下士导弹系统，晚上回到家里，她才开始策划自己的婚礼。

珍妮的新郎是她一生的挚爱：西奥多·波尔多（Theodore Bordcaux）。波尔多出身寒微，也没有专业的工作。他只是洛杉矶州立学院（Los Angeles State College）的一名新生，这所学校的声望远远不及珍妮的母校 UCLA。但这一切珍妮都不在乎，她心目中的波尔多才华横溢，他们深爱着数学和彼此。

女孩们基本都住在帕萨迪纳，但珍妮和她们不一样，保守的郊区住的主要还是白人，非裔美国人不会在这里安家。尽管珍妮在洛杉矶的社会地位不低，但帕萨迪纳却有另一套规矩。珍妮的祖母在帕萨迪纳一户姓乔伊特的显赫人家当厨娘，所以珍妮十分清楚这个小镇的社会等级有多森严。小时候她曾透过厨房的门缝窥视乔伊特家的花园派对：凑在一起窃窃私语的淑女们穿着大胆的印花 A 字连衣裙，领口浆得笔挺。1950 年之前，正是这些女人给学校董事会施加了极大的压力，她们强烈反对废除种族隔离政策，还赶走了提出这个激进主张的学校负责人。尽管周围的种族歧视氛围如此浓厚，乔伊特一家仍然十分看重珍妮的祖母。他们给她买了房子和汽车，甚至还送她去度假。珍妮经常在祖母家过夜，尤其是在实验室里加班到很晚的时候。

　　不过大部分情况下，她都住在圣莫尼卡，那是她妈妈的房子。从妈妈家到实验室的通勤距离足有 20 英里，其中有一部分是未完工的高速公路，剩下的都是峡谷里弯弯绕绕的小路。糟糕的交通让这条路显得更加漫长，单程往往需要花费一个多小时。每天要走这么远的路去上班，妈妈十分担心，她甚至建议女儿换个离家近点儿的工作，但珍妮只当没听见。她在 JPL 找到了这么一群特别的女同事，她知道别的地方很难找到这样的专业性职位。不过漫长的通勤之路想必也会令她觉得孤单。她是团队里唯一的非裔美国人，遥远的通勤路程仿佛象征着她走到这里付出的辛苦比其他同事多得多。

　　开车的时候，珍妮偶尔会试着去揣想婚姻生活是什么样子。和丈夫一起搬进完全属于自己的房子，这样的幻想时常溜进她的脑海。她已经 24 岁了，她的很多朋友觉得这个年纪的女孩简直就是老处女，她们中的很多人大学一毕业就结婚了，不过珍妮也做好了定下来的准备。她梦想着成为一位母亲，组建一个家庭。想到要放弃工作，她就很不愉快，但她又能怎么办呢？每天跑这么远的路上班，西奥多会怎么想？这样的担忧沉甸甸地压在她的心头。

盛大的婚礼定在 8 月。这对年轻人将在圣莫尼卡的一间教堂互盟婚誓，然后前往维尔范德尔俱乐部招待宾客，那是洛杉矶最古老的非裔美国女性俱乐部。前来观礼的有珍妮的朋友和家人，也有她在 JPL 结识的密友。看到珍妮披着白色蕾丝婚纱走过教堂的长廊，玛丽·克劳利不禁热泪盈眶。婚礼之后的舞会安排在月光下的花园里，空气中洋溢着兰花的幽香。著名女演员兼歌手珀尔·贝利唱起了《两个人才能跳探戈》，舞池里挤满了一对对舞伴。玛丽目送这对新婚夫妇乘车出发去度蜜月，她为珍妮感到高兴，但她也忍不住开始思考女伴的未来。

大部分美国女性婚后都会留在家里做主妇，但很多计算员正在琢磨如何兼顾工作和家庭，就像冲浪者驾驭波涛。有工作的妻子尽力平衡二者之间的关系，虽然有时候她们难免被巨浪淋湿。珍妮是个罕见的天才，计算员们无法想象，这样聪慧的女性怎么能轻易抛下科学。对她们的团队来说，这无疑是个令人悲痛的损失。

随着珍妮的生活发生巨变，中士项目也正在结出硕果。1956年，JPL 的计算员已经完成了自己的工作，她们正在等待白沙那边导弹测试的结果。下士项目曾多次发生事故，时间也一再迁延，相比之下，中士的测试就顺利多了。大家还没回过神来，白沙那边已经把中士成功试飞的短片送了回来。谁也没见过这么先进的导弹，它也是 JPL 的姑娘们协助研发的最后一款武器。

JPL 对武器制造业的贡献一直有限。官僚主义的干涉推迟了导弹量产的时间，这意味着它们正式列装以后没多久就过时了。等到姑娘们看到中士出现在朝鲜一辆军用吉普上的时候，她们已经向前走了很远，很少去想自己曾经帮忙研发的导弹。取而代之的是，她们的计算将在新的探索征途中找到用武之地。

导弹小姐大赛已近尾声。音乐的节奏越来越慢，灯光也暗了下来。芭芭拉微笑着摆出姿势让大家拍照，她夺得了大赛的亚军。冠军是实验室的护士，漂亮的李·普劳戈。芭芭拉站在冠军身旁，露出灿烂的笑容。李的个头差不多比她高 4 英寸，但芭芭拉的心情好极了。很少有哪个女人得了第二名还能像芭芭拉一样高兴。在大赛中脱颖而出让她觉得自己成了实验室不可或缺的成员。对她来说，大赛亚军的头衔有着更深层的意义。她在工作中担负的责任越来越重大，选美比赛证明了她的好人缘，也巩固了她在计算员中的地位，现在她越来越像个管理者了。芭芭拉获得的"导弹小姐"头衔即将成为绝响，选美大赛仍将继续，但很快它就会换个名字，这也反映了更深层次的变革。

芭芭拉和梅茜是最早一批意识到这份工作将带领她们走向何方的计算员。某一天，一个男人出现在 JPL 的自助餐厅里，很长一段时间以来，实验室的人对他的工作既钦佩又反感。她们知道，这个男人，这个纳粹战犯，将帮助她们成为生活的主宰。

第五章

蛰　伏

墨黑的夜仿佛正在从天空中一点点渗入大海。芭芭拉·刘易斯站在圣莫尼卡的海滩上，望着黑色的波浪起起伏伏。虽然 6月的夜晚还很温暖，但清凉的微风吹得她微微打了个寒颤。芭芭拉的约会对象是个名叫哈利·鲍尔森的男人，他指指她肩头那张薄薄的棉围巾，问她冷不冷。芭芭拉笑着摇摇头。壮丽的海岸线让她全然忘了空气的寒冷。薄暮的星星开始在头顶的天空中闪烁，海浪和沙子在渐浓的夜色中化作一片片分不出形状的灰影。她望着向北绵延的海滩，远方闪烁着马里布的灯火。"晚上这里看起来真是大不一样啊。"芭芭拉说。哈利的手轻轻拂过她的胳膊。

芭芭拉和哈利相识于帕萨迪纳的长老会教堂，虽然面对约会，她还有些害羞，但她却无法抗拒他的魅力。哈利个子很高，样子不算太帅，但看起来很和气，举止也十分沉稳。他常常逗得她哈哈大笑，她说话的时候，他总是听得很专心。她转头望向前方的圣莫尼卡码头，摩天轮的灯光在海面上映出一团团粉色和红色的光影。晚餐后他们一直在市区闲逛，沿着碎石铺就的人行道漫无目的地散步，最后才来到了这片饱经风霜的砂岩崖畔。现在芭芭拉站在两个世界中间，一只脚踩在坚硬的水泥地面上，另一只脚陷在海滨悬崖风化的柔软沙土里。她在JPL从事的工作似乎也同样分裂：一头是实实在在的导弹研发，另一头是看似缥缈的太空探索。未来就像前方的波涛一样看不分明。

太空探索之梦可能成真的第一个信号出现在JPL的小食堂里。芭芭拉坐在梅茜·罗伯茨身边，看着那个棕发蓝眼的英俊男人在拥挤的人群中找了个位置坐了下来。沃纳·冯·布劳恩是传奇，是超级明星，也是一名曾经的纳粹战犯。尽管这个人的名声糟糕透顶，但芭芭拉仍情不自禁地为他感到惋惜。

食堂里的同事们吵吵闹闹，亲昵地交谈，独坐一边的冯·布劳恩看起来分外孤单。他是全世界最杰出的火箭科学家之一。他在那本晦涩难懂的太空科学书籍中描绘的第一座空间站拥有多个起居空间和火箭驱动的电梯，这个大胆的构想富含娱乐元素，华特·迪士尼为此专门请了他当顾问，后来还邀请他出演了连续剧《太空里的人》。你很难相信这个站在米老鼠之父身旁拍照的男人竟然曾是美国的敌人。

计算员姑娘们喜欢传阅一本快要翻烂了的《考利亚氏》旧杂志，折角的那页是一篇冯·布劳恩的署名文章，大标题上醒目地写着：人类很快就将征服太空。"未来10年或15年内，地球的天空中将出现一位新的伙伴。人造卫星可能是和平的最大助力，也可能成为最可怕的战争武器——这要看它的制造者和控

制者究竟是谁。"这句话下面重重地画着一条线。他说的话她们
总是津津乐道。他的构想看似荒诞不经，完全不可能实现，但
现在，JPL 正在研制卫星。冯·布劳恩对太空的狂热与实验室的
其他人不谋而合。

在这个领域，芭芭拉只是一个刚刚踏上职业道路的新人，
但真正看到大名鼎鼎的冯·布劳恩，她觉得浑身不自在。看到
他光洁的脸庞，她总会想起小时候听到收音机里的播音员描述
伦敦在全世界第一枚弹道导弹的袭击下化作废墟的情景。成千
上万伦敦人流离失所的时候，冯·布劳恩却在轻呷香槟。但 10
年时间足以改变很多事情。对如今的 JPL 来说，复仇武器二号
（V-2）火箭只能算是玩物。然而这款武器背后的男人正坐在离
她不远的地方悠闲地吃着午餐。

梅茜颤抖着想起了以前听过的关于冯·布劳恩的传言。"他
是个残忍傲慢的家伙。"冯·布劳恩刚刚被俘虏送往美国的时候，
工程师曾这样告诉她："他就是个屠夫。"但这些流言没过多久就
烟消云散。这位曾经的纳粹党卫军军官和蔼可亲的态度很快为
他赢得了不少朋友。面对试验井里的机修工，他总是游刃有余，
回到办公室以后，他又跟工程师聊得火热。无论多复杂的火箭
技术他都能信手拈来，他能用最简洁的语言解释这门科学，就
连门外汉都能理解他讲的基础知识。尽管这个男人背负着可怕
的过往，但他正在逐渐成为美国未来的太空探索不可或缺的人
物。令人震惊的是，美国军方第一个与武器无关的重要合作项
目竟如此依赖沃纳·冯·布劳恩。

梅茜深知冯·布劳恩的过往，所以她很清楚这个男人为什

么会出现在 JPL：轨道飞行器计划。早在梅茜刚刚进入实验室的
1949 年，制造第一颗人造卫星的计划就已经提上了日程。他们
一直梦想能将航天器送上高空，让地球的重力与它自身的惯性
达成完美的平衡。只要这颗卫星受到的外力平衡，它就能绕着
地球轨道运行。就像月球在引力作用下绕地球运行一样，他们
的卫星也无须任何外力就能环球飞行。早在牛顿的年代就有人
提出了卫星可以永不停歇地绕地球运行的构想，但帮助我们实
现这个构想的力量却是全新的。

1947 年，威廉·皮克林在论文中提出了这个想法，他表示：
"要深入研究宇宙射线，我们必须先造出能发射卫星的火箭。"
早在那时候，他就已经在脑子里理清了这个计划的前景和最终
的科学目标。但美国政府不愿意资助没有清晰军事目标的项目，
这个提案被束之高阁。直到 1954 年，已经成为 JPL 主任的皮克
林在一次座谈会上高调提议启动人造卫星项目，作为美国对国
际地球物理年（International Geophysical Year，IGY）的献礼。

4 年前，物理学家劳埃德·伯克纳（Lloyd Berkner）提出了
国际地球物理年的设想，这个国际科研计划是地球上有史以来
规模最大的跨国合作研究项目。从 1957 年 7 月到 1958 年 12 月，
活跃的太阳活动将为这个项目带来诸多便利。全球各国将合作
探索研究地球的新方式，涉及的学科包括宇宙射线、地球引力、
电离层物理学、海洋学和气象学。JPL 内部早就对 IGY 的到来
议论纷纷。他们在计算室里兴奋地讨论应该准备哪方面的实验。

"国际地球物理年之所以意义重大，是因为我们正在进入第
19 个太阳活动周期，"一位工程师告诉芭芭拉，"太阳活动将变

得空前活跃，我们会看到有记录以来数量最多的太阳黑子。"

芭芭拉把这个消息告诉了计算室里的姑娘们，但她发现有一位新雇员茫然地望着自己。她知道这姑娘肯定在 JPL 待不长久。这个问题正在变得越来越普遍：实验室对计算员的需求不断增长，他们不得不冒险雇佣一些经验不足的女孩，期望梅茜的团队能把她们训练成数学和科学人才。但并不是每次尝试都能成功。计算员不是一份谁都能干的工作。有的女孩就是完全没有数学或者科学方面的天赋，芭芭拉和梅茜对此深感惋惜。

海伦·周毕业于圣母大学，她辅修的是数学。看到这个女孩的简历，梅茜十分期待。这正是她急需的人才。与此同时，海伦却担心自己的学历满足不了 JPL 的要求。她非常渴望得到这份工作，也希望梅茜能给她一个机会。虽然数学不是她的主专业，但她一直擅长这门学科。

那天早上，埃德温先把妹妹送到了人事部门口，这才转身走向自己的办公室。"祝你好运！"他回头喊了一声。他一点也不担心。他知道妹妹很聪明，实验室肯定会录用她。海伦却没有哥哥那么自信。她遭到过太多拒绝，其中有的工作比现在这个简单得多。她填好了申请表，然后坐在小小的等待室里，手指紧张地敲着膝盖。

海伦等了很长时间。被叫进面试室的时候，她已经紧张得话都说不出来了。梅茜给海伦留下的第一印象是个严厉的老太太。虽然海伦的英文带着浓重的口音，但她还是回答了梅茜询问的教育背景和数学方面的经验。梅茜提问的时候，她竭力保持冷静。等到紧张终于平复了一点，她又解释了几句，说她起初选择艺术专业是希望找一份这方面的工作。她也提到了自己学过的数学课程，对她来说，上数学课就像看电影一样，算是一种娱乐。她从没想过自己会找一份需要数学技能的工作。梅茜想听的正是这个。

海伦见到的下一位面试官是芭芭拉。从某些角度来说，芭芭拉和她的上司截然相反。她既年轻又和善，而且十分欢迎新人的到来。虽然芭芭拉不是正式的经理，但她负责培训新人，监督她们的进展。芭芭拉的魅力立即征服了海伦。她们似乎注定会一见如故。

海伦离开实验室之前，梅茜就告诉了她面试的结果，这位严厉的主管很少这么做。她对海伦的才华充满信心，所以她希望这个女孩能马上入职。海伦惊讶极了，她简直不敢相信，她终于找到了一份工作。

源源不断的新雇员让芭芭拉有些疲于应对。现在他们平均每个月都会迎来两位新人。每个女孩都需要花费大量精力去训练引导，这副重担主要落在芭芭拉肩上。但是，她相信海伦绝不会像之前的很多人那样折戟沉沙。JPL正在跑步前进，他们需要尽可能多的合格的计算员。

经历了战争造成的多年空白，IGY重启了东西方之间的科学交流。1953年，随着斯大林的去世，科学界迎来了全球合作的机遇。但第一颗卫星将出自谁手，这顶桂冠的归宿引发了激烈的竞争，而不是合作。美国想把苏联狠狠踩在脚下，而且美国内部也有心照不宣的秘密竞争。陆军、海军和空军都有自己的卫星蓝图，他们谁也不知道对手的提案。国防部组织的专门委员会将决定最后的赢家。

在这样的竞争中，JPL 的每一位成员都绷紧了弦。为了帮助芭芭拉纾解工作压力，哈利带着她去了日落大道的好莱坞帕拉丁音乐厅。10 000 平方英尺的巨大舞池里人头涌动，哈利和芭芭拉挤了进去。虽然舞池很大，但大型乐队的鼓乐声仍清晰可闻。场地里挤满了一对对舞伴，他们连呼吸都很困难，更别说跳舞。

芭芭拉已经不堪重负。她的母亲刚刚死于心肌梗死，此前她的父亲也被同样的疾病夺去了生命，现在她和兄弟姐妹都成了孤儿。芭芭拉总觉得母亲是个强大的女人，她很难相信 57 岁的母亲竟然就这么走了。挤在舞池里的陌生人中间，芭芭拉觉得莫名地安心，于是她任由自己沉醉在动人的音乐中。乐队开始演奏她最喜欢的歌 ——《非你莫属》，哈利握住了她的手。她抬起头来。天花板上闪烁的灯泡就像星星，她的思绪不由得游荡到了太空中。

现有火箭的推力不足以将卫星送上太空。轨道飞行器计划的目标就是改变这样的局面，JPL 的工程师开始设计他们想送出大气层的飞行器。卫星的外壳和天线由计算员和工程师合作研发。它必须轻得能飞上天，同时还要有足够的强度，这样才能在大气层内外的恶劣环境中保护卫星内部的精密科学仪器。

虽然真空的太空本身没什么温度，但在太空中飞行的物体却必须经受温度的考验。它们面临的温度环境非常严酷：有日照的地方温度超过 120℃，而阴影中的温度又会降到零下 100℃以下。JPL 面临的挑战就像是要设计一艘既能在南极洲的冰洋中航行又能在沸水中悠游的船。工程师选择了玻璃钢作为卫星外壳和天线的基础材料，然后他们开始不断地尝试，试图在强度和速度之间找到最完美的平衡。计算员估计，最终的卫星重量应该在 5 磅左右。

虽然卫星本身很轻，但它依然需要足够的推力才能摆脱地球引力，穿越大气层进入轨道。空气中的分子会撞击火箭外壳，拖慢它的速度。像蜡一样光滑的火箭外壳有助于减少摩擦，就像光滑的冰面比崎岖的荒地更适合滑行。火箭需要极大的能量才能克服空气阻力。事实上，与摆脱地球大气层所需的能量相比，从地球到月球的旅程简直算得上毫不费力。在重力和空气阻力的影响下，推力不足的火箭最终只能一头栽回地面。从这个角度来说，人类真正迈出的一大步是离开地球大气层，而不是踏上月球。只有一个办法可以完成这个目标：制造逐级点火的多级火箭。

"我们为什么需要这么多火箭？"玛丽问芭芭拉，"就不能直接造个大火箭吗？"玛格丽特·贝伦斯（Margaret Behrens）在旁边听她们聊天，这个 18 岁的女孩一个月前才进入 JPL，大家都叫她玛姬。玛姬是个漂亮姑娘，她拥有一头柔软的金发和一双机灵的眼睛，高中毕业后她直接进了 JPL。这个女孩非常聪明，但她甜美的外表下面藏着一颗倔强的心。严格的父亲让玛姬养成了叛逆的性格，不过梅茜慈母般的温和正是对付她的良药。计算室里的同事抚平了玛姬的不安全感，同时也激发了她的好奇心。她不满足于机械地摆弄数字，她还想理解这些计算蕴含的意义。现在她们正好聊到了多级火箭的秘密。

"要把卫星送入地球轨道，我们必须设法让它达到 17 500 英里的时速。"芭芭拉解释说，"这个速度是 V-2 火箭的 5 倍。现有的火箭都飞不了这么快。就算我们真能造出这么快的火箭，那它产生的振动也足以把所有设备抖成果酱。"玛丽一边大笑一边点头，芭芭拉继续说了下去："所以我们需要设计多级火箭。多级系统的火箭可以一路抛弃空燃料箱，燃料耗尽以后，这些燃料箱就没有用了，只会拖慢火箭的速度。如果我们能甩掉这些包袱，最上面几级的火箭承担的载荷就更小，卫星才能飞得更高。"玛丽和玛姬同时点了点头，开始憧憬火箭接力推进的情景。强大的单级火箭会把设备抖成碎片，所以他们计划采用一系列火箭来维持速度。这种推进方式有点儿像 JPL 的女孩们：她们互相帮助，整个团队的动量也因此保持稳定的增长。

作为多级火箭的一部分，计算员们正在研发一种小型火箭，实验室的人都叫它"小中士"（Baby Sergeant）。这个小家伙是中士导弹的缩微版本，它的长度只有 4 英尺，直径还不到 6 英寸。姑娘们觉得这个小火箭就像玩具，军方显然用不着这样的玩意儿。小中士本身作用有限，最多只能帮助大家验证大导弹的计算过程，但工程师和计算员坚信，如果把很多小中士绑在一起，就能产生巨大的推力。根据他们的计算，15 枚小中士能产生 1 600 磅推力，持续 5 秒，很适合充当火箭的最后几级。但他们还必须将小中士的巧劲与红石火箭（Redstone rocket）的巨大推力结合在一起，后者是冯·布劳恩的团队在红石兵工厂捣鼓出来的。

亚拉巴马亨茨维尔的红石兵工厂曾是一间化学武器制造厂，

负责生产芥子气之类的有毒产品。1950 年，这里成了冯·布劳恩和其他 126 位德国科学家的家园。这些人来自得克萨斯布利斯堡，那里曾是回形针行动的基地，该计划的目标是在战后将纳粹科学家带回美国。坐落在田纳西河谷里的红石兵工厂为火箭研究提供了一片沃土。1956 年，冯·布劳恩的贡献得到了军方的认可，他也因此成为了红石新成立的陆军弹道导弹局（Army Ballistic Missile Agency）的局长。这位新局长已经做好了与 JPL 合作的准备。

红石火箭和冯·布劳恩的 V-2 导弹几乎一模一样。这枚高达 70 英尺、直径 6 英尺的火箭能产生 75 000 磅的推力。计算员和工程师给它起了个绰号："驮马"。要将第一颗卫星送上太空，他们需要的正是这样的火箭。

团队仍在继续完善轨道飞行器计划的提案，JPL 内部的兴奋情绪也日渐滋长。实验室里来来往往的计算员和工程师脸上都挂着衷心的笑容。芭芭拉能感觉到，大家正在摆脱制造战争机器带来的心理负担。虽然 JPL 是一间军方背景的研究机构，但太空探索才是他们最初的梦想。现在，美梦就要成真了。对冯·布劳恩来说，这个计划也象征着自由。现在他的目标是更伟大的科学事业，这在他的职业生涯中还是头一回。JPL 打算和亚拉巴马的冯·布劳恩团队合作，发射 4 颗卫星，其中第一颗将于 1956 年 9 月升空。

但在 1955 年 8 月 9 日，他们的信心遭到了打击。IGY 的提议方美国国防部特殊能力委员会（U.S. Department of Defense Committee on Special Capabilities）选择了海军的卫星"先锋计划"（Project Vanguard），JPL 的提案落选了。和轨道飞行器计划相比，先锋计划有几个优点：轨道飞行器侧重于设计一个经得起考验的、可靠的火箭系统，科研能力相对较弱；从另一个方面来说，先锋更具科学野心，但它采用的是仍处于研发阶段的维京（Viking）火箭。先锋卫星将在太空中完成一系列科研活动，其中包括探查太空中的紫外线（例如来自年轻灼热恒星的紫外线）、测量地球引力强度、研究宇宙射线（地球周围来自外层空间的高能粒子）。JPL 并未放弃竞争，他们提出，可以将轨道飞行器的科研能力加强到先锋的水平，但为时已晚。先锋获得了胜利。能拿到资助的项目只有一个，其他计划都得放到一边。

JPL 对此颇有微词。除了设计上的区别以外，计算员还知道，轨道飞行器落选的原因之一在于，政府希望军方——JPL 仍属于军方序列——继续把研究的重点放在导弹上。苏联带来的压力日益增长，很多人认为军方的当务之急是完善核导弹，而不是搞什么卫星研究。此外，有流言称，轨道飞行器提案流产的背后有冯·布劳恩的原因。虽然他已经成了美国火箭研究的关键人物，但艾森豪威尔政府仍然忌惮他的纳粹背景。实验室里群情汹涌。计算员和工程师在午餐桌边痛骂政府官僚的愚蠢，但大家都无能为力。轨道飞行器计划就此胎死腹中。

大家都无精打采的时候，芭芭拉的脚步却十分轻快。"都到这份上了，你怎么还高兴得起来？"一位计算员问她。"是哈利的原因。"芭芭拉羞涩地笑着回答。

芭芭拉的同事都觉得这姑娘的感情生活简直一败涂地。她在 JPL 工作了差不多 10 年，却几乎没有正经谈过恋爱。她从不跟实验室的同事约会，尽管约她的人多得数不清。她一门心思扑在工作上，没什么机会认识外面的人。虽然她也约会过几个男人，但考察之下，芭芭拉对他们都不太满意。这个 27 岁的女孩已经成了年轻计算员眼里的老处女。然而在这一天，大家都为轨道飞行器计划惋惜不已的时候，她却坐在办公桌旁，沉浸在爱情的甜蜜中。

刚刚认识哈利的时候，芭芭拉并不乐观。对于这个在教堂里认识的男人，她一点儿也不感冒。这个聪明的姑娘根本无法忍受智力和激情都不如自己的约会对象，哈利看起来完全不像是她一直在等的那个人。他比芭芭拉大 9 岁，栗色的发际线边缘已经开始出现点点银丝。从心底里说，这个男人向她走过来自我介绍的时候，她完全不觉得自己和他有任何发展的可能。但他们聊的时间越长，她就越心动。和芭芭拉一样，哈利举止大方，毫不羞涩。他聊起天来十分轻松，言谈间充满自信。他说话也很风趣，芭芭拉发现他总能逗得她大笑不止。

"你平时都忙什么呢？"他温和地问道。他本来以为自己会听到打字员或者老师之类的回答，所以当他听到芭芭拉说"我是 JPL 的计算员"，他不由得惊讶地抬起了眉毛。在芭芭拉与男性的交往中，她的工作一直是个微妙的话题。她约会过一位喜欢吹牛的物理学家，那个男人一直无法理解芭芭拉的骄傲，直到他知道了她做的是什么工作。她谦虚地描述了自己的工作内容，但那份热爱却溢于言表。让她惊讶的是，哈利似乎和她一样喜欢这份工作。当她说起自己如何成天埋首于笔记簿里计算火箭发动机的性能，他看到她的眼睛闪闪发光。他迷上了这样的眼神。他想看到她的眼睛为自己而闪亮。

哈利给了芭芭拉前所未有的浪漫体验。他常常接她去洛杉矶的各种时髦餐馆吃烛光晚餐。哈利干的是保险业，所以他十分健谈。芭芭拉每次都跟他聊得很愉快，晚餐之后自然是跳舞，然后他们俩常常握着手聊到深夜，直到最后才依依惜别。

一个星期六的晚上，哈利早早地来接芭芭拉去跳舞，一看到她，他就眼前一亮。今天芭芭拉穿了一条哈利最爱的裙子，黑色针织裙勾勒出曼妙的曲线，最上方是宽阔的白色领子。他们开车沿着阿罗约塞科公园路穿过帕萨迪纳荒芜的群山，翻过圣盖博山的一座小山坡，洛杉矶在他们脚下铺展开来。房屋和建筑沐浴在夕阳的余晖中，这座依山傍海的城市看起来突然变得很小。"我们这么早出来是要去哪儿?"芭芭拉问道。"一会儿你就知道了。"哈利笑着回答。

哈利迫切地想要拥抱生活。他刚刚拿到了体检结果，医生说他一切正常。几个月前医生告诉哈利，他可能得了癌症，这让他吓了一大跳。不光是害怕生病，也因为在20世纪50年代，得癌症是一件让人抬不起头的事儿，有的人相信这种疾病是上天的惩罚，得病的人肯定是私生活不检点。今天哈利终于摆脱了这片阴霾，他忍不住想要庆祝一下。他立即就想到了芭芭拉。

汽车驶入伯班克好莱坞一洛克希德机场的时候，芭芭拉十分惊讶。看到她瞪大眼睛追问自己打算带她去哪里，哈利的心情好极了。芭芭拉抓紧了他的胳膊，哈利笑着摇了摇头。"没时间解释了。"他说，"我们很忙。"他们坐飞机去了圣迭戈，然后换乘出租车来到了著名的德尔科罗拉多酒店。"我不是告诉过你吗，"哈利调皮地说，"我要带你去跳舞。今晚我们就飞回去。"

看到那幢坐落在海边的白色酒店，芭芭拉不由得停下了脚步。美国国旗在塔楼的红色屋顶上方迎风飘扬。这间酒店常常在周末迎来琼·克劳馥和唐娜·里德等名流。有时候你会发现，露西尔·鲍尔和德西·阿南兹正在这里排练喜剧，角落里弹钢琴的可能是利伯勒斯。刚刚踏进酒店大门，芭芭拉就觉得自己的追星梦已经圆满实现了。

芭芭拉和哈利站在酒店露台上遥望大洋上的落日，她的胳膊挽在他的臂间，头依偎在他肩上。这就是恋爱的感觉，她想道。但她还没有准备好向他吐露心声。她甚至不确定自己是否愿意陷入爱河，踏入婚姻。想到要和另一个人许下誓言，她就觉得害怕极了。对她来说，能够享受这样的时刻、享受这样浓烈的爱就已足够，哪怕最后仍是镜花水月。望着那轮金色的圆盘缓缓沉入大海，她挽着哈利转身走进灯火通明的舞厅。

芭芭拉的未来扑朔迷离。她不知道自己和哈利的关系何去何从，也不知道自己在 JPL 的工作将走向何方。大家齐心协力为轨道飞行器计划奋斗的时候，团队的目标十分清晰：造出第一颗人造卫星。但是现在，随着计划的流产，大家陷入了迷茫。他们还是打算把小中士绑到冯·布劳恩的红石火箭上，但是这套东西现在名叫"木星火箭"（Jupiter rocket），它用的是弹道导弹的研发资金。

面对放在架子上的零件和摆在眼前的设计图，JPL 从未放弃制造卫星，如果芭芭拉知道这件事的话，她应该会很开心。他们打算无视上面的命令，自顾自地执行计划。有了 JPL 的支持，冯·布劳恩开始带领红石团队测试整流罩。这个团队明智地宣称，他们打算研发一种能承受再入地球大气层的严酷考验的整流罩。再入大气层的过程中，整流罩与大气层易燃气体会发生剧烈的摩擦，进而产生大量的热，被点燃的气体会吞噬整流罩，这就是他们要解决的问题。要测试整流罩，他们只能制造一枚完整的火箭，然后把它送到大气层外。这才是 JPL 的真正目的。借着木星弹道导弹计划的名义，他们把小中士绑到了红石火箭上，这样的设计和轨道飞行器计划如出一辙。

这套新方案被命名为"木星-C"，计算员们很快就开始着手计算它的最佳参数。这枚火箭应该分成四级。第一级是最下方的红石火箭，第二级是 11 枚小中士组成的旋转圆筒，接下来是 3 枚小中士组成的第二个圆筒，最上面的第四级才是火箭载荷——那颗被砍掉的卫星——它被塞在整流罩顶部，最后一枚小中士产生的推力将把它送上太空。这枚火箭的第四级根本没有得到批准，所以只能停留在纸面上——军方不会允许他们将卫星搭载到火箭上。

起飞之前，小型电动马达会推动第二级和第三级的圆筒开始旋转。旋转的圆筒能增加火箭的稳定性，消除多枚小中士细微的推力差异。火箭点火以后，为了维持火箭的稳定，圆筒的转速会缓慢增长，否则小中士不平衡的推力可能让火箭偏离飞行轨道。海伦·周知道，这套数据至关重要：如果圆筒的旋转不能完美契合红石火箭在空中的运动，那么整套系统就会陷入振动，最后分崩离析，只留下一堆碎片。为了预防这样的悲剧，她精确计算了转速：圆筒在起飞前应该以每分钟 550 转的速度转动，起飞 70 秒以后再慢慢增加到每分钟 650 转；155 秒后，圆筒转速可以缓慢增加到每分钟 750 转，然后保持这样的速度，直至导弹抵达轨道最高点。为了确保万无一失，她反复检查了自己的计算过程。实地测试的数据又增强了她的信心。

工程师们非常欣赏海伦的才能。她总是算得又快又准。她的数学知识十分扎实，如果她是个男人，JPL 很可能会雇她来当工程师。其实 JPL 的很多计算员都符合工程师的要求，这些女孩通常拥有科学类的学士学位，和工程领域的很多男性雇员没什么两样。海伦很快成了工程师的宠儿，他们遇到难题的时候第一个就会想到她。

与此同时，玛丽和 JPL 的工程师正在摸索一套新的追踪系统，他们称之为“微型锁”（Microlock）。这套系统的原型来自下士导弹早期的导航系统。玛丽在笔记簿上画出了锁相回路（phase-locked loop）的基本原理，这套系统可以根据输入信号自行调整输出信号。厨房里的挂钟过一段时间就会变得不准，需要用更精确的时钟来校正。玛丽和工程师们搞的也是类似的东西，他们在一辆长达 25 码的拖车里装了一套设备，这套系统可以探测到 3 000 英里外的微弱信号，精度甚至能达到 1 毫瓦。这一点非常关键，因为卫星发送的信号是无线电波，它的功率非常非常小，就像宇宙中一朵飘忽的磷火。锁相回路能够接收卫星信号和附近的噪音（类似厨房里的钟），然后用它来比对无噪音的人工参照信号（更精确的时钟）。过滤后的信号精度极高，哪怕卫星在天上只移动了几厘米，地面系统也能探测到相应的变化。微型锁是跟踪卫星的绝佳方式——如果他们真有机会发射卫星的话。

"呃，我们也许不知道木星-C将走向何方，但我知道玛姬今晚打算去哪儿。"一天下午，芭芭拉在食堂里促狭地开着玩笑。玛姬的脸唰地红了，她欲盖弥彰地辩解说自己周五晚上没什么特别的安排，但女孩们根本不买账。"这个月里你每个周末都在往外跑哟。"金妮说。看着玛姬羞红的脸，她笑得十分开心。玛姬正在跟一位工程师约会，计算员们都爱拿她开玩笑。她们经常看到这对刚刚走到一起的年轻人在实验室的这里或者那里尴尬地聊天，极力避免眼神接触。这段恋情正在变得越来越认真，大家都看在眼里。玛姬是计算室里年龄最小的姑娘，以前她从来没有约会过。外人难免会低估这个年轻漂亮的女孩，但玛姬是团队里最聪明的姑娘，她似乎拥有无限的潜能。

大家都希望她能去上大学，她的办公桌上时不时地就会冒出来一份不知从何而来的课程目录。虽然计算员们都喜欢逗她，可是看到玛姬和工程师的恋情不断升温，大家都有些担心。"她太聪明了，那个男人配不上她。"芭芭拉说，"要是她真的嫁给了他，那就太可惜了。他们肯定长久不了。"

计算员们为玛姬暗自着急的时候，海伦惊讶地发现，一位老熟人从中国不远万里地赶到了她的身边。上一次见到亚瑟·凌的时候，他还是个无忧无虑的年轻男子。亚瑟在岭南大学换了好几次专业，最后终于拿到了历史系的学位。因为"二战"的耽搁，他比海伦多花了一倍的时间才念完了大学。毕业以后，亚瑟在一场派对上跟一位做移民中介的朋友聊了起来。"你想去美国吗?"这个问题来得那么突然,亚瑟以为这位朋友只是开个玩笑,但是第二天,他真的带着签证文件登门拜访。等到亚瑟回过神来的时候,他发现自己已经踏上了前往洛杉矶的旅途。很快他就联系上了海伦,不过当他们再次见面的时候,两个人的身份完全掉转了过来。现在他不再是校园里的风云人物了。明星亚瑟早已暗淡,但海伦这颗星星变得比以往任何时候都更璀璨。她的智慧和充沛的精力深深迷住了他,他们俩开始约会了。

不过在 JPL 工作的时候,海伦基本没时间去想自己的新恋情。她正在帮工程师研发木星-C。有了微型锁系统,火箭各级的设计先后定型,现在他们准备做第一次测试了。1956 年 9 月 19 日,计算员们加班到了很晚。木星-C 将于当天晚上 10 点 45 分进行首次发射。海伦坐立不安。她什么东西都吃不下,几小时前喝的那杯咖啡在她胃里翻腾,但她的一颗心早就飞到了 3 000 英里外佛罗里达卡纳维拉尔角的 5 号发射台上。

这次发射是秘密进行的,只有美国政府知道内幕。五角大楼的官员紧张地不断绞手,JPL 试图把木星-C 伪装成单纯的整流罩实验,但这样的小把戏可瞒不住他们。看来这次发射另有隐情,表面上这只是一次评估整流罩的普通火箭实验,但实际上,他们可能亲眼见证全世界的第一颗卫星升空。冷战带来的压力与日俱增,如果美国陆军发射了第一颗卫星,那无异于引爆了一颗政治核弹,艾森豪威尔对此十分担心。政府希望军方能把导弹研发的工作做得隐秘一点,所以他们不会让绝密火箭的发射成为人们关注的焦点。

　　其实五角大楼用不着担心。事实上，为了不让木星-C发射全球的第一颗卫星，JPL已经采取了措施。火箭的第四级没有填充燃料，那枚小中士里面完全是空的。最重要的是，待发射的火箭顶部的整流罩里根本没有卫星，只有沉重的沙袋。

　　9月20日，东部时间凌晨1点45分，木星-C导弹RS-27按时点火了。火箭慢慢离开地面，支撑臂轰然倒下，白色的烟雾笼罩了发射台。火箭中部小中士组成的圆筒开始旋转，渐渐形成一道黑白交错的闪电。一股烈焰从火箭尾部的喷嘴激射而出，火箭开始升空。天空中的火箭很快离开了人们的视野，但在帕萨迪纳的控制室里，海伦紧盯着现场传来的数字。他们从没见过火箭发射，大家都想亲眼看着凝结着自己心血的火箭腾空而起，离开地球。多亏了微型锁系统，尽管没有图像，他们仍能通过数字追踪火箭的飞行轨迹。

　　海伦的手指在笔记簿上飞快地移动，她注意到第一级红石火箭分离后，第二级的11枚小中士点火了6秒钟，然后离开火箭主体坠向地面。接下来第三级的3枚小中士开始点火，将精密的设备送往大气层的更高处。第三级火箭分离后，第四级火箭达到了人造物品前所未有的高度，尽管它的整流罩里装的是沙子而不是卫星。根据海伦的计算，这级火箭达到了马赫18的速度，飞行轨道最高点海拔3 335英里，新的高度纪录就此诞生，她不由得瞪大了眼睛。这串数字得到确认以后，JPL立即一片欢腾，远在亚拉巴马的冯·布劳恩也兴奋地跳起了舞。谁也没想到这次发射竟然如此圆满。惊喜和疲累交加之下，海伦情不自禁地喊了几句中文。他们做到了，虽然这枚火箭里没有卫星。

　　周围的人群开始平静下来，海伦也瘫在了椅子上。现在她的心情十分复杂，成功固然可喜，但更多的是懊恼。如果第四级火箭里装的是卫星而不是沙袋，她想道，现在我们就该为轨道上的第一个人造物体庆功了。在那一刻，海伦和其他人一样毫不怀疑，如果他们坚持原来的设计，把卫星放进整流罩，给最后一枚火箭装满燃料，那么现在，他们的产品已经在地球轨道上转圈了。失落感狠狠地啃噬着海伦，饥饿和缺乏睡眠又进一步刺激了她的情绪。泪水盈满了她的眼眶。她觉得十分委屈，仿佛受了天大的冤枉。但希望就在前方。现在，他们必须给我们一个机会，她想道。

第六章
90 天和 90 分钟

1957 年 10 月 4 日，华盛顿特区的夜晚晴朗而凉爽。JPL 主任比尔·皮克林（Bill Pickering，即威廉·皮克林的昵称）正在这里和国际地球物理年的其他科学家一起参加为期一周的大会。星期一的时候，苏联代表阿纳托利·布拉贡拉沃夫（Anatoly Blagonravov）做了个进度报告。他说完了以后，翻译把他的话译成了英语："我们即将发射一颗人造卫星。"皮克林身旁的男人凑到他耳边低声纠正，"阿纳托利要表达的不是这个意思，他刚才用俄语说的是他们马上就会发射。"皮克林点了点头，却没放在心上。就在几个月前的 6 月，艾森豪威尔总统也曾宣称，美国即将发射第一颗人造卫星，以此作为对 IGY 的献礼。卫星早晚会飞上天空，但谁也说不清到底是什么时候。

转眼就到了星期五的晚上，皮克林走进苏联大使馆金碧辉煌的气派大厅。宽阔的旋转楼梯扶手上嵌着金线，大理石柱和水晶吊灯流光溢彩。这场鸡尾酒会的来宾包括科学家、政客和记者，他们齐聚一堂，庆祝大会议程圆满结束。虽然苏联代表周一就发出了警告，但皮克林完全不知道这个夜晚将带领他走向何方。

JPL 的这一年过得格外艰难。去年 9 月，木星-C 刚刚创造了纪录，但在今年 5 月，他们又品尝到了失败的滋味。因为导航系统故障，这枚火箭在空中划出一条古怪的弧线后，就一头栽进了大海。科学家们好不容易才找到了火箭的载荷，却发现它已经被鲨鱼咬碎了。

8 月 8 日的第三次发射倒是非常圆满。每一级火箭都顺利脱离，将木星-C 送上了更高的天空。这次他们给第四级火箭装填了燃料，但整流罩里依然没有卫星，只有一个沙袋。这个项目声称的目标——测试整流罩——大获成功。回收的整流罩十分完整，它熬过了再入大气层的严酷考验。计算再入大气层造成的影响时，计算员发现之前在下士项目中积攒的经验派上了用场。大气层带来的高热和摩擦能将物体撕得粉碎，就连巨大的岩石（例如流星）也会在可燃气体中化作一团红色的火焰，虽然正是同样的气体造就了地球上的生命。燃烧的流星在化为灰烬之前能产生 1 649℃的高温。每天坠落在地球上的流星灰烬大约有 100 吨，多亏了大气层的保护，从高空中飘落下来的主要是尘埃，而不是巨大的石块。

为了抵抗再入大气层的高热，他们必须设计新一代的整流罩。纤细如针的整流罩能降低阻力，让起飞后的火箭在空气中更自如地飞行。相比之下，新的整流罩显得十分笨重。全国的工程师达成了共识：纤细的造型在极端环境下只能提供非常有限的保护，更粗的整流罩才能缓冲气体激波，隔绝大气层带来的损伤。加州埃姆斯研究中心（Ames Research Center）的 H. 朱利安·艾伦（H. Julian Allen）首先提出，成功的整流罩可能看起来有些笨重，但这方面的技术是迫在眉睫的太空竞赛中一个关键的角逐点。

有了能承受大气层摩擦力的整流罩，新火箭被重新命名为"朱诺"号（Juno）。JPL 希望新的名字能帮助这枚火箭摆脱军方背景，让华盛顿看到它在和平事业中的潜力。他们已经明明白白地向外界展示了将卫星送上天空的能力，那些大人物还有什么理由拒绝？

与此同时，海军的先锋项目举步维艰。由于他们计划使用的火箭尚未完成研发，所以这枚多级火箭的每一级只能单独试射。1956 年 12 月的一个雨夜，第一级火箭发射了。试飞相当成功，但在"朱诺"的映衬下，这点成就简直微不足道：它的飞行高度只有朱诺的 1/3。"朱诺"完成了 3 次发射，这枚四级火箭已经进入了实用阶段，但先锋还在准备第二级的试飞。

所以听说"朱诺"项目要被叫停，计算员们都很惊讶。海伦·周一边叹气一边收拾笔记簿准备归档。虽然他们已经算出了发射卫星需要的所有东西，但到头来这些数据只能躺在不见天日的文件柜里。面对唾手可及的胜利，他们却要封存所有的工作成果，这样的结局令人心碎。愁云惨雾笼罩着整个实验室。就连热闹的午餐桌也沉寂下来，只余下一两声不忿的低语。

玛丽·克劳利对此深有感触。去年她离开计算室加入化学部，实现了多年的夙愿。这个部门的 35 位员工里只有 3 名女性，玛丽就是其中之一。她喜欢在实验室里东游西荡，而不是整天坐在办公桌前。她喜欢待在化学药品和量筒中间，小心翼翼地设计实验。吹玻璃是她最爱的活计。实验室采购的都是标准的玻璃器皿，实验员们得按照需求改造这些东西，有时候还得自己动手修复设备。化学系的学生都学过吹制玻璃这门精巧的技艺。玛丽把器皿放到本生灯上，任由橘色的火苗舔舐玻璃壁；坚硬的玻璃逐渐变软，她快速转动器皿，使之形成一个圆筒，然后把嘴凑到吹管旁边开始吹制。玻璃在她手中慢慢膨胀起来，形成一个烧瓶。玻璃熔化的过程充满美感，看起来就像半空中流动的一泓清水。

但玛丽仍牵挂着计算室的那群姑娘，所以每到吃午饭的时候，她总会回到朋友们身边。计算员和工程师挤在户外的午餐桌旁，兴高采烈地聊着天马行空的话题。他们经常讨论卫星和空间站，甚至还会畅想把人类送上太空。但事到如今，朱诺计划折戟沉沙，他们甚至不能确定 JPL 还有没有机会发射卫星。

玛丽正在研制能让士兵背在背上的液态推进剂。和普通火药相比，这种推进剂或许能为子弹提供更大的推力。这个项目相当危险，想到这种爆炸物的设计用途是背在活人背上，玛丽觉得顾虑重重。她正在拿硝酸做实验，这种化合物蕴含着惊人的爆炸力，而且腐蚀性极强。有一天，她把这种无色液体倒进烧杯的时候，突然感到一阵灼热的剧痛，就像胳膊上的皮被剥掉了一样。玛丽一低头，立即看到了手臂上狰狞的红色条痕。她赶紧用水冲洗手臂，忍不住痛哭失声，不仅仅是出于疼痛，还因为她知道这些疤痕必将伴她终身。她不敢相信自己怎么这么蠢笨。

这次事故激发了一些新的情绪。玛丽开始认真考虑离开科研行业，这在她生命中还是第一次。虽然她的确热爱实验室工作，但她也想要一个家。晚上她常常和丈夫笑闹着琢磨孩子的名字，憧憬宝宝将为他们的生活带来怎样的改变。这么多年来保罗一直在国外服役，玛丽又总是加班到很晚。现在他终于回来了，他们也做好了准备。玛丽迫不及待地想成为一名母亲。

知道自己怀孕了，玛丽十分高兴，但与此同时，她不由得开始担心自己每天接触的化学物——特别是那些放射性物质。这些东西会影响胎儿吗？她和化学部的同事平时基本不做任何防护，实验室也没有什么成文的安全准则。硝酸事故让她看到了实验室里的危险。虽然放弃热爱的工作、离开亲如家人的同事并不容易，但作为一位满腔焦虑的准妈妈，玛丽最后还是万般无奈地选择了辞职。

雅奈兹也离开了 JPL。和玛丽一样，她也怀孕了。那个年代没有产假，雅奈兹别无选择，只能辞职。不过生完两个孩子以后，她还会在洛杉矶的拉莫-伍尔德里奇公司找到一份化学工程师的工作。凭借 JPL 的工作资历，她足以胜任航空工程领域的职位。虽然雅奈兹对这份工作相当满意，但她依然怀念 JPL 的朋友们。离开 JPL 以后，她再也没有找到过这么亲密的女性同事团体。

朱诺计划已成泡影，但 JPL 的皮克林和亚拉巴马陆军弹道导弹局的沃纳·冯·布劳恩都不会轻易放弃发射卫星的计划。他们坚信，政府总有一天会点头批准他们的项目。如果真有那么一天，他们至少得提前做好准备。于是他们整理好所有东西，继续为自己的卫星奔走游说。

竞争即将升级。1957 年 10 月的这个夜晚，苏联豪华的大使馆里，正在四处交际的皮克林发现《纽约时报》的科学记者瓦尔特·沙利文（Walter Sullivan）分开人群向他走来。沙利文挤到皮克林面前问道："卫星的事儿他们怎么说的来着？莫斯科广播电台刚刚发了条报道，他们的卫星已经在轨道上了。"这是皮克林第一次听说这颗卫星，不久后全世界都将知道它的名字：斯普特尼克（Sputnik）。皮克林惊得目瞪口呆。消息很快就在鸡尾酒会上传开了。伏特加斟满了酒杯，人人都在举杯祝贺苏联的卫星成功升空。现在这个小家伙正以每圈 96 分钟的速度掠过大家头顶，发出一连串的滴滴声，仿佛一曲胜利的颂歌。

那天晚上，得知斯普特尼克升空的消息以后，冯·布劳恩立即联系了当天下午刚刚视察过红石兵工厂的新任国防部长尼尔·麦克尔罗伊（Neil McElroy）。"先锋计划不可能成功。我们这边的硬件早就准备好了。看在上帝的分上，放手让我们做点什么吧。"他恳求道，"只需要 60 天，我们就能把卫星送上天，麦克尔罗伊先生！我们只需要一盏绿灯和 60 天时间。"冯·布劳恩的上司约翰·梅达里斯少将（Major General John Medaris）纠正了他的说法："不，沃纳，我们需要 90 天。"但麦克尔罗伊不为所动，他掉头回了华盛顿，没有做出任何承诺。

从广播里听到斯普特尼克的新闻，海伦的心往下一沉。他们本来有机会捷足先登，她觉得自己快要疯了。她不由得想起了他们在 JPL 设计的那颗未经批准的绝密卫星。现在它就藏在实验室的柜子里。那是个细长的圆筒，和正在头顶飞行的那颗闪亮的球形的斯普特尼克很不一样。她心里有谱，JPL的卫星重见天日的时机到了。

让她惊讶的是，实验室里的卫星仍好端端地藏在原地。尽管斯普特尼克的升空在全国掀起了一阵焦虑的浪潮，但艾森豪威尔仍不肯批准JPL和冯·布劳恩的计划。虽然政府知道，军方去年就能把卫星送上天，但他们就是不愿意让这玩意儿跟军方扯上关系。官员们都很清楚，要把卫星送上太空，他们必须向外界表明，这一举措是出于探索精神，而不是军事企图。政客们担心，如果忽略这二者的微妙差异，那么太空竞赛可能演变成太空战争。

他们把赌注压在了先锋身上。帕萨迪纳的计算员们都揪紧了心。芭芭拉·刘易斯变得格外暴躁，实验室里人人都在抱怨总统。大家最愤愤不平的是，斯普特尼克的科学价值十分有限。除了测量温度和气压以外，苏联的这颗卫星几乎没有别的功能。JPL去年就能把类似的东西送上天，但现在情况又变了，他们不打算跟俄国人一般见识，美国必须展示自己的强大。怀着这样的信念，JPL启动了"红袜计划"（Project Red Socks）。

第一次听说红袜计划的时候，海伦觉得它实在太荒谬了。这个项目的目标是把火箭送上月球。他们打算升级改造朱诺火箭，添加更多的小中士，再给它配上微型锁跟踪系统。这份目标列表逗得芭芭拉哈哈大笑："1.拍摄照片；2.改进空间导航技术；3.震惊世界。"怀着满腔热忱，计算员们开始计算飞往月球的轨道，不过这个项目看起来更像假戏真做的游戏，而不是切实的工作任务。实用的卫星提案都得不到政府的青睐，你很难相信他们会批准这个异想天开的计划。所以没过多久，红袜计划就顺理成章地搁浅了。斯普特尼克升空后，国防部收到的充满想象力的提案多不胜数，他们根本不可能认真看待这个由9枚火箭组成的"登月计划"。不过计算员也不打算浪费自己的心血，他们把所有资料归档储存起来，希望它在未来某天能派上用场。

就在JPL的计算员规划想象力十足的旅程时，苏联发射了斯普特尼克2号。他们的第二颗卫星在技术上有了长足的进步，上面搭载的盖革计数器和分光光度计可以测量太阳辐射和宇宙射线。更令人惊讶的是，这颗卫星还搭载着地球上第一个有幸进入太空的生物：一只名叫"莱卡"的11磅重的小狗。一天晚上，JPL的几位工程师和计算员站在实验室外仰望夜空。空中飞速掠过的卫星看起来就像一颗漂浮的星星。嫉妒啃噬着他们的内心，但与此同时，他们也真心实意地赞叹这工程学的奇迹。计算结果告诉他们，苏联的成就不容忽视，尤其是考虑到卫星里还有一只动物——虽然小莱卡在卫星升空后只存活了几个小时。苏联人吹嘘他们"四条腿的宇航员"安然无恙，但实际上，莱卡早就因为过热而死于非命，现在它的尸体正以每103分钟绕地球一圈的速度掠过人们头顶。

在艾森豪威尔宣布美国即将发射卫星之后的5个月里，苏联人不声不响地发射了两颗。美国人拿不准这两颗斯普特尼克卫星是不是武器或者某种间谍仪器。伴着神秘的嘀嘀声，这两颗连业余无线电发烧友都能探测到的圆球在天空中不知疲倦地穿梭，激起地面上的不安和恐惧。美国通过原子弹和氢弹建立起来的霸主地位就这样被太空中两颗微不足道的金属球打破了。失败激起的怒火撕碎了艾森豪威尔冷静的风度。来自马萨诸塞州的民主党参议员约翰·F.肯尼迪指控总统"因自满而失算，锱铢必较，削减预算，管理混乱得令人难以置信，把精力都浪费在无谓的竞争和嫉妒上"。在批评者看来，艾克[1]放任苏联人拔得头筹，这事儿简直不可原谅。

斯普特尼克2号升空一个月后，先锋计划的卫星也准备发射了。电视摄像机已经准备就绪，政府决心通过现场直播来挽回这个国家在科学和工程领域的名誉。"火箭点火了，我们已经看到了火焰。先锋的发动机已经点火，它正在燃烧，"1957年12月6日，杰伊·巴布里通过无线电向全国直播发射过程，"不过等等，稍等一下，火箭……火箭没有升空！它似乎正栽倒在自己的尾焰中。它在发射台上烧了起来！先锋火箭在火焰中燃烧。发射失败了，女士们，先生们。先锋发射失败。"

守在电视机前的人们清晰地看到，发射台上的火箭往上蹿了几英尺，然后一头栽了下来。火箭还没来得及落地就已被狂暴的橘红色火焰吞没。燃料箱破裂引发的爆炸摇撼着卡纳维拉尔角的发射台。大火产生的烟雾越来越浓，淹没了整个平台。虽然发射失败的原因很可能是燃料泄漏，但这枚火箭戏剧性的坠落可能永远找不到圆满的解释。

报纸头条发出了这样的咆哮：斯普特尼克在天上飞，我们的火箭在地上栽！苏联人假惺惺地表达了同情，故作大度地宣

---

1 艾森豪威尔的昵称。——译者注

称他们愿意提供技术方面的帮助。纽约证交所宣布休市。幸运的是，JPL从未放弃努力。

一个月后，迫于压力，艾森豪威尔政府终于为皮克林和冯·布劳恩亮起了绿灯。政客也迅速转变了对JPL的看法，11月，代理国防部长唐纳德·夸尔斯（Donald Quarles）向参议院军事准备分委员会（Senate Armed Services Preparedness Sub-committee）报告称，政府最开始就应该把研发卫星的任务交给军方。国会里开始有人提出，我们应该组建一个独立的太空管理局。

政府决定让JPL发射卫星！消息传来，计算员都高兴得跳了起来。她们从上锁的抽屉里取出尘封的笔记簿，工程师也打开了柜子，他们之前秘密研发的卫星外壳终于有机会正名了。每个人都知道，要让卫星在最短时间内升空，他们必须夜以继日地奋战。幸运的是，在木星-C项目的掩护下，大部分工作早已完成。

新项目被命名为"成交计划"（Project Deal）。从本质上说，他们的策略和之前被驳回的轨道飞行器计划别无二致，只需要根据木星-C的实验结果做一点调整。美国的卫星将由一枚四级火箭送上天空。JPL的这颗卫星将搭载爱荷华大学（University of Iowa）天文物理学家詹姆斯·范·艾伦（James Van Allen）设计的科研设备。范艾伦明智地选择了两头下注，他的设备既能适配先锋计划又适用于轨道飞行器计划。

女计算员们昼夜不休地一遍遍验算飞行轨迹，计算温度、速度和压力对设备的影响。兴奋和焦虑激发出了无穷的精力，她们知道实验室面临极高的风险，这次发射不容有失。发射日定在 1 月 29 号，随着这一天越来越近，她们的工作强度也越来越高，家庭生活只能暂时放到一边。

有一天，芭芭拉早早地走进计算室，在办公桌前坐了下来。金妮·安德森（她原来姓斯旺森）上下打量了她一番，然后笑了起来。"你笑什么？"芭芭拉伸手抓抓头发，疑惑地问道。她匆匆收拾东西走出家门的时候天都还没亮，最近芭芭拉很少考虑每天该穿什么，顺手从衣柜里抓一条干净裙子就行了。"瞧瞧你的鞋。"金妮说。芭芭拉低下头，发现自己脚下的鞋子一只是蓝的，另一只却是黑的。两个姑娘都大笑起来。接下来的一整天，要是看到谁精神不振，芭芭拉就会让对方看看自己的鞋子，大家笑一会儿。

大日子终于到了。尽管 1 月的天空十分晴朗，火箭却没能如期发射，因为卡纳维拉尔角附近狂风肆虐，风速高达每小时 180 英里。发射时间推迟到了第二天晚上 10 点 30 分，但就在发射前的一个小时，任务又取消了——风还没停。两次推迟令工程师和计算员都恼火不已。他们已经苦苦等待了一年多，事到临头还要再等两天，这简直是一种折磨。

在这万众期待的气氛中，1 月 30 日，苏·芬利第一次走进了 JPL 的大门。她不知道实验室里的人为什么那么激动，每个人似乎都在匆匆忙忙地跑来跑去。谁也没时间跟她说话，更别说带她上手。但苏并不在乎。她仍沉浸在悲伤中。一年前苏刚刚失去了出生不久的儿子，这段惨痛的经历彻底改变了她。以前她还盼着在工作上有所建树，现在她只想要个孩子。成为一名母亲的渴望时时萦绕在她心头。她不知道自己在 JPL 能干多久，不过在下一次怀孕之前，她需要找点事情来转移自己的注意力。望着计算室里忙得脚不沾地的姑娘们，听着弗莱登计算器响成一片，苏不禁开始琢磨，我也能像她们一样热爱这份工作吗？

1958 年 1 月 31 日，星期五，风终于停了。芭芭拉和玛姬·贝伦斯知道，这个夜晚一定十分漫长。斯普特尼克升空的那个晚上，冯·布劳恩和梅达里斯恳求国防部长批准卫星计划的时候曾经说过，他们只需要 90 天就能完成任务。从华盛顿发出批文的那天算起，到现在刚刚过去了 84 天。这天晚上，芭芭拉和玛姬满怀期待地走进帕萨迪纳丘陵间的任务控制中心，JPL 的人都叫它"小黑屋"。她们的眼睛慢慢适应了昏暗的光线，背光式仪表的读数只有在这样的环境中才能看得更清楚，就像夜间开车一样。

等待发射的时候，每个人都绷紧了神经。玛姬开始跟工程师索尔·伽洛姆下棋。索尔是个正经棋手，他甚至在《洛杉矶时报》上开了个国际象棋专栏。两个人安静地下着象棋，仿佛完全不在乎周围的任何事情。与此同时，芭芭拉正在做准备。她把笔记簿放在透光台上，排出几支自动铅笔，然后铺好适用于毫米和英寸两种单位的坐标纸。准备停当以后，她开始跟另一位计算员南希·埃文斯聊天。两个姑娘漫无边际地聊着闲话，眼睛却紧盯着时钟。坐在控制中心里等待的时候，芭芭拉想起了哈利。几小时前他们见过一面，哈利倾诉了一番对她的思念，然后从她唇边偷走了一个吻，这才肯放她去上班。今天他们本来打算出去约会，不过当然，JPL需要芭芭拉。哈利开始体会到了他们未来的婚姻生活可能的样子。

26A发射台附近没有摄像机。为了确保万无一失，美国第二次发射卫星的计划没有通知任何媒体。晚上10点48分，卡纳维拉尔角的火箭开始点火。等到火箭终于离开视线，国家安全委员会（National Security Council）成员理查德·赫希（Richard Hirsch）终于给这颗卫星起了个正式的名字：探险者（Explorer）。五角大楼里，冯·布劳恩转向皮克林说："现在看你的了。"火箭已经升空，现在他们唯一能做的就是祈祷卫星成功入轨。成败取决于JPL的计算结果。数据开始通过电传打字机源源不断地送往帕萨迪纳，芭芭拉正在埋头计算，她的铅笔在纸上快速飞舞。

坐在透光台前，她能感觉到三个男人正站在自己身后：目前在加州理工任教的著名物理学家理查德·费曼；JPL空间科学部门主任阿尔·希布斯（Al Hibbs），费曼是他念博士时的导师；最后是加州理工的校长李·杜布里奇（Lee DuBridge）。费曼目不转睛地盯着芭芭拉计算卫星离开地球的速度。这位物理学家现在冷静得出奇，平时的跳脱全都没了踪影。

截至目前，计算结果相当乐观。只要继续保持现在的速度，卫星就能挣脱地球引力阱，以正确的角度进入轨道。但在场的人都知道，等到探险者绕地球轨道运行一周以后，真正的考验才会降临。如果一切顺利，他们应该能在加州再次探测到卫星发出的信号；但要是卫星的运行速度不够快，或者方向出了问题，它就会重新坠向地球。他们预估的等待时间大约是90分钟。

东西海岸和亚拉巴马的控制室里，无数男人和女人在昏暗的光线中屏息静待。

但 JPL 的控制室里却少了一个人：实验室主任比尔·皮克林。冯·布劳恩、范艾伦和皮克林被送到了华盛顿，尽管他们谁都不愿意待在那里。政府不希望重演先锋的宣传灾难，但要是发射任务圆满成功，他们就得立即召开新闻发布会，这三位重要人物都得出场。五角大楼还在等待消息，皮克林和 JPL 一直保持着通话。

就在这时候，卡纳维拉尔角的指挥官梅达里斯将军给 JPL 发了一条信息：

> 梅达里斯将军让大家喝杯咖啡，抽支烟 —— 我们一块儿慢慢熬吧

JPL 的团队不折不扣地执行了将军的指示，紧张的控制室立即笼罩在一团团烟雾中。芭芭拉不吸烟，而且她紧张得根本喝不下咖啡。JPL 给梅达里斯将军的回复充满了加州式的慵懒气度：

> 我们才不紧张呢，大伙儿都开始抽烟了！

说不紧张肯定是骗人的。东岸时间深夜 12 点 41 分，皮克林已经放弃了希望。如果一切顺利，现在他们应该收到了卫星信号。显然，这次任务又失败了。五角大楼里的三个人都很沮丧。

90天内把卫星送上天的豪言壮语现在看起来简直就是说胡话。

但芭芭拉还在坚持。她正在通过多普勒频移跟踪卫星的运动。探险者穿过空气进入太空时会向地球上的接收器发射电磁波。这有点像是大街上救护车的笛声，如果你站在原地不动，远方的笛声听起来低沉而模糊；随着救护车离你越来越近，你听到的笛声会变得越来越响，声调也变得越来越高；救护车从你身边掠过继续奔向远方，声调和音量重新开始下降。地面收到的卫星电磁波频率也会发生类似的变化，具体取决于卫星与地球之间的相对速度——它飞得越远，地面收到的电磁波频率就越低。只要能摸清电磁波频率随时间变化的规律，芭芭拉就能画出卫星在太空中的运动路径。

时间一分一秒地流逝，寂静的控制室里，不安的低语开始蔓延，大家都有些熬不住了。但他们终于等到了那个微弱的信号。芭芭拉确认了卫星的位置，反复验算了自己的计算结果，最后终于转过身来大声宣布："我们成功了！"在她身后，整个控制室陷入了一片欢腾。

凌晨0点49分，一位工程师通过电话向皮克林转达了这个好消息。实验室主任感到如释重负——卫星信号传来之前的那8分钟是他生命中最漫长的等待。就在他高声欢呼的时候，冯·布劳恩提醒道："她晚了8分钟。"五角大楼给艾森豪威尔打了个电话，这位总统去了外地打高尔夫球，这会儿他已经睡着了。被吵醒的总统叮嘱说："我们别闹得动静太大。"但他的嘱咐为时已晚，人们已经迫不及待地开始了庆祝。

凌晨两点，记者们被领进了国家科学院的大厅，冯·布劳恩、皮克林和范艾伦端坐在主席台上。宣布了美国第一颗卫星成功升空的重磅消息以后，这三位功臣共同托起了探险者的模型，他们都笑得很开心。与此同时，帕萨迪纳的芭芭拉无力地瘫在椅子里，她已经累得一点儿也不想动了。她在JPL的10年辛苦终于结出了成功的硕果，现在她只想尽情品尝这一刻的欢愉。

从另一个方面来说，虽然玛姬也为项目的成功深感振奋，但她是那么年轻，在JPL工作的时间也不长，所以她还体会不到这个创造历史的夜晚到底有多重要。但探险者1号的成功发射将深刻地影响这个女孩的一生，虽然现在的她还对此懵然无知。玛姬很快就会一飞冲天，无论是她的工作还是私生活。

星期一的中午，芭芭拉和玛姬在食堂外面就听见了大家的欢呼声。JPL的每个人都喜气洋洋。大家用实验室里的设备拼凑了一套太空人的宇航服，徽章上写着：JPL制造，水煮书呆子和咖啡击破者出品。芭芭拉大笑起来。计算员们欢天喜地地吃着蛋糕。苏还不太适应实验室里欢庆的气氛，她才刚上了几天班。不过与此同时，她仍为自己的新东家深感骄傲。探险者的成功属于美国，默默无闻的JPL一下子成了公众关注的焦点。

几天后的2月5日，先锋火箭进行了第二次尝试。计算员们都想看看海军主导的项目能不能将第二颗卫星送上太空。探险者1号的成功给了他们不畏竞争的底气。先锋火箭的确升上了高空，但很快又重新坠回了地面。发射再次失败。

与此同时，JPL的工程师和计算员希望复制上一次的成功，他们已经准备好了探险者2号的发射。3月5日，他们目送火箭升空。前面几级火箭的脱离都很顺利，但第四级的那枚小中士

却没能成功点火。入轨失败的卫星轰然坠毁。这个教训提醒了
JPL，他们的成功有多脆弱，发射过程处处都存在风险。

12 天后的 3 月 17 日，先锋计划终于成功发射了一颗卫星。
但计算员们没有太多时间去品味海军的成功。探险者 3 号的发
射日期就定在 9 天后。繁重的工作任务如飓风般席卷了他们的
生活，大家时刻都惦记着计算、轨道和深夜的发射。在这疯狂
的忙碌中，海伦还得抽出时间来策划自己的婚礼。亚瑟在帕萨
迪纳的美国银行找了份工作，有了稳定的收入，他希望和海伦
共度余生。女孩们七嘴八舌地讨论婚礼的细节。计算轨道的间
隙，她们叽叽喳喳地聊着蕾丝花边、头纱的长度、鲜花和喜宴。

婚礼之前的这段时间的确忙碌，不过这一年也的确值得庆
祝。JPL 已经完成了从武器研发到带领美国走向太空的飞跃。事
实上，探险者的成功已经带来了科学上的回报。范艾伦的团队
在爱荷华设计的宇宙射线计数器探测到了地球周围的辐射带。
虽然科学家早就预测了宇宙射线的存在，但直到探险者升空，
人们才找到了带电粒子层存在的证据，它们像毯子一样一层层
包裹着地球。新的探险者卫星不断升空，它们将继续测量这些
辐射，探测带电粒子层的厚度和密度。

但小小的卫星无法满足 JPL 的计算员，她们已经开始策划
飞往月球的旅程，至少是在纸面上。姑娘们重新翻出了之前为
夭折的红袜计划做的计算。对于 JPL 提出的外层空间计划，美
国政府曾不加考虑地一律拒绝，可是现在，随着探险者的成功，
实验室得到了更多的自由。自信的氛围在计算室里蔓延，姑娘
们干劲十足地做着新的计算。看到一位姑娘用修剪得整整齐齐

的指甲画出新飞船的航线，海伦不由得大笑起来。"你光靠手指头就画出了一条去月球的路。"她开了个玩笑。

指甲当然不能代替云尺（French curve）。这种木质绘图工具边缘刻着优美的弧线，看起来就像一件现代艺术作品。除了圆弧，云尺还能绘制欧拉螺线（Euler's spiral）。1744 年，莱昂哈德·欧拉（Leonhard Euler）列出了这条曲线的准确方程，它的形状是一圈圈向外扩散的螺旋。欧拉螺线特别适合描绘物体的运动，沿着这条曲线运动的物体不会突然改变速度，只会稳定地加速。比如说，工程师可以利用欧拉螺线计算铁路的弧度，以免车厢里的乘客被急转弯颠得东倒西歪。每条螺线的长度和斜率都有细微的差别，计算员可以用平滑的曲线把她们算出的每一个数据点连接起来，形成火箭的飞行轨迹。

海伦有一整套云尺，姑娘们都很喜欢这套工具，只要逮着机会就来借用。不过最开始计算轨迹的时候，她用的不是云尺，而是特制的 4H 自动铅笔和坐标纸。首先，海伦需要计算两组数据：火箭飞行的速度和高度。这部分的工作很难，她经常需要花费好几个小时填满笔记簿里的格子。然后她会取出对数坐标纸，把数据标注上去。黄色的复写纸偶尔会从坐标纸下面探出头来，这时候海伦就得重新把它铺平。那时候还没有电子复印机，她只能利用复写纸为自己的工作留下副本。海伦把笔记簿摊在桌上，查看第一行数字。火箭水平飞出 5 000 英尺的时候，它离地面的高度应该是 7 600 英尺。这组信息会变成坐标纸上的一个点。就这样，她把一组组数据填在坐标纸上，数据点越升越高，就像未来某天飞向天空的火箭。标出所有数据点以后，她才会用云尺把这些点连接起来。

海伦轻轻松松地坐稳了计算室里速度冠军的宝座。姑娘们经常在下午举行计算比赛。两位竞争者（有时候更多）在办公桌前蓄势待发，其他人旁观助战。所有参赛者都会拿到同样的方程和云尺。裁判员大喊一声："开始！"计算器的嗒嗒声和手指敲击键盘的清脆声音立即响成一片。计算员们急着算平方根的时候，就连机械式计算器都会开始颤抖，整间屋子很快就变得热闹起来。女孩们大声为同事加油，催促她们加快动作。笑闹和喧嚣达到顶峰的时候，海伦总会举起手大喊一声："我算完啦！"她再次获得了胜利。姑娘们一边鼓掌一边笑。她们都不明白为什么还有人想要尝试，海伦从来就没输过。

某天傍晚下班以后，玛姬开车载了苏一程。她们没有直接回帕萨迪纳，而是离开大路开上了实验室头顶的山坡。她们想看看这条路到底有多长。两个女孩沿着峡谷一路向上，有的地方陡得连玛姬的车都只能勉强爬上去。高处的风景并不美妙，放眼望去只能看到棕色的干旱山坡和矮小的灌木，视野内连一朵花都没有。她们下了车，在山顶的砾石间溜达，夕阳正在西沉，山脚下实验室的窗户反射着点点金光。群山间的 JPL 看起来那么渺小，你很难相信那片零散的建筑群里竟藏着那么多激动人心的东西。爬到峡谷最高点的时候，苏抬手指了指头顶的月亮，天空正在慢慢变暗，那轮洁白的圆盘看起来那么缥缈，那么脆弱，尚未散尽的天光将月光衬得更淡。但月亮就像一座灯塔，让她们情不自禁地想要靠近一些，揭开它的秘密。苏和玛姬已经做好了准备。

第七章

月　光

　　海伦挽着新婚丈夫走出教堂，梅茜和芭芭拉站在一起朝新人投掷米粒。新娘礼服完美地衬托出了海伦的身段，礼服长袖齐肘，紧身胸衣勾勒出盈盈一握的纤腰，美丽的蕾丝裙摆柔顺地拖在新娘身后。海伦的笑容明媚照人。婚宴安排在洛杉矶的希尔顿酒店，海伦和亚瑟深情对望，在舞池中缓缓起舞。乐队奏响了流行电影《野餐》的主题曲《月光》，穿着修身西装和薄纱长裙的男女宾客涌进舞池。芭芭拉把头靠在哈利肩上，餐桌上烛火摇曳，歌手低声吟唱。爱意在场间弥漫，恋人们不光深爱着彼此，他们还爱着头顶那轮明月。

　　海伦结婚的时候，美国的太空项目也正在走入正轨。1958年7月29日，艾森豪威尔总统签署了国家航空暨太空法案（National Aeronautics and Space Act）。这项法案的目标是"支持科研，解决地球大气层内外的飞行问题，达成其他目标"，艾森豪威尔政府将在4年内将现有的部门改组成一个全新的机构。皮克林一直希望，JPL的工作重心能从武器研发转移到太空探索上

来，这个梦想已经触手可及。随着国家航空航天局的成立，JPL
启动了一系列行星探索任务。他们希望，新的管理部门能整合
各自为战的研究团队，从根本上改变航空研究的局面。

午餐桌旁的计算员和工程师一直在聊这个话题。现在 JPL
终于得到了冲出地球的许可，月球任务已经无法满足大家的胃
口了。成立 NASA 的决议墨迹未干，JPL 就提出了一系列深空
探索计划。月球的魅力根本比不上火星和金星。归根结底，早
在 300 多年前，地球上的人类就已经通过望远镜发现了月面上
的太多秘密。那两颗行星看起来近得诱人，单靠 JPL 已有的火
箭说不定就能抵达。而且，谁知道火星和金星上有什么呢？没
准我们能找到外星生命。

向往近地行星的不仅仅是 JPL 的梦想家。20 世纪 50 年代，
火星和金星一直是美国人想象力的源泉。在我们的太阳系里，
这两颗行星就像是地球的隔壁邻居，它们拥有支持生命存活的
最佳条件。科学家知道，带外行星（木星、土星、天王星、海
王星和冥王星）[1]温度太低，大气环境很可能过于极端，无法支
持生命；而离太阳最近的小家伙水星又太热了。天文学家最感
兴趣的是不冷也不热的宜居带行星（Goldilocks planet），就像
我们的地球一样。

1957 年，迪士尼在影片《火星和其他》中描述了这个美好
的温度区域："金星、地球和火星的轨道都落在这片黄金区域里。
金星上可能存在生命，但我们对这颗姊妹星球所知甚少，她的

1　2006 年 8 月，冥王星已被译为矮行星。——编者注

秘密掩藏在无法穿透的厚重云层下面。而在地球的外层，轨道正好位于宜居带外侧的火星是太阳系中第三颗有可能孕育生命的行星。"看到望远镜里模糊的火星和金星，你很容易想入非非，幻想地外生命就住在我们隔壁。

虽然 JPL 的部分成员正准备抛弃实验室 20 年来的立身之本——火箭——转而设计太空飞船，但也有一些人觉得，连月球的边都还没摸到就想发射火星和金星探测器，这简直就是脑子有毛病。

哈利也觉得芭芭拉的脑子不太正常，这不光是因为她特殊的工作。"你肯定有什么问题，"他说，"你看，你这么年轻漂亮，却还没有结婚。"在他的坚持下，芭芭拉开始去看心理医生。每次治疗结束后，哈利都会去接她，然后两个人一起去喝咖啡。虽然芭芭拉深爱着哈利，但她也明明白白地告诉了他："我还没有准备好结婚。"

NASA 成立后，美国内部的科研团队立即开始全力争抢资金，军方的各个实验室不遗余力地为自己争取职位和项目。空军的两次月球任务都惨遭失败，最终 NASA 的管理层把这个任务交给了 JPL。

美国渴望在太空探索中击败苏联。为了达到这个目标，JPL 开始研究空军失败的计划，那两次任务的目标是向月球发射一颗名叫"先驱者"（Pioneer）的侦察卫星。空军叫它"先驱者"，但计算室的姑娘们更喜欢叫它月球探测器。先驱者的整体规划和富有冒险精神的红袜计划十分相似。工程师和计算员以冯·布劳恩团队的红石火箭为基础，设计出了新的木星导弹。这款全新的弹道导弹推力高达 150 000 磅，几乎达到了红石的两倍。既然他们打算从地球出发，踏上 236 000 英里的漫长旅途，那么这些多出来的推力肯定能派上用场。

从本质上说，木星导弹上面几级的设计和探险者任务没什么区别。他们同样采用了小中士火箭组成的旋转圆筒，飞船安放在第四级火箭里。计算员详细绘制了这颗卫星的运行路径，确定了先驱者入轨的精确时机和速度。有了红袜计划的铺垫，他们以创纪录的速度完成了所有计算。现在，他们可以坐下来好好欣赏自己的作品了。这枚火箭的整流罩漆成了黑白相间的条纹，姑娘们给它起了个欢快的绰号：旋转木马。这样的外形正好和下方旋转的火箭相得益彰。他们亲眼看着技工团队制造这艘宇宙飞船，一块块闪亮的金属板渐渐变成了初见雏形的探测器。

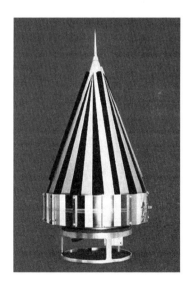

先驱者的锥形探测器（供图：NASA/JPL–加州理工）

到了 12 月，旋转木马的发射已经准备就绪。先驱者 3 号（空军那两次失败的发射任务分别被命名为先驱者 1 号和 2 号）的发射日定在 1958 年 12 月 6 日。那天晚上，苏的丈夫皮特有些担心妻子。他不明白她为什么总是加班到很晚，现在更是开始熬通宵了。走进控制室的时候，苏有些惊慌。这间屋子小得令人窒息，里面的桌子摆得挤挤挨挨。苏已经开始觉得紧张了——她讨厌等待，宁可马上动手干活——苏还在为即将到来的发射做准备，阿尔·希布斯就站到了她身后。作为 JPL 空间科学部门的主任，他希望在第一时间弄清发射任务是否圆满成功，只有苏才能告诉他答案。可怜的比尔·皮克林又被送到了五角大楼那边，他只能通过电话和 JPL 保持联系。

随着数据源源不断地涌来，苏已经顾不上紧张了。她坐在办公桌前，做着自己喜欢又擅长的工作，所有的压力立即不翼而飞。数据来得很快，苏的铅笔在纸上飞舞，追逐着电传打字机的脚步。她没有时间摆弄计算器，所有数据全靠手算。根据火箭的速度和方向，苏算出了它的逃逸速度。苏十分清楚，无论你从地面上发射的是导弹还是棉花糖，要摆脱地球的引力阱，它必须达到每秒 11.3 千米的速度。时近午夜，苏还在拼命计算先驱者 3 号的速度能不能达到这个拥有魔力的数字。

除了血肉之躯的计算员以外，JPL 也迎来了一位新的数据处理专家。不过至少在那时候，IBM 的仪器在实验室里一点都不受待见。工程师和计算员们更喜欢手算，他们不愿意依赖那台庞大的机器，因为它经常出毛病，完全不值得信任。

最新型号的 IBM 704 被送到 JPL 的时候正好赶上先驱者 3

号发射。为了区别于人类计算员，大家都叫它 IBM。这台机器体积庞大，重量超过 30 000 磅，实验室甚至为它专门修了个机房。而且它的售价高达 200 万美元，一点也不便宜。

苏发现这台机器巨兽十分精巧。计算员利用打孔器在打孔卡片上编制简单的程序，然后把它塞进计算机里。这台新款机器的性能比 IBM 701 强大。它的核心元件不是阴极射线管，而是磁芯存储器，后者的运算速度更快，可靠性也更高。704 采用了浮点硬件，所以它能完成更复杂的数学运算。但大家还是不爱用它。工程师不相信 IBM，因为它总是需要修理。不幸的是，这台 704 和以前的 701 采用了一样的真空逻辑电路，所以每隔一个小时左右就会有一根管子被机器散发的高热烧毁，导致系统停机。就算这台 IBM 运行流畅，工程师和计算员也很难信任它。飞船是大家心目中的宝贝，不能丢给奇怪的新技术去糟蹋。所以这台昂贵的庞大设备大多数时候只能孤零零地待在机房里，无人过问。

先驱者 3 号发射的这天晚上，JPL 试图用 IBM 来做计算，不过他们很快就放弃了。它的速度实在太慢，根本无法完成这么大的工作量。除此以外，控制室里的技术团队只有看到真人手算的数据才能安下心来。IBM 磕磕绊绊的时候，苏一点也不担心——她知道自己亲手做的计算将准确地告诉大家任务的成败。

情况看起来不太乐观。木星导弹提前熄火了。苏一边摇头一边拼命计算。任务前景堪忧。第一级火箭失效，剩下的几级火箭根本无法为飞船提供足够的推力。最后她悲伤地看到，先驱者爬升到了 63 500 英里的高度，然后颓然掉回地面。

清晨 6 点，苏离开了实验室。她的双腿软得迈不动脚步，通宵工作的疲惫和失败带来的打击耗尽了她的所有精力。她回到家的时候，皮特正在看早间新闻，播音员开始报道这次失败的发射。苏突然跳了起来，她简直不敢相信自己的眼睛。"那是我算出来的!"她指着屏幕上的数字和公式喊道，现在这些数据用粉笔写在一块黑板上。她觉得难以置信，自己的工作内容竟出现在电视新闻里。

不过这次发射失败后，实验室里受伤的情绪也得到了一点安抚：JPL 正式成为了 NASA 的一个部门。有了 1 月份探险者成功发射打下的基础，这样的调整看似势在必行，但实际上，对于 JPL 的归属，新成立的空间局、军方和加州理工还是颇费脑筋地协商了一番。谈判结束之前，从理论上说，JPL 和 NASA 还没有任何关系。不过早在 10 月份，NASA 就递出了橄榄枝。当时皮克林希望国会将 JPL 正式列为"国家级空间实验室"，但立法机构却不肯给他们这么高的地位。就在这时候，NASA 太空飞行项目办公室（Office of Space Flight Programs）的新主任亚伯·西尔弗斯坦（Abe Silverstein）向 JPL 提出了优厚的条件。在 NASA 的庇护下，JPL 将拿到一系列月球和行星无人探索任务的策划和执行大权，除此以外，他们还可以研发这些任务需要的火箭。

12 月，艾森豪威尔正式签署命令，将 JPL 归入 NASA 旗下。值得庆幸的是，JPL 的管理工作仍由加州理工负责，这让他们得以保留原来的自由和独立，跟以前给军方干活的时候一样。这样的变化让计算员们欢欣鼓舞。从此以后，他们不必再制造武器，可以专心进行科学探索，大家都乐见其成。

1958 年的圣诞节，哈利给了芭芭拉一个惊喜，他把一棵挂满装饰物、彩灯闪烁的圣诞树送到了南帕萨迪纳芭芭拉的公寓里。她高兴极了。哈利毫无矫饰的浪漫深深感动了她。她披上外套，和男朋友一起出门去参加实验室的圣诞节宴会。

毫无疑问，NASA 是这一年的主题。为了庆祝 JPL 归入这位新东家旗下，人们在天花板上挂满了闪闪发光的纸火箭、星星和月亮。爵士乐队正在演奏悠扬的乐章，JPL 的员工和舞伴在租来的大厅里翩翩起舞。同事们互相打趣嬉笑，但大家都心照不宣地绝口不提先驱者的事情。做到这一点并不容易，但今晚他们只想尽情玩乐。酒至酣处，芭芭拉提醒在场的单身女孩多留个心眼。经历了长时间的高压工作，JPL 的欢宴偶尔会有些失控，甚至闹出一点乱子。虽然大家都在狂欢畅饮，但女孩们还是得守望相助。

回顾这一年，JPL 曾为探险者的成功鼓舞振奋，但几周前的失败也让大家尝到了苦涩的滋味。和大家一起高唱圣诞颂歌的时候，芭芭拉百感交集。不过当她看到守护在自己身旁的那个男人，她终于下定了决心。她深爱着哈利，甚至愿意成为他的妻子。不管新的一年会发生什么事情，她想道，至少我们会一直在一起。

1959 年 1 月 2 日，一颗肉眼可见的小圆球划过长空奔向月球，后面拖着一条气态钠的橘色尾焰。这种气体是工程师特地加到燃料箱里的，它能帮助地球上的人们更清晰地看到卫星的运行轨迹。小圆球和月球擦肩而过，滑向太阳轨道。它离月面的最短距离只有 4 000 英里，从来没有哪个人造物体飞到过离月亮这么近的地方。这艘后来被命名为月球 1 号（Luna 1）的飞船设计目标是在月球上着陆。虽然月球 1 号没能成功完成任务，但它仍为苏联赢得了一场辉煌的胜利。苏联人吹嘘说，他们的飞船现在已经成了一颗绕太阳运行的行星。听到广播里的新闻，JPL 的计算员只能沮丧地嘀咕几句。显然，他们正在输掉这场太空竞赛。

探险者 1 号成功发射一周年的时候，1959 年 1 月，皮克林、冯·布劳恩和范艾伦再次赶赴首都，参加一场盛大的晚宴。在这三个人里，冯·布劳恩显然名气最大，在这样的宴会上，他也习惯了成为人们关注的焦点。不过今晚，他发了不少牢骚。JPL顺利成为 NASA 的一部分，但在亚拉巴马的陆军弹道导弹局，冯·布劳恩建立的团队正面临分裂。NASA 希望把这些人分成两部分，他们会接纳其中一部分雇员，然后裁撤剩余的项目。对于这个决定，冯·布劳恩很不满意。他公开呼吁外界提供资金支援——要是有五六千万美元的资金，他就能保留自己的完整团队，继续研发大型火箭——但却没有成功。其他研究团队也面临相似的困境。NASA 将海军先锋项目的 157 位雇员调到了马里兰州绿带城，准备成立一个戈达德太空飞行中心（Goddard Space Flight Center）。JPL 将和这群曾经的竞争者一起，组成NASA 空间科学领域的新核心。

加州那边也在举行另一场庆典。玛姬·贝伦斯结婚了。玛姬今年 20 岁，从她高中毕业以后，家里就一直盼着她结婚。梅茜知道，玛姬是个典型的加州姑娘，她很可能会早早组建家庭。梅茜和其他女同事对玛姬的评价很高，所以看到她真要嫁给 JPL 的那位工程师，大家都很着急，她们觉得那个男人根本配不上玛姬。为了把玛姬留在实验室里，梅茜决定派她去学习怎么给新机器编程 —— 最近他们引进了一台宝来公司（Burroughs）的 E101。

这台设备的性能大致介于姑娘们每天使用的弗莱登计算器和那些占据了整间屋子的巨型计算机（譬如尤尼瓦克"UNIVAC"和 IBM701）之间。E101 的尺寸和一张办公桌差不多，用起来很吵。它的编程语言也很原始：这台机器顶部有个插接板底座，玛姬得把特制的小针一根根插到板子上。宝来 E101 的广告宣称，"插接板编程能节省 95% 的手工计算时间！"除了航空工程领域的应用以外，人们还用它来预测美国总统大选的结果。E101 配备了 8 块插接板，每块板子能实现 16 种不同的指令。利用插接板上的小针，玛姬可以完成她需要的计算。姑娘们都觉得这台机器慢得令人发指。虽然它每秒钟能做 20 次加法或者 4 次乘法，但系统经常崩溃。无论如何，有机会尝试新技术，玛姬依然十分兴奋。

与此同时，JPL 和冯·布劳恩的团队正在合作研发先驱者 4 号。1959 年 3 月 3 日，这艘飞船发射了。这次第一级火箭运转得十分正常。计算员和工程师在 JPL 的控制室里等待。探测器需要 4.5 个小时才能飞到月球。计算员们花费了大量时间开发出来的微型锁跟踪系统正在完美地运行。和苏联的飞船一样，先驱者 4 号也进入了太阳轨道，成为太阳系里的第二颗人造行星。几天后一个繁忙的上午，他们收到了先驱者 4 号发出的最后一组信号，现在它已经飞到了 400 000 英里外。根据计算员的预测，这颗绕太阳运行的探测器要到 12 年后才会重新飞到地球周围 100 万英里的范围内。

宝来 E101 的广告

虽然先驱者 4 号已经成功升空，但大家都觉得这个任务的目标定得有点低。JPL 的确打败了空军——他们的两颗先驱者卫星都发射失败了——但和苏联人相比，JPL 又慢了一步。让大家深觉不满的不仅是落后于竞争对手。从皮克林到工程师再到计算员，JPL 的所有成员都想尽快展开行星探索。皮克林本人更是觉得月球任务不过是测试设备的开胃小菜而已。

工程师们意识到，要探索太阳系，他们需要为卫星研发更好的跟踪系统。所以他们提出了深空网络的构想，这张大网可以指挥、跟踪所有的美国飞船。JPL 已经建立了几个跟踪站——它们分别位于佛罗里达、加利福尼亚和波多黎各——这些站点主要负责传送卡纳维拉尔角每一次发射的原始轨道数据。加州的跟踪站是深空网络的基石。这台直径 85 英尺、重达 120 吨的巨型碟形天线坐落在帕萨迪纳东边莫哈韦沙漠深处的戈尔德斯通干湖。戈尔德斯通跟踪站曾捕捉到先驱者 4 号的最后一缕信号，那时候这艘飞船已经飞到了 409 000 英里以外。但是现在，JPL 需要监听更远处的声音。

芭芭拉很快就将迎来她与戈尔德斯通的第一次邂逅，这个大盘子曾为她提供了那么多数据。最近芭芭拉升职做了计算部门的主管。梅茜即将退休，她的离去让所有人都满怀愁绪。梅茜在 JPL 工作了那么多年，这简直是一个时代的终结。但梅茜已经年近 70，她谦虚地表示："我已经跟不上年轻姑娘的脚步了。"多年来芭芭拉一直是梅茜的副手，她也是接替主管职位的不二人选。

但并不是所有人都愿意看到芭芭拉升职。有位名叫比尔·胡佛的工程师就对此颇有微词，他认为 JPL 应该给至关重要的计算部门安排一位男性主管。"她很快就会结婚生孩子，然后就会辞职。"比尔愤愤不平地抱怨。

升任主管以后，芭芭拉还是第一次去莫哈韦沙漠，她根本没时间理会这些不得体的议论。现在她正忙着跟工程师讨论深空网络的规划，他们打算在全世界的偏远地点选址修建三座跟踪站，规模和戈尔德斯通的这座差不多，巨大的无线电天线可以帮助 JPL 捕捉来自遥远太空的信号。飞船上的信标离开一台天线的接收范围以后，下一台天线马上就能接上。戈尔德斯通的天线是这套方案的核心组件，另外几座新的跟踪站将建在澳大利亚和非洲。

除了工作上的新突破以外，芭芭拉的私人生活也在阔步向前。1959 年 2 月 21 日，芭芭拉终于嫁给了等了她足足 4 年的哈利·鲍尔森。这对新人站在教堂门外，JPL 的朋友们发出的欢呼声和探险者成功入轨时一样响亮。芭芭拉沉浸在幸福中。在这一刻，她只希望妈妈能看到，自己终于实现了她的心愿。

婚姻并没有改变芭芭拉对工作的态度，倒是给她带来了一个新的昵称。她一直不喜欢别人叫她"巴布"或者"芭比"，情愿大家直呼她的名字。不过现在，有了鲍尔森的姓氏，她的全名首字母缩写变成了"BLP"。没过多久，"哔哔"这个名字就在实验室里叫开了，因为这几个字母读起来很像卫星发出的哔哔声。和以前一样，哔哔每天都要花费大量时间训练新计算员、计算飞行轨迹。他们的下一个目标十分清晰，所以她如饥似渴地投入到了繁重的计算中。苏联发射了全世界的第一颗卫星和第一艘飞越月球的飞船，两次竞争 JPL 都落后了一步，不过他们也许能抢在苏联人前面登陆月球。

这个任务的历史意义当然重大，但 JPL 却不以为意。主管们普遍觉得，登月不过是把现有的技术拿出来拼凑一番，完全没有挑战极限的兴奋感。NASA 只希望 JPL 尽快造出月球登陆器，别的什么花头都不要。为了同时满足 NASA 的要求和自己的渴望，JPL 拆分成了不同的团队，月球任务和行星任务齐头并进，互不干扰。JPL 和 NASA 时有摩擦，除了计算月球登陆器的轨道以外，姑娘们还在努力完成更宏伟的规划：向火星和金星发射探测器。大家明显对行星任务更感兴趣，计算员们也不例外。

这天早晨，芭芭拉挑选着装时格外精心。她给有领衬衫配了条黑色的 A 字长裙，外面披了一件羊毛开衫，最后穿上心爱的鱼嘴高跟鞋，微笑着戴上结婚时哈利送她的三股珍珠项链。芭芭拉走进办公室，所有女孩都向她表示祝贺，其中一个女孩将一只醒目的胸针别在她胸前。在同事和朋友们的欢呼声中，芭芭拉走向比尔·皮克林，跟他握了握手。"谢谢你十年来的服务。"主任把一只闪闪发光的金别针纪念品交到芭芭拉手里，温和地说道。面对 JPL 的全体员工，皮克林回顾了芭芭拉的辛勤工作，他希望这位优秀的女员工能继续陪伴大家很多个十年。芭芭拉由衷地笑了。这一年半过得非常精彩。她看到了探险者飞过天际，也得到了梦寐以求的提拔，最后还嫁给了一生的挚爱。她还能有什么别的奢求呢？至少有一件事可以确定：她永远都不想离开这间实验室。

卷三

20 世纪 60 年代

 芭芭拉·鲍尔森

 海伦·凌

 苏珊·芬利

 西尔维娅·伦迪（后改姓"米勒"）
［Sylvia Lundy（Miller）］

第八章

模拟之王

　　芭芭拉温柔地摩挲着自己的肚子。医生离开房间之前给了她一张小纸片，纸片上潦草的笔迹写着一个日期：1960 年 10 月。芭芭拉简直不敢相信：她要当妈妈了。她站起来照了照镜子，琢磨着自己看起来有没有什么不一样。她想到了哈利。哈利非常想要孩子，听到这个消息他肯定高兴得要命。他们的婚姻生活十分幸福。白天她忙着做自己热爱的工作，晚上哈利总会在家等她。不过现在，他们的生活即将发生翻天覆地的变化。

　　芭芭拉慢慢穿着衣服，脑子转得飞快。踩着低跟鞋站起来的时候，她觉得肩头沉甸甸的。有了宝宝她当然高兴，但她又想到了实验室。从十多岁开始，她成年后的人生一直在 JPL 度过。现在她已经成了肩负重任的主管，要告别这一切真的很难。

　　以前那些因为怀孕而辞职的姑娘只管收拾好自己的东西就能离开，但芭芭拉不行。JPL 要获得成功，她的职位至关重要。该怎么解决这个问题，她和上司克拉伦斯·R. "约翰"·盖茨（Clarence R. "John" Gates）沟通了一番。盖茨拥有电子工程学博士学位，这和 JPL 的其他工程师很不一样，普通的工程师职位不需要硕士以上的学历。盖茨祝贺了芭芭拉，然后帮她制定了一个方案。芭芭拉将继续工作到生产之前。

JPL 的气氛有些紧张。几个月前，1959 年 9 月，苏联发射了月球 2 号。这艘飞船飞行了 36 个小时，最终在月面上撞击着陆，由此成了登陆其他天体的第一个人造物体。现在苏联正在大肆宣扬他们的实力超过了美国。美国人很难相信，月球 2 号已经把印着苏联国徽的钛制徽章送到了遥远的月面上，那轮月亮现在就挂在大家头顶。JPL 再次败北。

1959 年 12 月，他们又遭到了一次打击。NASA 叫停了维加计划（Project Vega），这个大胆的计划试图用一枚火箭同时发射多个探测器，一个飞往月球，一个飞往金星，另一个飞往火星。计算员们在这个项目上花费了数百个小时，实验室花了差不多 1 700 万美元来研发一套强大的新火箭系统。按照皮克林的规划，维加计划是 1960 年 JPL 最重要的项目。现在这个项目被取消了，他们只能搞点别的东西。

既然 JPL 已经告别了运载火箭——"喷气推进实验室"这个名字里面负责"推进"的部分——的研发，NASA 认为这间实验室应该把研究重心转移到月球和行星任务需要的飞船上。对于这个决定，计算员没什么意见，反正研发飞船也很有意思。

为了填充维加在时间表上留下的大片空白，JPL 匆匆制订了另一个计划。他们计划在 1960 年和 1961 年发射 5 颗月球探测器，它们被命名为徘徊者（Ranger）系列。接下来的 1962 年，他们打算向金星和火星发射水手（Mariner）系列探测器。听说要研发金星和火星探测器，工程师和计算员都干劲十足；与此相对，大家对月球探测器缺乏兴趣。既然维加计划已经撤销，他们觉得资金不足的徘徊者月球项目很可能也会半途而废。

工程师和计算员们在计算室里一边吃爆米花一边讨论计划。这间屋子已经成了大家碰头的地方。夕阳的余晖透过大窗户将房间里的所有东西染成绯红的时候，工程师们常常逛过来聊天。计算室的员工都是年轻姑娘，这又是另一个心照不宣的加分项。谁也不知道这项传统是怎么开始的，反正现在大家已经形成了习惯。下午3点，爆米花的香气飘进走廊，引得工程师在门口探头探脑。计算员们会轮流去走廊尽头的小厨房做爆米花。大家一边聊天，一边从切成两半的地球仪里抓爆米花吃，透明的半球上还标着经纬度线。

大家经常讨论月球任务的技术细节，不过只有聊到行星计划的时候，他们的声音才会变得高亢起来。"既然我们可以探索火星和金星，为什么还要浪费时间去琢磨那块没有生命的大石头？"一位工程师大声质问，这个和气的比利时小胖子名叫罗杰·布罗克。他随手抓了张纸画了一幅任务草图，一枚火箭释放出多个探测器，每个探测器分别飞往不同的行星。只需要发射一次，他们就能探索整个太阳。"我们也可以丢一个探测器去月球。"他好像最后才想起了这茬，不情不愿地补充了一句。

"呃，泡泡，要完成这个任务，我们需要更强大的火箭。"芭芭拉笑着回答。

有的男人经常跑到计算室来串门，姑娘们索性给他们起了女名，好让他们更快地融入这个团体。可怜的罗杰就这样变成了"泡泡",莱恩·埃弗隆也得到了一个花名:蕾欧娜。姑娘们加入讨论之前总会调侃他们几句。凭借计算轨道的专业知识,她们预估了将探测器送往火星和金星需要的火箭推力。女孩们还半开玩笑地考虑了一会儿这样的火箭该怎么装配,要完成这么漫长的旅途,火箭应该分成几级。

JPL对徘徊者探测器缺乏热情,这是个严重的问题。太空竞赛的终点线十分清晰。只要有人能踏上月球——没了重力和腐蚀的影响,他的脚印也许能在月面上留存100万年,甚至更久——那么这场大赛就将宣告终结。唯一的问题是,这个脚印到底属于苏联人还是美国人。想获得最后的胜利,美国得先把探测器送上月球。要帮助美国打败苏联,JPL必须调整他们关注的焦点。

当然,计算员们已经忍不住开始八卦入选水星计划(Project Mercury)的7位宇航员了:小瓦尔特·M.施艾拉(Walter M. Schirra Jr.)、唐纳德·K."迪克"·斯雷顿(Donald K. "Deke" Slayton)、小约翰·H.格伦(John H. Glenn Jr.)、斯科特·卡彭特(Scott Carpenter)、小艾伦·B.谢泼德(Alan B. Shepard Jr.)、维吉尔·I."加斯"·格里森(Virgil I. "Gus" Grissom)和小L.戈尔登·库博(L. Gordon Cooper Jr.)。作为美国的第一个载人太空飞行项目,水星计划制定了三个目标:将载人飞船送入地球轨道;研究太空中的人体机能;确保人员和飞船安全返航。这几位准宇航员给沃纳·冯·布劳恩留下了深刻的印象,他在一封写给皮克林的信里盛赞道:"我有生以来从未见过这么优秀的一群人。他们严肃、清醒、平衡、富有献身精神,绝非有勇无谋的鲁莽之辈……但他们以试飞工程师自居，讨厌被人当成太空实验室里的豚鼠。"这群英俊的准宇航员得到了全国各地数百万年轻女性的热烈追捧，JPL 的计算员也不能免俗。

但芭芭拉已经过了追星的年纪。她已经怀孕 7 个月了，虽然很累，但能够继续工作，她还是觉得很开心。不过芭芭拉痛恨从停车场到半山实验室的这段长路，每天她都走得气喘吁吁。JPL 的停车场出了名的拥挤。以前还有很多人坐公交车来上班，所以停车位还算宽裕，但现在人人都开车，停车场根本挤不下。除了 JPL 的员工以外，访客、承包商和政客的汽车也络绎不绝。每天早晨喘着粗气爬坡的时候，穿着臃肿孕妇装的芭芭拉都觉得自己活像一座巨大的马戏团帐篷。考虑到自己的身体状况，她向实验室提出了申请，想换个更好的车位。孕妇的身份也许能带来一点便利，这点小聪明让芭芭拉有些沾沾自喜，但就在这时候，她收到了管理层的答复。"你必须立即停止工作，就从今天开始，"他们在电话里告诉她，出于"安全起见"，"我们不能雇用怀孕的员工"。芭芭拉被炒了鱿鱼。

芭芭拉就像挨了一记闷棍，她感到天旋地转。她环顾办公室，这群姑娘既是她的下级，也是她的朋友，但她甚至没时间跟她们告别。她多想知道，她曾付出心血、热情和专业知识去追求的项目最终会迎来怎样的结果。10 年的辛苦渐渐消逝在她眼前。回家以后，她扑到哈利怀里哭了起来。"我以为凭我的能力不会遭到这样的对待。"她啜泣着说。仅仅一个电话，芭芭拉就从身居要职的资深主管变成了失业的怀孕妻子。

并入 NASA 以后，JPL 内部也进行了调整。在这个阶段，计算工作主要依赖的还是人工，每个项目都离不开计算员的协助。管理层十分欣赏海伦·凌的能力，海伦也因此成为改组后的计算部门——任务设计部（Mission Design）——主管。工程师和部门里的女孩都很尊敬她。梅茜和芭芭拉一手打造的团队很快就成了海伦得心应手的下属。工程师常常叫她们"计算娘子军"，但女孩们讨厌这个称呼，她们更喜欢以姐妹会自居。

但这个亲密的团队也遭到了外来者的入侵。IBM的新机器就是鬼鬼祟祟的侵略者，这些小家伙比它们的前辈先进得多。女孩们简直不敢相信，计算机技术的进步竟如此迅猛。新计算机用晶体三极管取代了真空管，这些小玩意儿起初是用锗做出来的，后来又换成了硅。晶体管不仅能像真空管一样放大输入的数字信号，还能实现开关的功能，所以它能在 0 和 1 两个状态之间循环转换。晶体管的效率远高于真空管，它的运算速度更快，能耗更低，占据的空间也比真空管小得多。晶体管还能集成在电路里，形成一块芯片，这块芯片又通过纤细的金丝与电阻和电容相连。女孩们取下新 IBM 的背板，欣赏机器内部排列得整整齐齐的金环。她们给这些新机器起了个绰号，"小计算机"，因为它小得能放在办公桌上，不必占据整个房间。庞大的真空管 IBM 还在隔壁的房间里固守着它的骄傲，有时候这个大家伙还能派上用场，但宝来的 E101 已经开始落灰了。

不过新的电子计算机功能依然有限，就连最基本的算术它都做得慢吞吞的。除此以外，工程师还不太信赖这门技术。只有计算员手算的数据才能让他们安心。

计算部门的人类计算员和电子计算机在海伦的指挥下有条

不紊地运行，与此同时，人类正在冲出地球。1961 年 4 月 12 日，尤里·加加林（Yuri Gagarin）成为第一个进入太空的人类，他乘坐苏联的东方 1 号（Vostok 1）飞船登上了地球轨道。看到《人类登上太空》的头条标题，海伦大吃一惊。她不敢相信，JPL 又输了一次。不到一个月后，5 月 5 日，艾伦·谢泼德坐进了水星-红石火箭顶部的飞行舱，这艘飞船被他命名为"自由 7 号"（Freedom 7）。自由 7 号从卡纳维拉尔角起飞，然后攀升到了地球上方 116 英里的高空中，这艘飞船载着艾伦完成了 15 分 28 秒的太空之旅，不过和加加林不一样的是，他没有进入地球轨道。

虽然将自由 7 号送入太空的红石火箭其实就是加长版的朱诺（发射探险者号的运载火箭），但女孩们都觉得这次任务跟自己没什么关系。当时 JPL 正专注于开展无人任务，载人计划主要由休斯敦新成立的太空任务组（Space Task Group）负责。马克斯·费格特（Max Faget）是这个新部门的一位工程师，将人类送入太空的飞船就出自他的手中。接下来的几年里，马克斯还将参与所有载人飞船的设计工作，从水星系列到阿波罗飞船，再到航天飞机。休斯敦的任务团队完成设计以后，飞船的实际制造工作由私人承包商完成。麦克唐纳飞行器公司（McDonnell Aircraft）制造了圆锥形的水星飞船，身高 5 英尺 11 英寸的谢泼德勉强能挤进它狭窄的空间里。这艘小飞船的重量只有苏联飞船的 1/3，耐用度也不及后者。东方 1 号能在太空中坚持一周，但水星飞船最多只能撑 24 个小时。

出于上述原因，虽然对美国人来说，让宇航员进入太空并安全返航的确是个了不起的成就，但从很多角度来说，这份胜利实在有些底气不足。无论是载人任务还是无人任务，苏联都远远地走在了前头。JPL 人人都憋着劲儿想打败苏联人。

不过海伦的情绪还算冷静。她帮一位名叫查尔斯·"查克"·维戈斯的工程师做过数据分析。把打印出来的数据交给查克之前，她调皮地把纸张边缘烧焦了一圈。看到白纸上橘色和黑色的焦痕，查克惊讶得连话都说不出来了。海伦笑着告诉他："啊，最近我们正忙着精简数据。"大家都情不自禁地笑了起来。海伦重新给了查克一份完整的数据，这才止住了他的笑声。

精简数据是件苦差事，从佛罗里达和加利福尼亚发射的每一枚火箭都会产生海量的原始数据，姑娘们需要把这一大堆乱七八糟的东西整理简化成有意义的信息。对于工程师和计算员的关系，海伦总结说："工程师负责制造麻烦，我们负责解决麻烦。"解决麻烦意味着找出这些数据内在的联系，整理出一份清晰的报告。计算员的计算结果将帮助工程师确定火箭能承载的最大飞船重量和多种可能的飞行轨迹。

计算员的娴熟技能还将对飞船的设计产生举足轻重的影响。目前看来，工程师为徘徊者任务设计的新飞船显然太重了。新的测试数据不太乐观，火箭的上升力达不到计算员先前的计算结果。现在他们需要给飞船减掉多达 75 磅的重量。更糟糕的是，他们的时间不多了。NASA 确定的日程不容更改，从 1961 年 7 月开始，所有发射必须按部就班地完成。月球任务的压力沉甸甸地压在每个人肩头。

苏联的探测器已经登上了月球，美国的月球项目却一再迁延。JPL 已经设计出了新的徘徊者号，这艘精密的飞船配备了高耸的天线、太阳能电源和拍摄月面照片的相机。这次发射任务将由一枚宇宙神-爱琴娜（Atlas-Agena）火箭完成。宇宙神导弹是美国空军的杰作，它的设计用途是发射重达 8 000 磅的热核战斗部，这枚庞大的火箭竖起来足有 75 英尺高。虽然宇宙神体型庞大，但它的设计却十分精巧，"气球结构"让它变得更加轻盈。这枚火箭配备了三台发动机，其中两台在起飞后很快就会分离，这又进一步减轻了它的重量。运载火箭的第二级是一枚爱琴娜火箭，它也是空军研发的秘密武器。宇宙神和爱琴娜的组合能提供强大的动力，但这枚火箭还没有完成试飞。出于这个原因，徘徊者任务的前两次发射目标根本就不是登月，而是测试火箭。

　　工程师为徘徊者任务规划了一条新的飞行轨迹。以前的所有飞船都是直接飞往目的地，所以它们必须直接对抗重力，这无疑会浪费一部分燃料。强大的重力不仅限制了飞船的尺寸，还会放大计算误差。为了控制损失，JPL 决定先把徘徊者送入地球轨道，飞船运行到正确的位置后再进行中段机动（midcourse maneuver），点燃第二枚火箭飞往月球。这个策略十分大胆，女孩们计算新轨道的时候格外谨慎。

　　飞船和轨道的设计定稿一个月后，JPL 的团队收到了坏消息。之前大家一直以为徘徊者飞船的重量大大超出了上限，但现在看来，它的重量还可以增加几磅。事实上，给这艘圆锥形的飞船减重 75 磅完全是个错误的决策。因为赶时间，他们被迫砍掉了很多必要的载荷。现在 JPL 只能把缩水版的徘徊者送上太空，对这个危机四伏的任务来说，这绝不是个好兆头。

拖延了一个月以后，1961 年 8 月 23 日，第一艘徘徊者飞船从卡纳维拉尔角发射升空。宇宙神导弹成功地将飞船送入了近地轨道。接下来第二级的爱琴娜火箭将再次点火，将飞船推到更高的轨道上。但这个步骤因为开关电路失效未能成功完成，飞船被困在了近地轨道上。这个地方无法为徘徊者提供理想的测试环境，因为这艘太阳能飞船在 90 分钟的昼夜循环中根本支撑不了多久。但徘徊者依然恪尽职守地展开太阳能电池板，形成了一个奇怪的三轴结构，看起来就像天空中的巨型三脚架。尽管如此，这次任务基本已经宣告失败。8 月 31 日，徘徊者 1 号从轨道上坠毁。

就算是在地面上，空军的爱琴娜火箭也带来了不少麻烦，生产工艺和可靠性方面的问题迫使 JPL 把第二次徘徊者测试任务的时间推迟到了 11 月。但 11 月的这次发射也没有成功，爱琴娜再次点火失败，帕萨迪纳的工程师精心制造的徘徊者 2 号升空后仅 6 个小时就烧毁在大气层里。JPL 的工程师和计算员都十分沮丧。要不是维加计划被砍掉了，他们原本打算用维加火箭来提供第二阶段的动力。他们无法克制这样的念头：如果用的是我们自己的火箭，那我们或许不会这么倒霉，至少失败是可控的。把问题推到火箭头上简直顺理成章：爱琴娜是空军设计出来的，生产方是私营承包商洛克希德公司（Lockheed Corporation）。等待洛克希德修复运载火箭里面那堆破玩意儿的时候，JPL 的工程师和计算员情不自禁地投入到了更具魅力的金星和火星任务中。

徘徊者任务的两次失败离芭芭拉十分遥远，她快要分娩了。预产期日益临近，哈利想要一个女儿。40 岁的他不知道自己能不能搞定精力充沛的男孩，要知道，小家伙说不定比他小时候还淘。芭芭拉倒是无所谓男女，不过随着时间的流逝，她越来越期盼孩子的降生。

1960 年 10 月 9 日凌晨，芭芭拉的羊水破了，她和哈利立即去了医院。芭芭拉忍受分娩的漫长煎熬时，哈利却在医院里到处找电视。小小的等待室里挤满了即将升级的准爸爸，等待的时间格外难熬，哈利的思绪不由自主地飘到了棒球场上。哈利和芭芭拉的产科医生聊天的时候，医生也说他很想看世界大赛（World Series），于是他们俩真的找了一台电视。比赛已经进行到了第四场，对阵双方是匹兹堡海盗队和纽约洋基队。他们俩目不转睛地盯着屏幕上的洋基体育场，心无旁骛地沉浸在比赛中，但第四场已近尾声，双方还没有任何人得分。米奇·曼托三振出局，尤吉·贝拉滚地球出局，接下来他们的队友比尔·什科龙挥出了一个全垒打。局面突然变得紧张起来，就在这时候，医生被叫回了产房。哈利一下子回到现实中。他要当爸爸了。

海盗队以 3∶2 险胜洋基队的时候，体重 9 磅多的小女孩被送到了芭芭拉怀里。因为宝宝还在产房里，医生不让哈利进屋，当爸爸的享受不到第一时间抱孩子的奢侈待遇。不过当他透过育婴房的玻璃窗看到她的第一眼，他就像被催眠了似的爱上了这个小姑娘。他们给孩子起了个名字：凯伦·玛丽。

芭芭拉抱着小凯伦，贪婪地吸了一口新生儿的气味。望着女儿的眼睛，她体验到了一种前所未有的浓烈的爱。刚回到家，凯伦就在父母的怀抱里发出了快活的咕咕声。虽然不用上班，芭芭拉还是忙得团团转。有了宝宝就有干不完的活，好在哈利还能帮一点忙。他会用奶瓶喂凯伦吃奶，还会用毯子裹着女儿轻轻摇晃；半夜他会给女儿换上干净的尿布，把换下来的脏尿布拿到卫生间里冲一冲，然后再扔进尿布商提供的臭烘烘的大盒子里。一天晚上，哈利实在太困，冲洗尿布的时候，他竟然睡着了。芭芭拉在卫生间的地板上找到了熟睡的丈夫，她忍不住咯咯笑了起来，然后轻轻把他摇醒。脏尿布还捏在哈利手里。那段时间的夜晚格外漫长。他们在帕萨迪纳那间单室户小公寓的走廊里来回踱步，唱着摇篮曲哄凯伦入睡。有时候芭芭拉会在窗边停下脚步，仰望外面的夜空。天上的明月和星辰依然故我，但她的未来已经和它们无关了。

刚刚祝贺了芭芭拉喜得爱女，海伦就发现自己也怀孕了。她很高兴，但隐隐也有些担心，她还没有做好当妈的准备。不久前她才升职做了主管，她不想辞职。妻子怀孕的消息让亚瑟兴奋不已，他立即向海伦保证，他一定会竭尽全力帮她达成心愿。既然没有产假，海伦和亚瑟只能自己想办法。要是海伦请上一段时间的假，等她回来的时候，这个职位恐怕不会等她。雇主也有理由，他们觉得有太多女性休完假就会辞职。海伦决定利用以前存下来的假期去生孩子，还可以请几天病假。等到积攒的假期用完以后，她就回去上班。

1961年，帕特里克出生了，他只比芭芭拉的女儿小几个月。看到儿子柔软的圆脸和小小的指头，海伦立即陷入了爱河。尽管她很爱自己的孩子，但她仍牵挂着实验室。当妈妈的体验和充实的工作，哪个她都不想放弃。生完孩子几周以后，她就回到了JPL。幸好海伦的家人住得不远。她去上班的时候，妈妈可以帮她照顾帕特里克。知道儿子一定能得到妥帖的照料，海伦这才能安心走出家门。现在，既然她已经回到了JPL，她知道自己需要靠得住的帮手——她需要芭芭拉。

凯伦7个月的时候，芭芭拉接到了一个电话。"玛丽琳·吉尔克里斯特（Merrilyn Gilchrist）辞职了，你想回来上班吗？"海伦问道。芭芭拉没有立即回答。在1960年的美国，有工作的妈妈是一种稀有动物：孩子不满18岁的美国已婚女性里只有25%的人会去上班。尤其是对芭芭拉来说，孩子还没断奶，你就想去上班，这简直就是离经叛道。但从另一方面来说，芭芭拉的确舍不得实验室和那份工作。虽然有发射任务的时候，计算员必须加班到很晚，不过大多数时候，她们的工作时间还算宽松。她还想到了哈利。哈利想换一份工作，他说过想回学校去考个房地产执照。如果她有了工作，他们的经济压力就能减轻一部分。最后，芭芭拉答应了海伦的邀请。她有几分兴奋，又有几分紧张。事情定下来以后，她就开始找保姆了。

芭芭拉发现，去而复返的计算员不止她一个。梅尔巴·尼德也回到了JPL，她曾是这间实验室最早的雇员之一。1950年，梅尔巴离开JPL，去了北美航空，现在她又带着私营企业多年的工作经验回到了这间实验室。这几年她学会了现代计算机编程技术，还利用软件设计知识给核反应堆写过代码，如今她已经是个成熟的工程师了。

计算室里也多了几个新面孔，珍妮特·戴维斯（Janet

Davis）和琼妮·李（Joanie Lee）都是刚招进来的新人。珍妮特来面试的那天海伦不在，盖茨博士有点吓着她了。她刚刚拿到卡内基技术学院（Carnegie Institute of Technology，如今著名的卡内基梅隆大学，Carnegie Mellon University）的数学硕士学位，这所学校的工程学项目享誉全球。珍妮特的文凭含金量十足，她的天性也很适合这份工作。不过听说她刚刚结婚，盖茨博士就有了成见。虽然他还是决定雇她，但在面试结束的时候，他轻蔑地说："你在这儿干不了多久。"芭芭拉和梅茜·罗伯茨绝不会说出这样的话来。相比之下，刚刚拿到南加州大学数学学位的琼妮得到的待遇略好一点。或许是因为她还没有结婚，盖茨博士大概觉得这样的女孩更稳定一些。

计算室的姑娘们正在全力推进水手计划，这个项目是 JPL 的宠儿。和徘徊者一样，水手计划用的也是宇宙神-爱琴娜运载火箭，但和月球探测器不一样的是，水手将飞往水星、金星和火星，所以每个人都干劲十足。

水手项目计划发射 10 艘飞船，它们的目的地都是地球的近邻。工程师设计的探测器和徘徊者差不多，它的太阳能电池板可以向阳展开，为飞船提供源源不断的能量，指向地球的硕大天线会将搜集到的数据送回家。水手飞船不会像先驱者月球探测器那样自转，而是和徘徊者一样通过三轴系统保持稳定。水手和徘徊者的设计齐头并进，尽管二者十分相似，但竞争还是让两个团队的工程师擦出了一些火花。反观计算员这边，女孩们倒是很团结，她们一起推进两个项目，绝不厚此薄彼。

但工作和家庭生活的矛盾让姑娘们烦恼不已。海伦每天下班都觉得筋疲力尽，根本提不起力气做饭，更别说照顾孩子。父母上了年纪，带孩子也有些力不从心，海伦觉得她和亚瑟恐怕得另外找人来帮忙。芭芭拉也发现，有工作的母亲简直分身乏术。有时候她需要早点去实验室上班，于是只能让哈利把凯伦送去保姆那边。下午她总是迫不及待地想看到孩子，但日复一日的家庭琐事很快就让她不堪重负。这世上根本就不存在什么快乐的平衡，你只能凭借强大的意志熬过难关。

到了 1962 年 1 月，JPL 终于做好了发射下一个月球探测器的准备。徘徊者 3 号从卡纳维拉尔角腾空而起，飞向月球。至少他们是这么计划的。但火箭刚刚离开地面就遇到了麻烦。起飞两分钟后，宇宙神火箭出了问题，发动机也没有按计划分离。火箭已经脱离了轨道，但它还在继续加速。接下来，爱琴娜火箭的导航系统也发生了故障，徘徊者离轨道越来越远。显然，这艘飞船永远都到不了月球，但 JPL 的工程师觉得，至少他们还能利用飞船上的设备探索深空。不幸的是，当他们试图发送指令打开系统的时候，飞船上的计算机也失效了。这简直就是一场灾难。

当 JPL 的同事们为徘徊者的失败懊恼不已的时候，苏·芬利却听到了一个好消息。她一直想再生一个孩子，不过最近 3 个月来，她一直在吃口服避孕药，因为医生觉得这种药能帮助她调节周期。

1960 年，这种避孕药刚刚问世，在同时代的女性里面，苏是第一批受益者。有史以来第一次，女性可以通过医学手段来控制怀孕的时机。这些小小的激素药片标志着未来 20 年性别平权运动的开端和女性主义在全球的崛起。

对苏来说，这些药片的确是天赐的恩物，但她的理由和别人都不一样。停了药以后，她很快就怀孕了。苏百感交集，她渴望成为一名母亲，但与此同时，她也害怕再失去一个孩子。除此以外，她已经爱上了自己的工作，想到要离开 JPL，她觉得十分悲伤。我可以请一段时间的假，苏想道。她不打算辞职。

就在苏考虑前途的时候，局势又发生了变化。女孩们开始学习一种新的计算机编程语言：FORTRAN。"FORTRAN"这个名字的意思是"公式翻译"，它很适合把数学公式翻译成代码。芭芭拉和海伦发现这种语言特别简单，之前 JPL 送她们去加州理工上过课，所以现在她们学起来更加游刃有余。

FORTRAN 由一系列简单的命令组成，它的程序能适配几乎所有型号的计算机。女孩们在纸上编写程序的方式和以前手写方程的时候如出一辙。唯一的区别在于，现在她们必须使用特殊的命令，这样计算机才能识别出来。程序编写完成以后，她们就会带着笔记簿坐到打孔机前面。

打孔机看起来很像打字机，不过它有特殊的按钮，可以在打孔卡片上打孔。矩形打孔卡长约 7.5 英寸，宽 3.25 英寸，厚纸板上密密麻麻地印着 80 行从 0 到 9 的数字。你可能需要一整盒打孔卡才能完成一套复杂的计算。和女孩们的笔记簿一样，每张卡片都承担着不同的运算任务。

大部分计算员从来没用过打字机——在 JPL，只有秘书才会使用这种机器——她们甚至不会打字。但没过多久，她们就学会了打孔机的用法。就像手机的数字键盘也能用来打字，打

女孩们用来编程的打孔卡

孔机利用一套编码将 FORTRAN 语言中的每一个字母转换成对应的数字。如果海伦按下 A 键，机器就会吱吱嘎嘎地开始运行，打孔卡被送进机器里，数字 7 上面立即就多了一个孔。海伦把自己编写的命令一行行输入打孔机，然后机器再把这些字母转化为卡片上的小孔。只要按错了一个键，整张卡片就只能作废，她必须换张打孔卡重新输入一遍。

　　把笔记簿上的所有命令准确地输入打孔机以后，海伦的工作还没有结束，她还得编译代码。和现在一样，海伦用 FORTRAN 语言写的源代码必须编译成二进制的机器语言，计算机才能把它识别出来。每行汇编代码都会被转译成一条二进制机器语言指令。海伦可以根据卡片上的孔洞倒推出它们代表的公式，但 IBM 的计算机却没有这样的功能。她必须先把卡片塞进一台名叫编译器的特殊设备里面。

　　1952 年，海军少将格蕾丝·布鲁斯特·穆雷·霍普（Grace

Brewster Murray Hopper）和她的团队在纽约的雷明顿兰德公司开发出了第一套编译器。这台名叫 A-0 的机器和它的升级版本 A-2 能将数学语言翻译成机器语言。霍普知道，电子计算机一定是未来的主流，但你不能让所有人都用二进制语言编写代码。程序员必须在人类和计算机之间架起一座沟通的桥梁，霍普觉得自己责无旁贷。所以她开发的编译器实际上就是人类和机器之间的翻译官。有了编译器，计算机语言开始萌芽。

编译是一门全新的技术，每种计算机语言都需要专门的编译程序。"大家都是摸着石头过河，它们（编译器）根本就不存在！我们只能边干边想。"洛伊丝·海布特这样说过。20 世纪 50 年代末期，这位 IBM 的程序员曾参与构建 FORTRAN 编译器的核心代码。

海伦把自己的卡片塞进 FORTRAN 编译器，机器会吐出另一套打孔卡，IBM 的计算机能识别第二套卡片上的编程语言。第一套卡片是给她自己用的；海伦和其他女孩可以反复查看卡片，检查自己编写的程序。第二套卡片只有计算机才能识别。海伦把这套卡片塞进计算机，机器开始运算，最后输出她需要的结果。所有工作完成以后，海伦会把卡片收起来放回盒子里。这些程序说不定以后还用得着。

工程师还在用狐疑的眼光打量计算机，女孩们已经开始迫不及待地拥抱新技术，这主要是因为新机器真的很有趣。编程的世界深深吸引着她们，这个不断拓展的天地复杂而广阔。

1960 年，计算室又来了个新人，不过这个女孩的工作习惯不太好，她经常发脾气，然后因为过热而罢工。这位新人名叫

IBM 1620，她独个儿占据了计算室角落里的一张办公桌。新人没有名字，这似乎不太好。IBM 1620 的门上有一块小小的铭牌，上面写着"磁芯存储"（Core Storage），所以姑娘们决定叫她"柯拉"（Cora）。她们经常提起这位新同事，就好像她真是她们中的一员。柯拉需要凉爽的空气，所以她在的那间屋子总是冷得要命。姑娘们养成了进屋一定得带毛衣的习惯，哪怕外面的气温足有 38℃，这都是为了迁就新同事的怪癖。

在 IBM 内部，1620 有另一个小名：CADET，这个词的意思是"高级经济技术计算机"（Computer with Advanced Economic Technology）。程序员们开玩笑说，CADET 的真正含义其实是"不能做加法，不用白费劲"。

加法的确是 1620 的短板，不过看到计算室外面的名牌，芭芭拉忍不住笑了起来。这块牌子列出了任务设计部所有员工的名字，最上面一排写着"海伦·凌，部门主管"，其他人的名字紧随其后，其中包括芭芭拉自己的。名牌最下方有个刚刚加入的新名字：柯拉。IBM 的计算机正式成为了这个大家庭的一员。

柯拉为水手计划立下了汗马功劳。飞往金星的竞争正在变得越来越激烈。需要激励的时候，姑娘们就会跑到一位工程师的办公桌前，看看墙上的苏联金星 1 号（Venera 1）照片。1961 年初，苏联的第一次金星任务没有成功，但这张照片足以提醒大家，想拿冠军就得跑快点儿。

计算员为金星任务设计了一条路线。飞船将从金星身旁掠过，它携带的科学设备能探测这颗行星的大气层。JPL 打算制造一对飞船，就算其中一艘发射失败，他们还有备用的另一艘。

第二次机会非常重要，因为水手号是第一艘飞越其他行星的飞船。计算员们一天比一天兴奋。她们亲眼看到飞船渐渐成形，展开的太阳能板就像蝴蝶的翅膀。飞船打包送往佛罗里达的时候，她们依依不舍地跟它说了再见。

1962年7月22日，水手号发射升空。但任务很快就出了问题。宇宙神的天线失效了，任务控制中心立即失去了飞船的信号。从理论上说，如果探测不到指令信号，火箭内置导航系统的校正功能应该立即生效，以确保飞船沿着正确的方向继续飞行。但事与愿违，这枚运载火箭的控制系统矫枉过正，火箭反而远远偏离了航向。

内置导航系统失效的罪魁祸首是一个小小的誊写错误。佛罗里达的工作人员把手写的导航程序录入系统时漏掉了一个上标符号，正是这个失误破坏了火箭的校正功能。宇宙神天线硬件故障和导航系统软件错误的双重灾难导致水手号彻底失控。谁也不知道它会一头栽向哪里：它可能掉进大西洋，但也可能冲进某座城镇。发动机分离之前的几秒是他们摧毁水手号的唯一机会，靶场安全官终于做出了这个艰难的决定，他下达了火箭自毁的命令。每次发射任务都有一个自毁按钮，为了预防火箭失控飞向居民区，所有运载火箭都内置了自毁炸药。隶属于空军的靶场安全官别无选择，火箭偏得太远，他只能发出自毁指令。JPL花费了无数个小时制造出来的飞船刚刚升空1分钟就淹没在了一团烈焰之中。

任务设计部的姑娘们都很沮丧，但她们没有时间自怨自艾。金星还在等待，她们的时间只有几周了。1962年的夏天，金星和地球的位置相对较近，水手计划完全是基于这个优势条件设计的，但现在，时间窗口即将关闭。在我们平常看到的太阳系示意图里，行星总是沿着完美的椭圆轨道绕太阳转动，但实际情况比这复杂得多。行星的公转轨道并不是完美的椭圆形，不同的行星轨道形状不尽相同，而且在绕轨公转的过程中，它们的速度和方向也会发生一定的变化。所以计算员知道，她们不能死板地对准金星发射火箭，要画出准确的轨迹，就必须考虑太阳和金星对飞船的影响。地球、金星和太阳必须完美地连成一线，但这样的天赐良机每隔 19 个月才有一次。想要抓住这次机会，他们必须尽快发射水手 2 号。

为了完成水手号任务，女孩们夜以继日地工作，周末也不能休息。她们一遍遍检查轨道和程序，寻找可能的错误。长时间的工作让人筋疲力尽，芭芭拉和海伦这样的新妈妈尤其难熬，但她们拿到的薪水支票足以补偿这份辛苦。她们拿的是计时工资，水手任务的长时间加班为她们带来了丰厚的收入，连她们的丈夫也相形见绌。

在卡纳维拉尔角，空军的人也没时间指责水手 1 号的失败。漏掉上标符的那个家伙刚刚升了职，他道了个歉，这事儿就算完了。他们修复了宇宙神的天线，又重新编写了导航系统。1962 年 8 月 27 日，芭芭拉走进控制室，房间里充斥着奇怪的亢奋情绪，这是发射前特有的氛围。每次发射都要加班到深夜，这给她的小家庭带来了不少压力，不过至少有所收获。她知道，如果没有哈利的全力支持，她肯定撑不下来。芭芭拉在实验室加班的时候，哈利总是忙前忙后，他会去托儿所接凯伦，然后照顾孩子吃饭洗澡，直到把她送上床，再给她一个晚安吻。

芭芭拉没有太多时间怀念她错失的家庭时光，她必须集中精力做好准备，大家都盼着这次发射能创造历史。加州时间深夜 11 点 53 分，数据源源不断地通过电传打字机涌了出来。她摊开坐标纸紧握自动铅笔，开始计算火箭的位置。宇宙神火箭突然短路了一下，整个运载火箭以每秒一圈的速度在空中翻滚。幸运的是，靶场安全官还没有发出自毁指令。整个团队眼睁睁地看着宇宙神飞向高空，完全不受导航系统的控制。就在这时候，短路的元件突然恢复了，就像最开始出故障时一样神秘。经历了这个小小的波折，接下来一切都很顺利，幸运的眷顾让每个人都喜出望外，不过他们得等到几个月后才能弄清飞船到底有没有飞越金星，完成历史性的壮举。哈利来接她的时候，芭芭拉还惦记着飞向天外的水手 2 号，它正在孤独地探索宇宙。时近凌晨，有人能开车接她回家，筋疲力尽的芭芭拉觉得自己真的很幸运。她经常加班到深夜，哈利在标致汽车的后排搭了个宝宝帐篷，这样他就能带着凯伦一起来接妈妈回家了。这辆法国车经常招来邻居的窃笑，他们私下里都说这位新爸爸肯定是个怪人。对于别人的闲言碎语，哈利总是一笑置之。就算这辆小车看起来有点奇怪，他依然爱它，芭芭拉也一样。在这个 8 月的夜晚，她钻进温暖的小车，拥抱了窝在毯子里的可爱女儿。

水手项目似乎有了转机，但月球项目依然举步维艰。徘徊者计划已经失败了 4 次，水手 2 号发射几个月以后，他们又将迎来下一次失败。NASA 已经有人怨声载道，他们觉得学院派的实验室可能不适合这个任务，月球项目或许应该转交给私营承包商。

JPL 的团队深知，岌岌可危的不光是他们的工作，整个载人航天计划的未来都悬在他们指尖。就在 JPL 焦头烂额的时候，水星计划的 7 位宇航员完成了所有训练。为了争取近地轨道的升空机会，宇航员们展开了竞争，最后的结果皆大欢喜，每个人都领到了不同的任务。与此同时，他们的交通工具也即将准备就绪。冯·布劳恩的团队加入了亨茨维尔新成立的马歇尔太空飞行中心（Marshall Space Flight Center），他们设计的土星火箭（Saturn rocket）以极快的速度完成了研发和测试。土星火箭以 JPL 和冯·布劳恩研发的木星 -C 为基础，但这枚火箭比木星 -C 强大得多。只有这样强大的火箭才能把人类送上太空。各方面的进展都很顺利，作为唯一的例外，徘徊者计划显得格外刺眼。要是他们的飞船连月球的边都摸不到，又怎么能把人类送上月球？

1962 年 9 月 12 日，肯尼迪总统在莱斯大学发表的演讲进一步增加了 JPL 的压力。"我们选择去月球。"面对人群，总统大声宣布。但 JPL 选择的似乎是金星。实验室内部的认识无法统一，到头来两个项目说不定都会落空。不过听到总统这么推崇航天项目，芭芭拉还是觉得很开心。总统提起了他们在 JPL 的工作，芭芭拉不由得骄傲地涨红了脸："现在正飞向金星的水手号飞船是太空科学史上最精巧的杰作。这次任务的精确程度相当于从卡纳维拉尔角发射一颗导弹，让它落在这座体育场的 40 码线之间。"

太空项目得到了前所未有的关注和支持，所以一个月后，徘徊者5号的失败让人分外难受。出于某些未知的原因，飞船的电源发生了故障，电池组也失效了。飞船从月球上空450英里外掠过，进入了太阳公转轨道。不过幸运的是，美国人对核战的担忧突然压过了他们对月球任务的期许。

1962年10月的那13天里，整个世界似乎随时可能跌入灾难的深渊。美国的一架侦察机发现了苏联在古巴修建的核导弹基地，肯尼迪总统下令封锁这座岛屿，古巴和全世界失去了联系。10月22日，肯尼迪向全国听众发表了讲话，他说："我的同胞们：毫无疑问，我们正在进行的努力艰难而危险。谁也无法准确预测局势的走向，以及可能的代价和伤亡。"看来这个世界正在越来越快地滑向核战的边缘。

古巴导弹危机的根源和美国的火箭研究有着千丝万缕的关系。1961年，美国在苏联的邻国土耳其部署了木星核导弹，这些中程导弹的设计者正是陆军弹道导弹局的沃纳·冯·布劳恩。

最后，肯尼迪和苏联达成了协议。只要美国保证不入侵古巴，苏联就同意撤回这座岛屿上的武器。除此以外，美国还得撤回部署在土耳其的导弹。两个大国之间剑拔弩张的局势暂时缓和了下来。

虽然核导弹转移了公众的注意力，但月球项目显然需要做出改变。JPL的徘徊者项目主管和几位工程师都被炒了鱿鱼。整个项目暂时停了下来，当务之急是弄清问题到底出在哪里。

与此同时，水手2号正在逼近目标。万圣节那天，它损失了一块太阳能板；到了11月中旬，这艘可怜的飞船又遭遇了一次过热，温度计的读数达到了传感器的上限。但它还在沿着预定的轨道跌跌撞撞地奔向金星。

徘徊者徘徊不前，水手扬帆远航的时候，苏也正在经历新手妈妈的大起大落。有时候她觉得自己实在太幸福了，不过下一秒钟，缺乏睡眠可能又会折磨得她痛不欲生。就连时间的概念也变得模糊起来，很多时候她只能靠定期送上门的牛奶来判断今天到底是星期几。儿子伊安完全占据了苏的生活，别的事情她已经完全顾不上了。直到伊安满了 6 个月以后，海伦打来电话，问她想不想回去上班。看着宝宝咧开没有牙齿的嘴巴露出大大的笑容，苏觉得自己一点都不想重返职场。

珍妮特·戴维斯也准备辞职了。盖茨博士的预言没有落空，珍妮特已经怀孕 8 个月了，她知道自己过不了多久就必须离开。她尽量掩饰自己的孕肚，希望工作到最后一刻。晨吐折磨得她精神恍惚，不吐的时候她随时都很饿，所以上班的时候她的嘴就没停过，甜甜圈是她最爱的食物之一。

有时候珍妮特会在晚上抬头仰望满天璀璨的光点，揣测那里到底有些什么。夜空中的金星清晰可见，这个醒目的光点总是出现在月亮旁边。女孩们十分好奇，金星地表到底是什么样子。厚厚的云层包裹着这颗离地球最近的行星，就连功率最大的望远镜也无法穿透。她们讨论过很多疯狂的理论，比如说，有人认为金星上长满了茂密的热带丛林，外星恐龙在蒸腾的水汽中游荡奔跑，这些傻乎乎的幻想逗得女孩们哈哈大笑。正如卡尔·萨根（Carl Sagan）所说："观察：我什么都看不见。结论：那里有恐龙。"珍妮特轻轻抚摸自己的肚子，望着闪烁的金星想道，我们很快就会看到你隐藏在云层下的面貌。

月亮和行星的秘密尚未揭开，太空仍属科幻的神秘领域。但火星和金星是太阳系里离我们最近的邻居，这两颗行星存在外星生命的可能性最大，很多美国人相信，就连月球都可能蕴藏着生命。我们还没有搞清楚月球的基础特性，比如温度，或者有没有水，所以大家很容易想入非非。20世纪60年代，热爱幻想的好莱坞持续推出了大量科幻电影，例如《十二个人去月球》《第七星球之旅》《两千万英里到地球》《拜访小星球》。地球上的人类只能通过望远镜遥望这些星球，所以外星人就藏在月球的环形山或者遍布金星的森林里，这样的幻想似乎也不是全无道理。

人类很快就将看到，这些想象和现实到底有多大的差距，海伦就是这第一批先驱中的一员。1962年12月14日，水手号飞到了离金星最近的位置。海伦和梅尔巴在控制室里焦急地等待，她们确实有理由紧张。JPL的团队不知道之前的过热是否损伤了飞船上的仪器，也不确定水手号还有没有能力探查这颗行星。他们站在控制室整面墙的巨型灯板前面，匆匆列出方程跟踪飞船的位置。数据如潮水般从电传打字机里涌出，打孔纸带打了一个又一个卷。编码数据一行行向外流动，仿佛无穷无尽：ZXXDRDDRXOS。女计算员们立即忙碌起来，不过现在，除了手工计算以外，她们还多了个帮手：和办公桌差不多大的新款IBM 7090。

就在水手号离金星越来越近的时候，飞船又出了点小故障。飞船搭载的控制系统失效，JPL的团队不得不手动发送指令来启动飞越流程。收到指令的飞船开始全面探查金星，控制室里的技术人员惊讶地面面相觑。他们正在跟一艘 3 600 万英里外的飞船通讯！海伦专心做着手头的工作。面对飞速传来的海量数据，她没有太多时间去品味这一刻到底有多重要。

那天晚上，3 个独立的团队在控制室里焦急地等待水手号的命运揭晓。工程师负责评估飞船的运行情况、姿态和机械性能，科学家等待着飞船即将发回的数据，计算员站在这两个小组之间，她们编制的程序不仅能反馈飞船的状况和位置信息，还能分析科学数据。飞船搜集到的关于金星大气层、磁场和带电粒子环境的信息通过一束束无线电信号传回地球，女计算员们编制的远程通信程序又会将戈尔德斯通的高增益抛物面天线接收到的信号转化为可用的数据。这 3 个团队感兴趣的侧重点各不相同，他们能不能达成共识和默契，这不仅决定着本次任务的成败，还将影响他们未来的合作。

上午 11 点左右，他们终于和飞船建立了无线电联系，控制室里响起了一阵类似和弦的怪声。听着戈尔德斯通的巨型碟形天线传来的声音，比尔·皮克林说："听，这是来自金星的音乐。"整整 40 分钟的时间里，他们一直在凝神静听来自异星的声音。水手号发出的红外线和微波探查信号穿透了金星厚厚的云层，数据如潮水般涌入控制室。他们尽可能地维持着 JPL 和外太空的微弱联系，多坚持 1 分钟就能多得到一点宝贵的信息。直到最后，沿轨道运行的水手号开始远离金星，海伦终于满怀敬畏地坐了下来。她不敢相信，他们真的做到了。遥远的太空中，有一艘飞船正在沿着她帮忙设计的路线翱翔。这一次，他们真的打败了苏联人。这是美国在太空竞赛中打的第一场胜仗，对他们中的每一个人来说，这份胜利都弥足珍贵。1963 年 1 月 3 日，水手号将发出最后一串信号，然后义无反顾地奔向太阳。从此以后，这艘飞船将永远地与 JPL 失去联系，成为绕太阳运行的另一块太空垃圾。

水手 2 号发出告别信号的时候，女孩们正在欣赏 1963 年元旦的玫瑰花车游行。其中一辆花车做成了金星的造型，黄色花朵扎成的巨大行星上写着红玫瑰拼成的标语："从帕萨迪纳到金星。"巨型花球上方是水手号飞船的复制品，和她们建造的那艘一模一样。

计算员们为实验室获得的历史性成就深感骄傲，但她们的工作却岌岌可危。有流言称，她们平时用来编程的电子计算机正在吞噬整个 NASA 的工作机会。加州棕榈谷的屈莱登飞行研究中心（Dryden Flight Research Center）已经开始解雇人类计算员，尽管多年来他们跟工程师合作得很好。而在弗吉尼亚的 NASA 兰利研究中心（Langley Research Center），计算员团队也在开始萎缩。人们越依赖 IBM 的计算机，计算员面临的威胁就越严峻。一位工程师甚至危言耸听地告诉海伦："你们的工作很快就保不住了。"她唯一能做的就是工作得比以前更卖力。不过剧变即将到来，男人做工程师、女人当计算机程序员的世界将被彻底颠覆。

第九章
行星引力

　　海伦凝视着可爱的女儿。她温柔地将女儿搂在怀里，抚摸她丝绸般乌黑的头发。她是那么完美。海伦已经深深爱上了这个小姑娘，她和亚瑟给女儿取了个名字：伊芙。伊芙只比帕特里克小一点点，她的仓促到来打乱了海伦井井有条的家庭生活。同时抚养两个小家伙实在是个巨大的挑战。除了管束突然变得好动起来的儿子，海伦还得照顾一个离不开妈妈怀抱的新生儿。虽然割舍不下家里的孩子，但海伦还是不想丢下工作。她热爱这份工作，但她也知道，她不能请太长时间的假。伊芙6周大的时候，海伦就回到了实验室，把两个孩子留给外婆照料。可是没过几天海伦就发现，这法子行不通。她的父母对付不了两个宝宝。他们必须想点别的办法。"我们轮班来吧。"亚瑟建议道。这是最好的办法。海伦上白班，亚瑟上夜班。他们住在同一个家里，却几乎碰不上面，干不完的琐事模糊了昼夜的分界，只余下漫长的辛劳。

　　家庭并不是海伦唯一的压力来源。JPL的团队仍在苦苦推动徘徊者项目。连续五次失败给徘徊者蒙上了厚重的阴霾，孱弱的执行让这个项目成了 NASA 眼中的弃儿，尤其是跟另一个目标相仿的辉煌项目——阿波罗计划——相比。阿波罗计划的宇航员在"呕吐彗星"（vomit comet，一架旨在模拟失重效应的飞机）里接受训练的时候，徘徊者连月球表面的照片都还没拍到。

从立项的时候算起，徘徊者计划就没有阿波罗计划那么壮丽宏大。20 世纪 60 年代初，JPL 的项目主管给徘徊者计划起名的时候用的是他那辆福特牌皮卡车的型号。与此同时，NASA 的太空飞行项目主管亚伯·西尔弗斯坦也正在给月球载人项目起名，他说："我给飞船起名就像给自己的孩子起名那样用心。"最终他选择了希腊神话里太阳神的名字，阿波罗，只有这样的名字才配得上阿波罗计划澎湃的野心。

正如肯尼迪总统在 1961 年说过的那样，这个任务的目标是"将人类送上月球，并把他安全带回地球"。为了达成这个目标，阿波罗计划会将一艘三人飞船送入月球轨道。接下来，第二艘飞船——登月舱——将带着两位宇航员登上月球表面，另一位宇航员则留在圆锥形的指令舱里。最后 3 位宇航员一起乘坐指令舱返回地球，降落伞会帮助他们减速，飞船最终将在大海里溅落着陆。虽然徘徊者计划和阿波罗计划有很多不同之处，但这两个项目就像硬币的两面：它们的目标都是月球，只不过一个是载人任务，另一个是无人任务。虽然阿波罗计划进展顺利，但 NASA 对登陆器能否顺利登月仍有疑虑。他们需要正常运作的徘徊者。

机械问题仍困扰着月球登陆器，但女孩们很少关注这个项目。她们正在向前奔跑，没有太多时间回顾。现在她们正在推动一个更加激动人心的项目：第一次火星任务。水手2号成功飞越了金星，水手3号很快也将飞越那颗红色星球。不过这两个任务有一个显著的区别：地球到火星的距离长达1亿4 000万英里，差不多相当于地球到金星距离的4倍。他们之所以有勇气挑战这个目标，完全是因为水手2号的激励。

水手2号的成功无可挑剔。这次任务让科学家和全世界看到了金星厚重云层之下的真面目。但他们没有找到杂志上吹嘘的那片充满外星生命的森林，这颗行星的温度和气压实在太高，任何生命都无法存活。地球和太阳系里的其他行星（除了天王星以外）都沿着逆时针的方向自转，但金星的自转方向却是顺时针的。而且它的自转速度慢得让姑娘们惊叹：金星上的一天相当于地球上的243天。漫长的自转周期意味着这颗行星没有磁场。以24小时为周期旋转的灼热金属地核造就了地球的磁场，地核周围液态的铁、镍和其他金属在科氏力的驱动下周而复始地旋转。

科氏力的名字来自法国科学家古斯塔夫·科里奥利（Guatave de Coriolis），1835年，他描述了旋转的水车周围水流沿曲线运动的现象。科氏力解释了为什么北半球的飓风沿逆时针方向旋转，而南半球的飓风总是顺时针旋转。地核内部旋转的液态金属会产生漩涡，由于科氏力的存在，液态金属的螺旋总是沿着同一个方向转动，由此产生电流，磁场就这样诞生了。虽然根据水手号传回的数据，金星很可能拥有一个金属内核，而且金星核甚至可能有一部分是液态的，但这颗行星的自转速度太慢，根本无法产生磁场。既然没有磁场，金星就不能像地球一样形成一个具有缓冲、保护作用的大气层，所以生命也很难存活。

JPL 设计的火星任务飞船和水手号十分相似，这次的新飞船还将搭载相机。发射任务同样由宇宙神－爱琴娜运载火箭完成，和金星任务一样，火星飞船也有两艘，它们将在几周内先后升空。如果其中一艘出了问题，至少他们还有第二次尝试的机会。

这次任务的时间十分紧迫。和金星任务一样，他们必须把发射时间安排在火星离地球最近的时间段里。金星任务的发射窗口长达 50 天，但根据女孩们的计算，火星任务的发射窗口只有 27 天。要是错过了这段时间，下一次机会就得等到两年以后了。他们必须争分夺秒。

任务的第一步是将飞船送入地球轨道，让它绕着太阳运行；接下来，任务控制中心再通过中段机动将飞船送上飞往火星的轨道，这一步的风险很大。他们预计，飞船需要飞行 7.5 个月才能抵达火星。计算员绘制了飞船可能采用的轨道，并标出了每个关键节点的飞行方向和速度。这是人类历史上最漫长的行星际飞行任务，飞船将绕着太阳划出一条超过 180 度的弧线。对女孩们来说，这就像朝着移动靶射箭。

瞄准的关键在于精确计算飞船的高度和方位角。高度描述的是飞船和地面之间的距离，而方位角就像罗盘一样，它衡量的是飞船运行轨迹与真北方之间的角度。进入长椭圆形的转移轨道之前，从地面起飞的飞船需要先进入地球轨道。接下来，在距离地球几百万英里的位置，火箭的推力再将飞船送入一条飞往火星的绕日轨道。重要的是，他们必须确保飞船不会一头撞上火星。

　　正常情况下，飞船上的所有设备必须经过灭菌处理才能进入太空。想找到外星生命，科学家就必须处处小心，不能让地球上的生物污染其他行星。不然的话，就算我们真的在火星上找到了生命，科学家又该如何确定它是火星原住民还是地球设备携带的微生物呢？不过，和以前的任务不一样，水手3号飞船上的设备在发射前并未进行高温灭菌。飞往火星的旅途太长，过高的温度可能影响设备的性能，JPL的工程师绝不希望发生这样的意外。所以他们精心设计了水手3号的轨道，尽可能地降低了飞船与火星相撞的风险。要知道，如果飞船真的撞上了火星，地球上的微生物就可能污染这颗行星。

　　就在JPL忙于策划火星任务的时候，灾难悄然降临。1963年11月，一个平凡的工作日上午，他们收到了坏消息。肯尼迪总统的车队在达拉斯遭到枪击，实验室里的所有人都守在收音机前，谁都没心思工作。就在九个月前，肯尼迪还为JPL的第一任主任西奥多·冯·卡门颁发了美国的第一枚国家科学奖章（National Medal of Science）。女孩们挤在工程师的办公室里，紧握着彼此的手。新闻主播宣布肯尼迪逝世的时候，她们震惊地相互拥抱，啜泣不止。她们知道，这个国家和刚刚起步的太空计划都将迎来巨变。

　　肯尼迪遇刺一个月后，JPL公布了一个引人注目的太空新项目：深空网络（Deep Space Network，DSN）。这张大网由多座巨型碟形天线组成，它能维持飞船与JPL新的太空飞行操作设施（Space Flight Operations Facility，SFOF）之间的双向联系。

SFOF 的建设花费了两年时间，这幢三层小楼里装着 200 多台显示器和 31 个控制台，它不但能支持 DSN 的跟踪任务，还为休斯敦的 NASA 阿波罗计划控制中心提供了一个备份。从 1963 年开始，SFOF 成为 NASA 所有行星际任务和深空通信任务的控制枢纽。DSN 的 3 座巨型天线分别坐落在澳大利亚、南非和芭芭拉曾经造访过的戈尔德斯通，SFOF 会接收这些天线发出的信号，跟踪太空深处的飞船。虽然飞船发出的信号非常微弱，信号强度差不多相当于冰箱里的灯泡，但巨大的抛物面天线能捕捉这些微弱的信号。DSN 的建立意味着哪怕飞船远在几百万英里以外，它拍摄的照片也能通过 0 和 1 组成的数字信号传回地球，然后再通过天线送往 JPL 的新控制室。为了纪念这些来自外太空的信号，人们在 SFOF 的墙上挂了一块铭牌，上面写着：宇宙中心。

DSN 的落成为火星任务提供了关键的助力。不过下一艘水手号飞船必须赶在火星冲日期间发射，再加上 JPL 对火星项目的偏爱，这意味着徘徊者计划常常得不到它需要的重视。1964 年 1 月，徘徊者 6 号发射升空。JPL 按照计划将这艘飞船"停泊"在了地球轨道上，然后火箭再次点火，推动飞船飞向月球。2 月 2 日，徘徊者 6 号飞到了它预定的撞击点——静海（Sea of Tranquility）——附近。工程师和计算员在 SFOF 里耐心地等待相机预热，他们已经开始期待飞船冲向月面的精彩画面。林登·B. 约翰逊总统在白宫里收听 JPL 的实时连线，至于其他官员，NASA 在华盛顿为他们准备了一间专门的控制室。线路那头突然传来了一道奇怪的女声："喷一点雅芳香水，优雅地步入香氛之中。"官员们面面相觑，这个声音的来源肯定不是月球。一位技工立刻做出了补救，刚才他不小心接错了信号源，大家听到的声音来自 JPL 正在举行的太空皇后大赛（以前的导弹小姐大赛）。场面虽然尴尬，但更尴尬的是接下来发生的事情：徘徊者 6 号的相机没能成功启动。他们没有接收到任何来自月球的照片。任务再次失败了。失望之余，JPL 不免开始担心，上面可能会把这个项目转交给别的部门，他们在 NASA 内部的地位也将遭到无可弥补的损害。

几天后，根据计票结果，皮克林在 JPL 的年度舞会上为太空皇后大赛的优胜者戴上桂冠。并入 NASA 以后，发生变化的不仅仅是 JPL 承担的任务，就连实验室内部选美大赛的名字都变了。哪怕是在颁奖的时候，皮克林依然想着 NASA 局长詹姆斯·韦伯（James Webb）在华盛顿跟他说的话："再让你飞一次，这是你们的最后一次机会。"最后这次徘徊者任务的成败将决定 JPL 的未来。面对这样的压力，快乐的年度盛会突然显得有点傻。皮克林走上舞台的时候，人们开始鼓掌。掌声起初还有些迟疑，不过很快就变得越来越热烈，每个人都站了起来，把他们的老板簇拥在人群中央。同事的信任让皮克林心头一暖，他举起麦克风宣布："我们一定能力挽狂澜，让徘徊者重获生机。"

芭芭拉怀着满腔敬意向老板欢呼喝彩，这大概是她最后一次参加实验室的选美大赛了，她要好好享受这场盛会。她一直在想水手号。徘徊者计划不归她管，所以她一直牵挂着手头正在计算的火星轨道。除此以外，她也惦记着家里的事情。芭芭拉又怀孕了，她决定尽量推迟休假时间，直到怀孕 8 个月的时候，她还在拖着大肚子上班。这次她没有申请换车位，她不想过早地丢掉工作。到最后不得不离开的时候，芭芭拉还是觉得很伤心。她不太可能再回来了，他们不可能为她保留职位。随着实验室不断引进新的 IBM 计算机，女孩们的工作已经岌岌可危。

计算员姑娘们担心她们会像 JPL 的电话接线员一样惨遭解雇。萨利·克兰是实验室里最受欢迎的接线员，她在 20 世纪 40 年代中期就加入了 JPL，甚至比芭芭拉还早。坐在电话总机前面，她亲眼见证了 JPL 的远程通信方式从最开始的人工转接一步步演进到现在的全数字化操作。萨利跟上了技术进步的热潮，她继续在 JPL 度过了职业生涯的最后几年，直到 20 世纪 70 年代才退休。随着自动接线技术的发展，从 1947 年到 1960 年，美国的电话接线员数量下降了 43%。这只是一个开始，新技术砸掉了成千上万名接线员的饭碗。目睹了整个过程的计算员难免兔死狐悲。

海伦正在竭力应对行业衰退的大潮。她还在坚持雇佣女计算员，但这个职位的工作内容已经完全变了。她带领的团队悄然变成了 NASA 的第一批计算机程序员。女孩们在工作中依然和基本全部由男性组成的工程师团队保持着密切的联系，但对她们来说，仅仅擅长数学已经不够了。她们得学会在 IBM 的计算机上编写、修改、运行程序，这些活儿工程师基本不碰。JPL 还会开办编程课，借此帮助女计算员更新技能，这无形中又扩大了计算员和工程师之间的技术鸿沟。所以，虽然 NASA 其他研究中心的女雇员正在遭受大面积的解雇，但 JPL 的女计算员却凭借专业的计算机知识为自己赢得了更稳固的地位。

与此同时，他们也找到了徘徊者 6 号相机失效的原因：中段机动的一次点火让相机系统的电路短路了。解决了设计问题以后，所有人将目光投向了即将发射的徘徊者 7 号。当然，经历了六次惨痛的失败，这次他们一定会成功。他们必须成功。

1964 年 7 月，一个炎热潮湿的下午，徘徊者 7 号发射升空。JPL 的控制室里弥漫着紧张的情绪。每个人都知道，他们的工作，乃至整个实验室的命运，都取决于此。为了活跃气氛，减轻大家的压力，工程师理查德·华莱士（Richard Wallace，大家都叫他"迪克"）决定给大家分发花生。不知道是花生带来的幸运还是前面六次失败为 JPL 积攒了宝贵的经验，这次发射非常顺利。但现在还不是庆祝的时候，飞船必须成功登上月球表面，任务才算圆满。

几天后，7 月 31 日一大早，海伦就坐进了新 SFOF 的大厅。屋子里的每个人都在紧张地等待消息。飞船按照计划奋不顾身地撞向月球，相机开始预热。突然间，数千张照片涌进了 SFOF 的信号系统。房间里爆发出一阵欢呼，每个人都激动得从座位上跳了起来。JPL 的工作人员成了第一批看到月球表面特写照片的人类，透过这些照片，他们看到了一大片黑暗的平原，上面点缀着零落的环形山。虽然月球如此荒凉，但姑娘们非常高兴。他们终于成功了。

既然飞船已经登上了月球（虽然是撞击着陆的），接下来他们就得确定下一艘徘徊者将何去何从。虽然从理性的角度来说，JPL 的下一个目标或许应该是软着陆，但他们追求的从来就不是温柔的降落。徘徊者计划首先是一个侦察任务，所以他们希望尽量多拍一些照片。他们必须挑选一块 3 英尺见方的着陆场，为阿波罗计划做好准备。JPL 的每个人似乎都有自己的主意，他们讨论的备选地点包括静海、阿方索环形山（Alphonsus crater）、汽海（Mare Vaporum）、中央湾（Sinus Medii）和风暴洋（Oceanus Procellarum）。理想的着陆点必须同时满足 JPL 的科学目标和阿波罗计划的需求。

从此以后，JPL 的科学家和工程师展开了漫长的拉锯战。这两个团队不断地被迫达成妥协，他们常常在两种截然相反的目标之间摇摆不定：一方面他们无法抗拒科学探索的渴望，但与此同时，他们还得考虑新技术的发展。徘徊者任务进行期间，美国地质调查局（U.S. Geological Survey）科学家兼加州理工天体地质学老师尤金·休梅克（Eugene Shoemaker）常常跟别人"拔河"。休梅克钻研的是天体地质学 —— 这门学科融合了天文学和地质学 —— 他为 JPL 的科学团队提供了至关重要的专业意见。他试图说服任务主管，把徘徊者 8 号的着陆点放在月球格外清晰的明暗分界线附近，这条线隔开了月亮上的黑夜和白天。明暗分界线又叫晨昏线，月球晨昏线移动的速度比地球上慢得多。月球上的一天相当于地球上的 28.5 天。休梅克相信，既然黄昏时分的低角度阳光能让地球上的摄影师拍出美轮美奂的照片，那么与此类似，月球晨昏线附近低垂的太阳也能为相机提供明暗对比强烈的摄影环境。但工程师却认为，晨昏线附近可能根本没有多少光线，这必将损害相机的成像质量。这次工程师赢得了胜利，但休梅克仍坚持自己的观点。后来他在下一次的徘徊者 9 号任务中达成了心愿。相机拍出的照片果然像他拍胸脯保证过的那样震撼，但科学家和工程师之间的关系依然十分紧张。

徘徊者 9 号拍摄的月球照片，照片底部的晨昏线清晰可见（供图：NASA/JPL-加州理工）

除了讨论飞船着陆点以外，NASA 管理层和 JPL 的科学家也没忘了加班加点地筹备几个月后的火星任务。水手 3 号和 4 号的发射安排在 11 月，他们只有短短几周时间。和以前一样，女孩们站在装配区上方玻璃密封的凸台上，看着下面的技工忙忙碌碌地建造水手号飞船。装配区里干活的男人都穿着长长的白色罩衣，戴着帽子和手套。他们给飞船装上了四块巨大的太阳能电池板和高耸的天线，然后开始全面测试系统。看着图纸上的设计渐渐变成现实，计算员们在兴奋之余又有几分恐慌。谁也说不准这两艘新飞船能不能完成这次壮举，没准它们会炸成几百万块碎片，或者只是为太空增添一堆漂浮的垃圾。

11 月 5 日晚，水手 3 号在肯尼迪角（曾经的卡纳维拉尔角）整装待发。飞船被安放在一枚宇宙神-爱琴娜火箭顶端，它和几个月前大获成功的徘徊者 7 号用的是同一座发射台。控制室里的团队其实并不迷信，不过为了保险起见，大家还是分了几颗花生。发射过程十分顺利，但刚刚过了一个小时，他们就发现了问题：太阳能电池板无法提供能源。飞船外面的保护罩未能按计划分离，导致太阳能板无法顺利展开。他们不断向水手号发送指令，试图甩掉那层讨厌的玻璃纤维罩，但却于事无补。水手 3 号注定只能成为太空垃圾。

现在 JPL 人人都在念叨那层保护罩。火箭在大气层中上升的过程中，这层材料会保护裹在里面的飞船。朱诺火箭测试期间，JPL 的工程师第一次引入了保护罩的设计，不过在那时候，他们用的只是一层简陋的铝箔。这项技术最关键的地方在于，保护罩必须拥有良好的气动性能，以免影响火箭的飞行；与此同时，它还得拥有足够的强度，才能保护里面的飞船。玻璃纤维这样的复合材料很快就成了工程师的宠儿，因为它既轻盈又坚固。但水手 3 号的失败让 JPL 猛然警醒——玻璃纤维会带来隐患。保护罩的外层和里面蜂窝状的玻璃纤维之间存在压力差，这可能导致保护罩分离失败。他们必须尽快解决这个问题。

为了预防压力带来的问题，他们用金属做了个新的保护罩。这个小小的变化会影响飞船的重量，计算员们突然发现所有数据都得重新计算。火箭必须做出相应的调整，飞行轨道也必然发生变化。他们只有几周时间。计算员们夜以继日地奋战，终于赶上了水手4号的发射时间。如果这次不能成功，他们就只能等到两年以后才有机会再次发射火星飞船。

11月28日，发射台准备就绪，花生也发到了大家手里。火箭直飞天际，保护罩成功分离，太阳能电池板顺利展开，就在这时候，这颗太空探测器却似乎迷失了方向。水手4号的导航系统头一次采用了恒星导航的方式，飞船必须同时锁定太阳和另一颗恒星——老人星。之所以选择老人星，是因为这颗恒星的位置比较好找，它是天空中的第二亮星。但飞船上的电子系统找到了太多亮星。JPL的工程师认为，飞船部署过程中抖落的油漆碎片可能迷惑了飞船的导航系统，它把这些碎片误认成了星星。JPL的技师在地面上焦急地看着飞船一次又一次锁定错误的恒星，直到最后，他们终于操作传感器探测到了老人星。水手4号踏上了飞往红色星球的旅途。他们要等到7.5个月以后，才能知道它是否成功抵达。

火星任务吸引了JPL的全部注意力，然而在这个节骨眼上，月球任务比任何时候都更需要他们的关注。1965年2月20日，徘徊者8号抵达了月球。这艘飞船在静海附近的月球表面撞击着陆，将数千张高分辨率月球照片和视频发回了地球。JPL的姑娘们紧张地看着画面上的月亮变得越来越大，模糊的照片也逐渐清晰起来。人们惊叹于月球的奇异地貌，古怪的丘陵顺着平滑的等高线起起伏伏，一座座环形山层峦叠嶂。

如果让JPL的地质学家来挑的话，他们情愿找个更崎岖的地方着陆，那样的地貌更适合科学探索，比如说月球高地。我们从地球上看到的月面亮斑就是月球上的高地。JPL 之所以选择在静海附近着陆，是为了给以后的阿波罗计划做准备。平坦的着陆场是载人飞船平安着陆的关键。徘徊者 8 号圆满完成了任务，他们在照片上找到了一块平坦坚固的场地，这足以支撑阿波罗着陆器的降落。

芭芭拉坐在电视机前观看最后一艘徘徊者号飞船实时直播的视频。追着两个女儿跑了一天，她已经筋疲力尽。凯伦今年 4 岁，凯西也即将迎来周岁生日。照顾这两个小家伙耗尽了她的全部心力。虽然芭芭拉很累，但亲眼看到那艘自动飞船撞向月球，她仍觉得难以置信。和成百上千万美国人一样，月球环形山扑面而来的景象给她留下了深刻的印象。想到 JPL 的朋友们为此付出的努力，芭芭拉感到无比自豪，但这个荣耀的时刻已经和她无关了。一年前她就离开了 JPL，计算室里的日子似乎已经变得十分遥远，现在她全身心地投入了家庭。

海伦也很累。拖着两个学龄前的孩子继续工作，这样的日子的确难熬。水手 4 号飞向火星的这段时间里，她工作的时间越来越长。海伦一遍又一遍地计算轨道，尽力确保计算结果准确无误，这样才能为飞船的中段校正做好准备。很多美国人相信，火星是地球的姊妹行星，那颗红色星球很可能是智慧生命的家园。19 世纪末 20 世纪初，天文学家帕西瓦尔·洛威尔（Percival Lowell）出版了 3 本书籍来描绘红色星球上的生命，因为他透过望远镜看到了火星上的"运河"。虽然别的天文学家早就发现了火星表面有很多长长的细线，但洛威尔首次提出，那些细线其实是火星上的运河，他栩栩如生地描述了修建运河的火星人。整个世界都在焦急地等待探测器发回的影像，很多人坚信，他们即将迎来和外星生命的第一次邂逅。

1965 年 7 月 14 日傍晚，水手号飞到了火星上空。飞船在 22 分钟内传回了海量数据，控制室里安静得令人不适。徘徊者飞船可以直接将影像发回地球，但火星太远了，水手 4 号发回的数字信号必须经过 IBM 计算机的处理才能生成图像。团队里的人实在等不及，他们决定自己动手处理图片。他们把打印数据的纸带挂到了墙上，这里面的每一个数字都代表着某个点的亮度，也就是一个像素。从 25 到 50 的数字象征着从最亮到最暗的过渡。一位名叫迪克·格鲁姆的工程师跑去商店买粉笔，店员告诉他，我们没有粉笔，不过你可以用蜡笔代替。

他们只有棕色、红色和黄色 3 种蜡笔，工程师们约定了各个数字使用的颜色，然后开始"画照片"。这有点像是巨幅的数字油画，迪克小心翼翼地在纸面上涂抹，这个任务并不轻松：一张照片由 200 行数据组成，每行各有 200 个像素。与此同时，JPL 的公关部门也变得紧张起来。媒体怎么可能放过这幅漂亮的画作，安心等待正式发布的黑白照片？这显然不可能。迫不及待想看火星的不光是海伦和工程师，还有电视机前的亿万观众。媒体拍下了这幅手绘的图片，然后通过广播信号把它送往全世界。有史以来的第一张火星照片是用红色和棕色的蜡笔画出来的。

接下来的几天里，正式的黑白照片也处理完了。火星上没有外星文明挖掘的运河，只有星星点点的环形山，看起来和月球差不多。那是一片荒芜的沙漠。《纽约时报》的一篇社论表示："火星很可能是一颗死亡星球。"但 JPL 仍抱着一线希望，说不定以后的任务会发现生命留下的蛛丝马迹，它可能藏在某座环形山或者某处温泉里。

火星带来的兴奋还未散去，芭芭拉再次接到了海伦的电话。JPL 需要芭芭拉，海伦问她："你想回来吗？"芭芭拉也很想念实验室和可爱的同事，所以她欣然答应了海伦的请求。其实她已经在考虑请个保姆了。第二次回归的芭芭拉发现，计算员们又比从前长进了许多。为了重拾荒废的技能，在 JPL 的资助下，芭芭拉开始去加州理工上编程课。实验室和大学的密切联系让计算员和计算机紧紧跟上了最新的技术潮流。女计算员经常去加州理工学习编程语言，回到实验室以后，她们又成了开课的老师。学习编程的时候海伦总是身先士卒，她希望尽快把学到的东西传授给自己的团队。

芭芭拉的朋友凯西·萨林（Kathy Thuleen）也生完孩子回来了。当时美国只有 20% 的年轻妈妈走出家庭去外面工作，JPL 的这些女计算员显得独树一帜，她们常常在午餐桌旁交流育儿经。闲聊的话题从月球和火星自然地过渡到了孩子学会的第一句话和走出的第一步。妈妈们交流着孩子生命中的里程碑，与此同时，她们也感觉到实验室的氛围发生了微妙的变化。工程师交给她们的分析任务越来越难，她们得到的自由也越来越多。计算部门承担的责任越来越重，她们的工作成果也开始频繁登上出版物，但学术期刊发表的文章很少出现她们的署名。工程师罗杰·伯克（Roger Bourke）觉得这很不公平。他开始想办法帮助这些被性别拖累的优秀同事。虽然她们还没有得到应得的认可，但这些年轻的妈妈们却觉得，她们的工作比以往任何时候都更重要。

凯西正在和罗杰紧密合作，分析水手4号发回地球的海量数据。他们徜徉于JPL的工程学和科学世界中，一步步揭开火星大气的秘密。他们发现，火星大气层的密度只有地球的1%，看起来和地球南北极十分相似的火星极冠其实是冻结的二氧化碳。他们还发现，和金星一样，火星也缺乏强大的磁场。但金星没有磁场是因为它的自转速度太慢，火星没有强磁场却是因为它的行星核是固态的。地核内的液态金属会形成带电粒子的漩涡，但火星没有这样的条件，所以它无法形成致密的大气层，因此很难抵御太阳风的侵袭。

凯西在工作上承担的责任越多——她正在计算火星的电离层和重力效应——她就越是入迷。在下一篇详细介绍水手5号高度控制系统的论文中，罗杰加上了凯西的署名，认可了她的贡献。在标题页上看到"凯瑟琳·L.萨林，工程师"这行小字的时候，凯西惊得倒吸了一口凉气。她从没在自己的名字后面看到过"工程师"这个头衔。

有一天，凯西坐在办公桌前计算水手号数据，就在这时候，她接到了一通歇斯底里的电话。电话是保姆打来的。"你儿子爬到了树上，现在他下不来了。"保姆抽噎着说，"我不知道该怎么办。"凯西也不知道该怎么办。她丈夫工作的地方离那边只有10分钟的路程，也许他可以请假离开一会儿。凯西在电话这头干着急，最后他们终于想起来可以给儿子的朋友打个电话。小男孩帮忙把凯西的儿子哄到了树下，事情总算有惊无险地解决了。但作为一位在外工作的母亲，凯西还是觉得十分内疚。儿子最需要她的时候，她却不能陪在孩子身旁，想到这里，她的心都碎了。

幸运的是，JPL愿意为凯西和其他妈妈做一些妥协。凯西和芭芭拉总是一大早就赶到实验室上班，车声常常吓跑停车场里转悠觅食的野鹿。她们的丈夫负责把孩子送去保姆那边。清晨的办公室十分安静，她们只能听到铅笔划过纸张的沙沙声和隔壁房间里IBM计算机低沉的嗡嗡声。到了下午，她们就会迫不及待地跑回家里，享受宝贵的亲子时光。JPL为她们提供了灵活的工作时间，妈妈们可以早来早走，这样的政策弥足珍贵。这份工作的重点从来就不是朝九晚五枯坐在办公桌前，而是保质保量地完成任务。

女孩们得到了工作和家庭双方面的支持，与此同时，为了支持阿波罗计划，JPL又启动了一个新项目：勘测者计划（Surveyor program）。工程师们开玩笑说，应该在勘测者背后贴个标签："跟我来"，这样阿波罗计划的宇航员就能找准方向。这个任务的目标是制造一艘能在月球上软着陆的飞船，不再像以前那样撞击着陆。既然他们打算把人类送上月球，那就得提前预习温柔的着陆方式。

勘测者看起来就像一个白色的长腿三脚架，顶上装着两块巨大的太阳能电池板。可转向的火箭助推器安装在三脚架上方的飞船尾部，这是一种全新的设计。配合雷达和自动驾驶系统，工程师可以控制飞船大幅减速，从而实现软着陆。太阳能电池板旁边的天线能将两台摄像机拍摄的图片传回地球。虽然徘徊者9号圆满完成了任务，成功地实时直播了月球表面的影像，但要直播勘测者号精妙的着陆过程，JPL的团队还是捏着一把冷汗。1966年5月30日，飞船如期发射。两天半以后，姑娘们看着登陆器缓缓逼近月球。飞船下方的助推器按计划点火，飞船的速度从每小时近6 000英里下降到了3英里。勘测者号轻盈地降落在月球表面。JPL的控制室里，电视网的一位工作人员凑到皮克林耳边说道："噢，顺便说一句，我们正在向全世界直播。"虽然皮克林早就知道勘测者任务会登上直播，但听到对方这样说，他还是觉得非常震撼：这次着陆只能成功，不能失败。一小时后，飞船开始拍摄照片。勘测者任务完成得非常圆满。

但勘测者计划的第二次发射就没这么顺利了。尽管女孩们精心计算了轨道，但在中段校正的时候，一枚火箭没能成功点火。飞船失去了控制。不进反退实在令人困扰，尤其是考虑到阿波罗计划已经箭在弦上，再过几个月，载人飞船就要升空了。

为了给第一次任务做好万全的准备，1967年，阿波罗团队举行了一次演习。圆锥形的阿波罗号指令舱安放在一枚巨大的土星火箭顶端，这枚运载火箭分为两级，它的强大推力足以将宇航员送上月球。模拟发射尽可能地预演了实际的发射条件：所有组件装备就绪，各系统启动运行。三位宇航员——加斯·格里森、埃德·怀特（Ed White）和罗杰·查菲（Roger Chaffee）——穿着白色和银色相间的宇航服走过红色金属桥，钻进指令舱。舱门在他们身后关闭，三位宇航员沉浸在含氧量近100%的舱内空气中。他们平躺在座位上，望着头顶的控制板。

关在指令舱狭小的空间里，测试流程显得格外漫长。差不多五个半小时以后，三位宇航员终于为最后的倒数做好了准备。"发射"前10分钟，倒数暂停，宇航员突然发现通信系统出了点问题，他们需要调整一下。一切看起来都很正常，直到发射掩体里的工作人员突然听到一声大喊："火！驾驶舱着火了！"通信频道里的声音断断续续，工作人员立即冲过去营救指令舱里的宇航员。起初火势蔓延得很慢，但没过多久，火焰就熊熊燃烧起来，火舌甚至冲出了舱门。富氧空气为火焰提供了助力，整个指令舱淹没在火海中。救援来得太晚，三位宇航员英勇殉职。

这次事故险些摧毁了整个阿波罗计划。群情激愤之下，几位NASA官员黯然辞职。有人担心国会可能直接撤销阿波罗计划，尤其是考虑到，国会主持的调查发现，之所以会发生这次事故，部分是因为NASA没有上报阿波罗计划的一些问题。最后，NASA和国会通过调查找到了事故的直接起因：指令舱内意外冒出了一朵火花，起火位置很可能就在格里森的座位附近。由于舱内的富氧环境和大量可燃材料，火势很快失去了控制。令人痛心的是，由于舱门过于笨重，难以快速打开，宇航员根本无法逃生。三位英雄死于窒息，宇航服保护了他们的身体，但缺氧造成的呼吸困难最终夺走了他们的生命。

消息传到JPL以后，芭芭拉和同事们都吓坏了。看到罹难的三位年轻宇航员，她们不由得想到了自己的丈夫，他们都是三四十岁的同龄人，家里还有幼小的孩子。这场悲剧令人心碎。阿波罗计划被紧急叫停，悲观的情绪在全国蔓延，大家开始觉得，登陆月球是否有些操之过急。但在 JPL，这场事故激发的情绪与外界截然相反。大家都憋着一股劲儿，下一次勘测者任务必须一举成功。载人任务亟须鼓励，他们必须让外界看到，着陆过程非常安全。

1967 年 4 月，虽然阿波罗事故的阴影仍未散去，但他们还是在肯尼迪角目送勘测者 3 号飞向天外。飞船按照预定的路线飞向月球，它在月球表面弹跳了两次，最终降落在一座环形山里。和之前的勘测者探测器不一样，这艘飞船配备了一个挖斗。它在月面上挖出一条条浅沟，将尘埃送到摄像机的镜头前面。在二十多万英里外的 JPL 控制室里，为了处理飞船传回的数据，玛姬·贝伦斯加班到了深夜。她把模拟数据流转换成数字信号，探查月球地质成分的质地和强度。

玛姬和 JPL 的团队是数字图片处理领域的先驱。利用 FORTRAN 和后来的 VICAR 语言，他们给 IBM 7094 编制了程序，将摄像机拍摄的每一寸模拟图片转化成一个个像素。这是为了满足 JPL 的需求。如果不做数字化处理，他们只能看到照片上一团团模糊的影子。数字信号能够补偿失真，形成清晰锐利的图像。

勘测者 3 号让人类第一次看清了月球的模样，它也为阿波罗飞船找到了一块理想的着陆场。月球登陆器的成功着陆鼓舞了士气，也重新点燃了美国人对登月的期望。

月球任务的新进展让芭芭拉赞叹不已，与此同时，她自己也享受到了技术进步结出的另一种硕果。坐在办公桌前为行星际任务计算新轨道的时候，芭芭拉的手指轻轻拂过自己的连裤袜。今天她穿的是刚刚面世的尼龙连裤袜。之前的几十年里，和任何一位体面的女性一样，无论是上班还是晚上外出，芭芭拉都得用吊袜带把长袜挂起来，以防脱落。这的确十分痛苦。

吊袜带经常勒进姑娘们的肚子和大腿，穿起来很不舒服。连裤袜大约诞生于 20 世纪 50 年代末，起因是一个名叫埃塞尔·布恩·甘特（Ethel Boone Gant）的女人实在受够了吊袜带。当时埃塞尔和丈夫乘坐过夜火车从纽约返回北卡罗来纳的家乡，埃塞尔告诉丈夫，她不能再陪他出差了。因为她怀孕了，她无法再忍受紧绷的吊袜带，但没有吊袜带她就出不了门。埃塞尔的丈夫小艾伦·甘特（Allen Gant Sr.）开了家纺织公司，他想用自己的专业知识帮助妻子解决烦恼。"不如我们做一条裤子，然后把长袜固定在上面，你觉得怎么样？"连裤袜就这样诞生了。1959 年，这种新型衣物进入了商场货架。20 世纪 60 年代，超短裙变得越来越流行，这种裙子根本盖不住吊袜带；与此同时，新的面料又让连裤袜变得更加舒适方便，在这些因素的共同作用下，连裤袜开始大行其道。

芭芭拉不打算穿超短裙，但这股新时尚的确激起了她的兴趣。她爱上了商店橱窗里美丽的连裤袜，路过的时候，她总是忍不住停下来欣赏一番，这些连裤袜看起来那么纤瘦，而且颜色和款式都很丰富。但她还是不敢买一条穿去上班。

再次看到玛姬，芭芭拉很开心。回到 JPL 之前，玛姬在三年内连生了三个孩子。她找到了一位能在白天帮她看孩子的邻居。除了大谈育儿经以外，年轻妈妈们也经常交流新的时尚。有一天，她们注意到比尔·皮克林的秘书穿的通勤正装下面搭的是长裤。"呃，既然她都能穿，难道我们就不能?"芭芭拉跟玛姬嘀咕。于是她们都买了搭配裤子的通勤装。走进实验室的时候，她们觉得自己很美，但又不由得有些心虚。她们从来不曾在上班的场合穿得这么随便过。

除了尝试新时尚以外，姑娘们还忙着给程序捉虫。计算机术语里的"虫子"指的是代码中的缺陷和问题。托马斯·爱迪生发明了这个术语，后来海军少将格蕾丝·霍普又将它发扬光大。当时格蕾丝在哈佛大学做研究员，1947 年 9 月 9 日晚，哈佛大学马克 II（Mark II）计算机的操作员发现这台机器出了问题。忙乱了一通以后，他们发现有一只蛾子卡在了一块仪表板的中继点之间。他们用胶带把这只虫子贴在了实验室的笔记簿里，还在旁边写了一条注释：我们在计算机里找到的第一只真正的虫子。从此以后，他们常常开玩笑说要给程序捉虫，这个词就这样流行起来。

在 20 世纪 60 年代的 JPL，姑娘们给程序捉虫的主要方式是把问题摊开来讨论。玛姬坐在芭芭拉身边，两个人挨个检查程序里的指令。玛姬会解释每一行代码背后的逻辑。"这条指令是为了分割整数。"她会这样说。她们会详细梳理每一个公式、每一行文本的逻辑。玛姬用语言一步步解释自己的程序，在这个过程中，她往往会自己发现问题。就算她没抓到虫子，坐在一边旁听的芭芭拉也肯定能查漏补缺。

虽然玛姬在工作上得到了同事的鼎力支持，但回到家里，她的婚姻却在一点点撕裂。少女时期的浪漫幻梦渐渐褪色，取而代之的是冷漠和疏离。她和丈夫确实不太般配，两个人怎么相处都很别扭。婚姻越糟糕，她就越需要工作。玛姬知道，如果真的和丈夫离婚，她必须保证自己经济独立，只有 JPL 的工作才能给她底气。

一天下午离开实验室的时候，另一位计算员说的一句话逗得玛姬哈哈大笑："等到咱们回到家里，真正的工作才算开始。"这位同事当然是在开玩笑，但玛姬却觉得她说得太对了。每天从实验室回家以后，她都得匆匆忙忙地做好晚饭，接下来给孩子们洗澡，把他们送上床，最后她还得洗碗洗衣服。直到晚上10 点穿上睡衣，她才感觉到自己从头到脚没有一丝力气。职场妈妈自然辛苦，但和芭芭拉或者海伦不一样的是，玛姬的伴侣完全帮不上忙。她在 19 岁时选定的男人根本不打算帮她干家务活。玛姬叹了口气，思考着自己还能忍受多久。她知道自己必须付出代价。

1968 年 4 月 4 日清晨，阿波罗 6 号飞向了尚未放亮的深蓝色天空。这艘飞船没有搭载宇航员，它的主要目标是测试土星 5号（Saturn V）3 级运载火箭的性能和安全性。这次任务进行得不太顺利：首先，起飞后两分钟，火箭框架就出现了危险的振动。与此同时，月面舱接合器的几块结构板因制造缺陷开始掉落。接下来，第二级火箭的五台发动机里有两台没有点火，第三级火箭更是彻底哑火了。但这艘阿波罗飞船还是飞到了地球上空 13 810 英里的峰值高度。指令舱最终在大西洋里安全地溅落着陆，未来的宇航员就将坐在这个舱室里面。

但他们没有机会庆祝。无人飞船降落 1 小时后，小马丁·路德·金在田纳西的孟菲斯遇刺身亡，举国震惊。芭芭拉、玛姬和她们的团队都无法理解为什么会发生这样的悲剧。地球上的世界似乎正在分崩离析，在这样的时刻，谁也没法集中精力仰望太空。

第十章
最后的太空皇后

　　风从西尔维娅·伦迪的发丝间掠过，挡风玻璃反射着太阳的点点金光。小车沿着公路颠簸前行，西尔维娅露出微笑。夏天她喜欢开车兜风。她不知道前面是哪里，但这样的旅途总能让她忘记所有烦恼。这辆大众甲壳虫的每一次公路旅行都是一次赌博，但这段从新泽西到加州的旅途是一场真正的冒险。这是西尔维娅第一次离开家乡。她转头望向坐在方向盘后的新婚丈夫，温柔地摸了摸他的手。这对新婚夫妇尽情品味着空旷公路带来的自由。有时候他们会离开公路，开上某条泥泞的小径；他们走得越来越远，手里的地图也日渐破旧。有兴致的时候，他们也会去城里拜访亲戚；他们一路西行，毫不在意旅途的辛劳。

　　西尔维娅一直喜欢旅行。从孩提时起，她就渴望离开熟悉的地方。3岁的时候，父母带着她搬到了里约热内卢，几位姐姐还在挣扎着适应当地语言和文化的时候，西尔维娅已经融入了新的生活。西尔维娅的父亲拿过MIT的公共卫生博士学位，现在他为美国政府工作，他的职责是把流行病学和公共卫生知识传授给当地的教育者；她的母亲拿的是教育学学位，不过她也学过很多化学和数学课程。西尔维娅的父亲在马萨诸塞念博士的时候，她的母亲在学校教书养家。搬到巴西以后，母亲一直忙于操持家务。她很重视几个女儿的学业，西尔维娅总让母亲有些担心，因为这个小女孩不太擅长阅读。

他们搬进了伊帕内马一幢靠海的房子。三个年龄相近的姊妹——她们的小名分别叫作贝尔塔、芭比和萨利——一起堆沙堡、玩水。蔚蓝海滨的洁白沙滩美得惊人。虽然温暖的海水总是诱惑着她们，但汹涌的海浪让游泳变得非常危险。海滩上的巨浪气势磅礴，有时候女孩们甚至会做噩梦，梦到自己被浪头卷进海里。

这一家子爱上了巴西，他们常常带着访客在里约市内转悠，爬到驼背山顶去瞻仰那尊著名的救世基督像。西尔维娅的父亲常去巴西各地出差，母亲则带着几个女儿留在首都，女孩们上的都是英语学校。虽然她们的父亲很想调去印度，但 4 年后，他们又搬了一次家，这次是去墨西哥城。漂泊的生活让这对父母愈加重视孩子的教育。西尔维娅也感觉到了父母的殷切期望，未来她应该会追随父亲的脚步，拿到自己的博士学位。为了帮女儿打好基础，每天晚上妈妈都会把西尔维娅留在家里，给她出几道数学谜题。西尔维娅就连睡觉的时候都在琢磨那些数字。

父亲带着全家回到美国的时候，西尔维娅差不多已经 9 岁了。他们搬回了新泽西，但仅仅几周以后，父亲就死于心肌梗死。他的心脏有些衰弱，高海拔的墨西哥城可能又进一步损害了他的心脏。对这个家庭来说，父亲的死无异于灭顶之灾，女孩们都非常思念他。

现在西尔维娅的母亲只得独自支撑这个年轻的家庭。她在道格拉斯学院找了一份院长助理秘书的工作，这所著名的女子学院是罗格斯大学的一部分。除了工作以外，西尔维娅的母亲还得教育三个女儿，她知道，如果自己能保住大学的工作，女儿就可以免费去道格拉斯学院念书。这份额外的补贴促使这个曾经漂泊不定的家庭在新泽西扎下了根。三姐妹成了大学城里"来自伊帕内马的女孩"，她们也和这支流行歌里的女孩一样漂亮可爱。

在道格拉斯学院念书的时候，西尔维娅一直住在家里。她依然不擅长阅读，但她热爱数学。她修读了很多微积分的高级课程。有的课程需要去全是男生的罗格斯大学上课，为了赶上物理课的开课时间，她常常一路小跑追逐公车。西尔维娅上到大学四年级的时候，罗格斯开设了一门新课，学生需要花费一整年时间学习计算。西尔维娅爱上了这门课。她在 IBM 1130 计算机上学习编程，虽然课程内容十分艰深，但她却觉得这门课像游戏一样有趣，也像一张巨大的拼图。西尔维娅的老师德勒格太太是 IBM 的系统工程师，她很擅长启发学生。

在大学里，西尔维娅不仅拿到了学位，还坠入了爱河。她从大学一年级开始和罗格斯大学工程学专业的戴维约会，现在她快要毕业了，结婚似乎是顺理成章的事情。她的姐姐们毕业后很快就结婚了，现在轮到她了。1968 年 6 月，西尔维娅和戴维喜结良缘，婚后他们立即启程前往加州，戴维计划去加州理工继续念工程学。

　　一到加州，西尔维娅马上开始找工作。一位教友告诉她，JPL 有个任务设计部，他建议西尔维娅去申请一下。西尔维娅来面试的那天，海伦·凌不在，所以主持面试的是芭芭拉·鲍尔森。芭芭拉亲切和蔼的态度给西尔维娅留下了深刻的印象，她渴望加入芭芭拉的团队。

　　西尔维娅的数学学位和 FORTRAN 编程经验也让芭芭拉十分满意，她建议海伦雇佣这个女孩。虽然不知为何，JPL 拒绝了西尔维娅的正式申请，但芭芭拉看到了她的价值。他们给她提供了一个职位，西尔维娅正式成为了海伦手下的一名雇员。

　　那一年是 1968 年，女孩们正在加班加点地准备下一次火星任务。水手 6 号和 7 号即将飞越红色星球。计算员们紧张地计算着飞船的轨迹，除此以外，她们还需要给飞船搭载的设备编制程序，让探测器从太空中搜索这颗行星上的地外生命。海伦正在制定应急方案，万一飞船出了问题，他们需要按照这套方案修改航线。她在星图上标出了多条备用航线。我们在地球上习惯使用经纬度来标示位置，但在太空中，海伦用的是天球坐标（celestial coordinate）、赤纬（declination）和赤经（right ascension）。她在一张 11 英寸 × 17 英寸的大表格上绘制航线，虽然这份工作耗费了海伦大量时间，但她希望飞船永远用不上这些东西。

　　玛姬也在加班。她的任务是整合实验室的所有数据，增加 JPL 的飞船与地面之间的信号强度。玛姬的职责之一是发送备忘录，向实验室的各个部门通报她们的进展。这是她第一次直接负责一个项目，看到自己的名字出现在发往整个实验室的任务简报上，她觉得非常骄傲。这个项目也为玛姬赢得了"dB 计数器"的绰号，因为信号强度以分贝为单位，简称"dB"。对于这个新绰号，玛姬一笑置之。总比"泡泡"强点儿，她暗自想道。她需要密切配合飞船装配部门的工作，除此以外，她还得编写程序，把飞船搭载的摄像设备搜集到的信息转化为数字信号，再由图像处理实验室生成照片。玛姬编写的软件运转情况良好，但她的婚姻却走上了末路。

玛姬的婚姻印证了 JPL 那些朋友们的预感：她太聪明了，那位工程师丈夫配不上她。她竭尽全力试图拯救这段婚姻，却于事无补。刚刚离婚的时候，玛姬感觉十分孤独，除此以外，她还担心四个孩子。虽然玛姬觉得自己好像是全世界唯一一个离婚的人，但实际上，在那段时间里，美国的离婚率暴涨了近50%。1969 年，加州通过了《家庭法》(Family Law Act)，无责任离婚就此成为可能。这一幕不光出现在加州——美国各州相继出台法案，允许伴侣以"无法调和的差异"为由提出离婚，这无疑让那些为婚姻所困的女性看到了希望。虽然玛姬黯然神伤，但她并不后悔自己的决定，她想道，至少我还有孩子和工作。

与此同时，苏·芬利没有任何想法。她似乎已经失去了思考的能力。过去 6 年来，她一直待在家里照顾两个儿子。虽然她深爱这两个小男孩，但她觉得自己快被逼疯了。她仍在挣扎着维持正常的生活，但恐惧和焦虑让她不堪重负。她开始去看心理医生。医生耐心聆听了她的倾诉，然后给她开了一张不同寻常的药方：他告诉苏，你不需要临床治疗，你需要的是重新开始工作。"这样对孩子更好。"他解释说。苏点点头。她已经做好了重出江湖的准备。拥有一份热爱的工作、做自己擅长的事情，这让她感觉强大，生活也有了目标。她的确热爱母亲这个头衔，但与此同时，她很怀念工作带来的感觉。

　　苏离开的这 6 年里，实验室变化很大。为了做好充分的准备，她花了几个月时间研读手册，试图跟上计算机编程语言发展的潮流。FORTRAN 66 已经成为行业标准。所有新的 IBM 计算机都可以使用同一种语言，计算员不必再为每一台机器单独编程，这在历史上还是第一次。沉浸在新技术的世界里，苏觉得那种快要被逼疯的感觉离她越来越远。苏回到了 JPL 和朋友们身边，离开孩子带来的内疚感似乎并不强烈，她对此深怀感激。心理医生告诉她，这是为了治病，实验室的很多职场妈妈都受益于此。需要支持的时候，她就去找海伦、芭芭拉或者刚刚回到 JPL 的玛丽琳·吉尔克里斯特。

　　在苏重返职场并且努力找回理智的时候，人类即将登上月球。1969 年 7 月 20 日，尼尔·阿姆斯特朗（Neil Armstrong）和巴兹·奥尔德林（Buzz Aldrin）成了第一批踏上地外天体的人类。这项创造历史的任务凝结着计算员的无数心血。首先，她们为载人登月火箭打下了坚实的基础。土星 5 号是一枚分级火箭，JPL 的 2 级火箭减震器 WAC 是这项技术的鼻祖，如果没有女孩们的计算，它根本不可能飞上天空。土星 5 号的技术直接源于发射探险者卫星的运载火箭，这枚火箭也是在计算员的协助下设计改进的。阿波罗任务的火箭用的是一种无须点火的特殊推进剂，计算员们早在为下士火箭调配液态推进剂的时候就帮助工程师研发出了这种全新的自燃燃料。当然，不久前发射的徘徊者和勘测者飞船为阿波罗任务找到了合适的登陆场，这里面也少不了计算员的功劳。尼尔·阿姆斯特朗站在月面上向全世界宣布："这是我的一小步，却是人类的一大步。"他的声音通过加州和澳大利亚的信号跟踪站传回地球，这两座天线是深空网络的一部分，计算员们也曾为这个项目投入大量心力。阿波罗 11 号是上千个成功凝结而成的辉煌顶点，每一个成功都离不开前人的努力。

和成百上千万美国人一样，看着人类在月球上迈出第一步，JPL 的姑娘们既敬佩又好奇。但这些谦逊的女孩并不认为登月的壮举和自己的工作有多大关系。她们沉浸在这庄严的时刻中，紧盯模糊的电视图像，不敢相信自己的眼睛。

9 天后，她们又将目光投向了火星。水手 6 号即将抵达红色星球，JPL 称之为"邂逅行星"（planetary encounter）。玛姬在控制室里紧张地等待。她们即将第一次看到来自另一颗行星的实时影像，这都多亏了她协助编程的高分辨率遥感系统。飞船采集的数据源源不断地流入戈尔德斯通的巨型天线，现在水手 6 号距离火星地面只有 2 000 英里，但离地球却有 4 000 多万英里。夜已经深了，但玛姬毫无倦意。看着屏幕上的实时照片，玛姬非常兴奋。每张图片都揭示了大量新的细节。类似地球南北极的火星极冠一片雪白，看起来和地球相差无几。飞船离火星越来越近，摄像机拍到了一片奇怪的地形，科学家称之为"混沌地形"（chaos terrain）。这片地形里既有环形山密布的沙漠，也有坍塌的古怪山脊，还有许多神秘的同心圆，看起来就像巨大的牛眼。

JPL 得到的火星数据超越了任何人的认知。摄像机忙着捕捉外星地貌的时候，分光光度计和辐射计开始分析火星大气。新的科学设备告诉我们，虽然这颗环形山密布的行星从表面上看很像月球，但实际上却大不相同。这次任务彻底粉碎了人类在火星上找到复杂生命的希望。那里的温度冷得能冻死人，大气氧含量极低，而且没有任何植物。水手 6 号看到的是一颗大气层极其稀薄的古老行星。

一些科学家曾把火星上的季节性尘暴误认成春天复苏的植被，现在深受打击的不仅是他们，还有整个流行文化。H.G. 威尔斯（H.G.Wells）曾在《世界大战》中写道："在火星的植物王国里，你看不到多少绿色，扑面而来的是一片猩红。"但事实却证明，这不过是科幻作家的狂想。很多著名的电影和书籍都描述过火星上迷人而可怕的外星人，例如《火星人入侵记》《火星入侵之日》和雷·布雷德伯里的《火星编年史》，现在我们发现，这些生物根本就不可能存在。

但寻找另一个宜居世界的梦想不会这么轻易地破碎。我们仍有机会在那颗行星上的某个地方找到简单的生命形式。现在我们知道，地球上有一些细菌喜欢极端的生活环境，比如说火山口或者南极的冰川，那么其他星球也有可能存在类似的生命。问题在于，要找到这样的生命，JPL 必须再靠近一点，从这颗行星上挖掘采集样品进行分析。这样的探索方式比单纯的飞越复杂得多。寻找火星生命，寻找人类在宇宙中的同行者，这样的愿望很快成了人类接下来数十年里萦绕不绝的执念。

西尔维娅没有太多时间欣赏火星之美。她正在上夜校，每天她都忙忙碌碌地穿梭于工作、学校和家庭之间。JPL 的所有人都鼓励她去念工程学硕士学位，尤其是海伦。西尔维娅每周要上两次课，每次三个小时。她喜欢老师布置的功课，很多老师都是 JPL 的工程师，这也让她十分欣喜。不上课的夜晚，她总是忙着写家庭作业。这很不容易。她和戴维住的是一间带家具的小公寓，逼仄的公寓只有一个卧室，既没有洗碗机也没有其他便利设施。不过小房子也有好处，至少打扫起来比较省力。但其他家务琐事 —— 购物、做饭，诸如此类 —— 让西尔维娅不堪重负。戴维在加州理工的功课也很繁重，他没有时间处理这些事情。压力这么大，问题似乎在所难免。

虽然在西尔维娅加入 JPL 的年代，IBM 的计算机已经大行其道，但实验室里的姑娘们依然习惯于手工标注，她们会算出每艘飞船的轨迹，然后把它画到笔记簿里。西尔维娅从没做过这样的工作，她握着自动铅笔艰难书写的时候，有的姑娘总是喜欢笑她。纸张很薄，所以西尔维娅特别不愿意犯错。橡皮会在纸上擦出小洞，这无疑是在提醒西尔维娅，她还需要进一步的练习。

除了在纸上计算以外，西尔维娅还得编写程序，她参与的这个计划注定会成为 JPL 历史上最具野心的项目，它被命名为壮游计划（the Grand Tour）。20 世纪 70 年代末，太阳系的行星将排列成 176 年一遇的特殊形状，壮游计划决心抓住这个难得的机遇。在特定的时间段里，几颗带外行星会靠得很近，飞往海王星的 30 年漫长旅程也将因此缩短到 13 年。JPL 计划向带外行星（木星、土星、天王星、海王星和冥王星）发射两颗探测器。壮游计划的核心是一种名叫重力助推（gravity assist）的机动方式，飞船将借助行星引力掠过浩渺的空间，这就像一场太阳系尺度的跳蛙游戏，但此前从未有任何任务真正实现过重力助推。

迪克·华莱士（就是那个给大家发花生的工程师）向西尔维娅解释了重力助推的概念。"这就像一个巨大的引力弹弓。"他说。飞船从行星附近掠过的时候可以借助行星的引力完成加速。由于这颗行星还在绕太阳公转，所以飞船也可以借用它的一部分轨道角动量。如果我们能给飞船设计一条合适的轨迹，它就会绕着行星划出一条弧线，同时完成加速。要是计划得当，JPL 的探测器可以挨个飞越整个太阳系的所有行星。重力助推和行星即将形成的特殊排列可以大幅减少壮游计划需要的燃料，从而显著降低任务费用。JPL 向 NASA 递交提案的时候重点强调了这个计划节省预算的优势。

1969 年 11 月，阿波罗 12 号抵达了月球。飞船离月球表面越来越近，查尔斯·"皮特"·康拉德（Charles "Pete" Conrad）和艾伦·L. 宾（Alan L. Bean）透过舱窗向外张望。登陆器转了个大弯，皮特简直不敢相信自己的眼睛。出现在他眼前的是勘测者 3 号，这艘飞船早在两年前就完成了任务。两位宇航员捡拾了这艘自动飞船的碎片，虽然随着时间的流逝，勘测者 3 号已经渐渐被人遗忘，但它的成功为人类登上月球铺平了道路。康拉德和宾严格按照自己在 JPL 学习过的方法，把捡拾到的飞船碎片包起来放到了自己的飞船上。勘测者3号是唯一一颗有幸回家的月球探测器。

20世纪60年代即将终结，白宫也迎来了一位新总统。计算员们十分清楚，理查德·尼克松其实并不看重NASA的科学价值，在他眼里，这个机构不过是政治党争的一颗棋子——它是肯尼迪留下的遗产。事实证明了他们的猜测，尼克松上台后很快就关闭了NASA在剑桥和马萨诸塞的实验室，同时削减了航天局的预算。壮游计划就此夭折。

JPL不愿放弃探索太阳系，他们绝不会白白错过这次行星排列的机会。壮游计划被取消以后的一个周末，几位工程师秘密见了一面。他们想出了一个以极低的预算实现壮游计划的方案。西尔维娅负责编程。之前JPL提交的方案需要两颗探测器，它们会分别飞往太阳系外层的不同行星；但是现在，他们决定只设计一艘飞船，让它依次飞越所有行星，完成前所未有的壮举。那个周末，几位工程师一直工作到了凌晨，他们齐心协力计算轨道、规划编程。

最大的挑战是如何飞越土星。要获得足够让飞船顺利抵达其他带外行星的动量，他们必须算出最完美的轨迹。西尔维娅开始编写一套名叫"post-E"的程序，这个名字的意思是"邂逅之后"。最后他们终于完成了方案。星期一上午，西尔维娅感觉到了成功带来的战栗。他们的计划野心勃勃，但的确可行，而且还能大幅降低费用。现在，她的老板罗杰·伯克正在向NASA管理层提交这个方案。西尔维娅交叉手指，祈祷会议进展顺利。她想继续推进这个项目。

西尔维娅为飞船规划太阳系壮游的时候，她在地球上的婚姻却摇摇欲坠。为了逃避失败的家庭生活，她和玛姬一样全身心投入了工作，探索宇宙秘密的挑战给了她不少慰藉。工作缓冲了她和丈夫频繁冗长的争吵。他们还没有孩子，如果她决心离开，现在就是最好的时机。西尔维娅知道，对现在的她来说，工作和婚姻不能两全。在实验室里加班到深夜的时候，她常常想到戴维，他成天都待在几英里外的加州理工校园里。两个人住在同一个屋檐下共同生活，但他们对彼此的了解却那么少，西尔维娅觉得这真是奇怪极了。她突然看清了自己的感觉——她必须离开他。

西尔维娅和玛姬的婚姻走向了终点，同时终结的还有 JPL 的一项传统。实验室举行了最后一届太空皇后选美大赛。比赛的赛程和舞会仿佛属于另一个年代。哪怕对芭芭拉这个参加过导弹小姐大赛的元老来说，这项比赛也已经过时了。最后一位优胜者戴上桂冠的时候，性别平等的抗议浪潮正在席卷这个国家。

1970 年，美国宪法第十九修正案（*Nineteenth Amendment*）迎来了 50 岁生日，这项法案将投票权赋予了女性。为了表示庆祝，全国妇女组织（National Organization of Women）发起了妇女平等罢工（Women's Strike for Equality）。40 个州的女性参加了这次活动，两万人涌上纽约街头，在第五大道上昂首阔步地游行。她们手中举着五花八门的标语："我们是 51% 的少数派""家庭妇女等于奴工"。迫于压力，国会通过了平等权利修正案（*Equal Rights Amendment*），这项法案从根本上保证了女性的平等权利。角色的变化来得太快，就连很多妇女都被搞得晕头转向。一位旁观了抗议活动的女性房地产中介告诉《时代周刊》的记者："我真不明白这些女人在想什么。我喜欢打扮得漂漂亮亮的，也喜欢吸引男人的目光。"变化的确引来了不少困惑，但妇女解放的影响很快扩散到了全国，甚至传到了 JPL 的办公室里。

　　JPL 女雇员的头衔正在发生变化。从实验室建立之初，女孩们的职位就是计算员，现在她们正式成为了工程师。这是一个不亚于人类登陆月球的突破。这么多年来，计算员的工作变得越来越重要，如今她们终于得到了足以匹配资历的头衔。对海伦、芭芭拉和玛姬这样的资深员工来说，这个头衔的价值远胜于任何选美大赛的桂冠。

　　新晋工程师玛姬正在为水手 10 号任务工作，这颗探测器将造访水星和金星。水星是太阳系里最小的行星，飞船必须穿过金星背后才能抵达水星。问题在于，飞船飞到金星背后的时候，工程师根本探测不到它的信号，自然也无法纠正它的航向。玛姬必须想办法解决这个麻烦。最后她做了个方案，只要飞船始终面向地球，它发出的无线电信号就能绕过金星传回家乡。她细心计算了飞船和地球上接收天线的位置。在团队的帮助下，她还设计了一条能借用金星引力的航线。直接坠向太阳相对比较容易，但要想造访水星，你坠落的速度就不能太快。金星的引力可以帮助飞船减速，让它绕着那颗离太阳最近的行星运行。水手 10 号将成为第一艘实现重力助推的太空飞船。项目遇到困难的时候，玛姬还是一如既往地去找其他女孩帮忙。朋友的支持让她感觉分外安心。利用 DSN 提供的便利，她为水手 10 号规划了一条可行的航线，这艘飞船将成为第一颗拜访水星的探测器。

西尔维娅也是项目组的一员，她把飞船的轨迹做成了电脑动画。这些动画能帮助其他同事规划飞行路线。离开水星轨道以后，飞船又该去哪儿？一位前来拜访的意大利工程师朱塞佩·科伦坡（Giuseppe Columbo）出乎意料地给出了答案。1970 年，JPL 举行了一场以水手 10 号为主题的讨论会，科伦坡在会上提出，他们或许可以设法让飞船第二次邂逅水星。经过一番计算，西尔维娅和其他工程师发现，科伦坡的提议的确可行，他们算出了一条航线，能让水手号再次飞越金星，这样一来，探测器就可以拍摄更多照片了。

1973 年 11 月 3 号，玛姬和西尔维娅目送水手 10 号从肯尼迪角腾空而起，它的任务是研究水星的大气层和表面。她们要等到几个月后才能知道这次的方案是否可行。

与此同时，海伦也在执行自己的计划。虽然她和其他女员工都当上了工程师，但这只是特例，任务设计部的新员工必须拥有工程学学位。当时大学的工程系刚刚开始招收女学生——加州理工直到 1970 年才迈出了这一步——虽然学校的大门已经敞开，但能迈过这道门槛的女性却寥寥无几。那一年，整个美国的工程学学位获得者中，女性的比例还不到 1%。在这样的环境下，能满足 JPL 新要求的女性寥若晨星。海伦喜欢教导团队里的姑娘，她也想为 JPL 引进更多的女员工，于是她想了个简单的办法。她决定寻找一批聪明的姑娘，招她们来当程序员，借此帮助她们迈过这道门槛。然后她会鼓励这些女孩去进修工程学学位。女孩们去上夜校的时候，她会引领她们融入 JPL 的体系。聪颖的天资加上耐心的教导，新一代的女工程师即将出现在这间实验室里。

一个阳光灿烂的夏日午后，JPL 的十多个女雇员带着家人一起去马里布海滩野餐。她们躺在毯子和沙滩椅上，任由海风拨弄头发。她们从袋子和篮子里取出饮料、三明治和水果。温暖的阳光仿佛来自天堂。女孩们穿着泳衣奔跑嬉戏，有人还穿着最近特别流行的比基尼，她们小心翼翼地伸出脚趾试探海水的温度，然后尖叫着跑回温暖的沙滩。感受着太阳的温度和海水的冰凉，女孩们焕发出了无穷的生机。

这次野餐是为了庆祝她们获得的成就。全国各地的抗议者还在为女性争取平等的权利，JPL 的姑娘们已经为自己争来了平等。女孩们把这间实验室塑造成了自己喜欢的模样，创造了一个欢迎女性的环境，在这里，她们的工作和贡献都能和男同事一样得到认可。

晶体管收音机（它用的技术和 IBM 计算机一样）正在播放披头士，搽了婴儿油的姑娘们尽情享受着加州的阳光。她们举起杯子互相致意，为最新的飞船干杯。"敬水手号，"她们高喊，"敬壮游。"她们的飞船在数百万英里外翱翔，而在地球上，在这座名叫帕萨迪纳的小镇里，她们也正在开拓新领域。但前面还有新的边疆。太阳系就在那里，等待着她们去探索，现在她们要做的就是说服 NASA。

卷四

20 世纪 70 年代至今

 芭芭拉·鲍尔森

 海伦·凌

 苏珊·芬利

 西尔维娅·米勒

第十一章
男人来自火星

　　圣诞时节的芭芭拉·鲍尔森就像一阵飓风：你要么别挡她的道，要么被她横扫出去。虽然地上没有一丝积雪的痕迹：12月的热浪正席卷加州，但她一点也不在乎。她营造的节日氛围感染了周围的每一个人。芭芭拉忙忙碌碌地装饰房间，送来饼干，确保所有人都做好了交换礼物的准备。礼物上不能写名字，但你可以写一首诗，以便隐晦地告诉大家这份礼物的主人和接受者分别是谁。这项传统每年都会招来不少抱怨，但很多女孩乐此不疲，尤其是苏·芬利和芭芭拉，所以大家还是坚持了下来。

　　芭芭拉在办公室里忙得脚不沾地的时候，西尔维娅·伦迪的老板迪克·华莱士拎着一大卷铁丝网走进了房间。"你这是要干吗？"芭芭拉问道。"你就等着瞧吧。"迪克回答。他亲自动手，把柔韧的细铁丝网做成了一个和天花板一样高的巨型圆锥。迪克经常给姑娘们带点小礼物，除了发射时的花生，还有别的很多东西。春天办公室里常常洋溢着山茶花的芬芳，那是迪克从自家庭院里摘来的；到了冬天，他会和大家一起装饰房间，庆祝节日。"好啦，这是送给你们的圣诞树。"说话的时候，他的脸上露出了灿烂的笑容。女孩们笑闹着簇拥过来，欣赏迪克的杰作。她们弄来了一大沓绿色的彩纸，把它一条条挂在铁丝网的孔隙里，然后又在圣诞树上挂满了彩灯。她们还做了很多温馨的装饰品，用的全是实验室里的边角余料。圣诞树有趣的形状和古怪的装饰逗得姑娘们咯咯直笑。一位名叫保罗·穆勒的工程师探头看了一眼，然后咕哝道："高度可燃啊。"他的身影刚刚从门口消失，房间里立即爆发出一阵大笑。只要能让穆勒看不顺眼，她们的辛苦就算没有白费。

穆勒特别喜欢抱怨。他尤其不满的是女孩们总霸占着柯拉（那台 IBM 1620）。现在计算机程序的效率终于超过了手工计算，柯拉的时间也变得宝贵起来。然而对穆勒来说不幸的是，任务设计部的姑娘们拥有优先使用柯拉的权利，因为实验室里90%的编程工作都由她们负责。在计算机编程的技术领域里，男人们还是新手，他们被女同事远远地甩在了后面。

JPL 忙于学习新技术的时候，人们开始对阿波罗任务习以为常。1970年4月10日，披头士乐队解散的消息震惊了全世界，相形之下，第二天即将发射的阿波罗任务显得暗淡无光。虽然阿波罗13号的升空没有得到多少关注，但发射过程十分顺利。然而才过了两天，飞船上的一个氧气罐就在离地球20万英里的地方发生了爆炸。宇航员吉姆·洛弗尔（Jim Lovell）报告说："休斯敦，我们有麻烦了。"这一事件立即引发了全世界的关注。

在休斯敦的任务控制室里，NASA 的飞行控制员当机立断放弃了登月计划，登月舱也随之变成了救生艇。虽然载人任务基本和 JPL 无关，但眼前的危机仍让整个实验室陷入了停滞。女孩们都在焦急地等待，她们盼望着听到三位宇航员在太平洋里安全溅落着陆的好消息。4 月 17 日，登月舱拖着醒目的橙白条纹降落伞一头扎进大海，他们真的做到了！帕萨迪纳的实验室里爆发出一阵欢呼，人们激动地互相拥抱。随着三位宇航员安全返航，这次"成功的失败"为 NASA 重新赢得了公众的注意力，虽然这样的注意力他们不一定想要。这次事故改变了大众对载人太空探索任务的看法，人们终于回过神来：原来阿波罗任务这么危险。

芭芭拉一边回味宇航员的英勇壮举，一边走向 180 号楼。这幢大楼是 JPL 最高的建筑物，顶层的 9 楼是实验室主任比尔·皮克林的办公室，芭芭拉和同事的办公室在 3 楼。虽然姑娘们得到了前所未有的提拔，但这并未彻底抹去 JPL 男女员工之间的鸿沟——这道鸿沟不仅仅存在于经济层面（虽然男人的确赚得更多），也同样体现在物理层面上。跟她们合作的大部分男性工程师的办公室都在 230 号楼。虽然双方每天都会见面，一起讨论问题，一起吃午饭，不过想在两栋办公楼之间传递数据，他们还得依靠信使。女孩们对这些信件动起了小心思。就像在课堂上传纸条的孩子一样，JPL 的男女员工开始利用往来的公函无伤大雅地眉来眼去。

其实女孩们主要是为了好玩，她们并不想约会哪位同事。然而玛姬的暧昧却逐渐变得认真起来。虽然其他女孩都对此大摇其头，但工程师德里·李·布隆俘获了她的芳心。她没有忘记第一段失败的婚姻，她的那位前夫也曾是 JPL 的工程师，但是现在，她决定再试一次。

　　玛姬脑子里想的当然不只是男人，她一直惦记着火星。1974年2月初，水手10号飞越金星，探测器按计划绕着这颗行星划出了一道弧线。靠近金星以后，飞船开始向地球发送特写照片。玛姬担心飞船可能失去信号，然后再也联系不上。不过事实打消了她的忧虑，离开云雾缭绕的金星以后，水手10号经过一个月的跋涉，最终如期飞越了水星。人类第一次看到了这颗微型行星的真面目。环形山密布的地表一片死寂，这颗星球完全没有传统意义上的大气。飞船上的设备确认了水星拥有一个富含铁质的致密核心，更让人惊讶的是，他们还探测到了磁场。科学家曾经认为水星的个头太小，根本无法产生磁场。他们把水手10号拍摄的18张照片拼到一起，形成了一张水星地表的清晰图片。在这幅巨型拼图上，黑白分明的背景映衬着层层叠叠的环形山，水星看起来伤痕累累，饱经沧桑。由于缺乏大气层的保护，这颗行星只能被动地承受流星之类大块碎片的撞击。不过玛姬觉得这幅画面很美。虽然水手10号最终耗尽了燃料，无线电发射器只能被迫关闭，这艘飞船也永远停留在了绕日轨道上，但玛姬从来就没有这么自豪过。

　　水手10号向JPL证明了他们的确可以利用某颗行星的引力，像发射弹弓一样将飞船送往另一颗行星。在壮游计划的推进过程中，这是一块重要的里程碑。虽然这个计划去年已经被取消了，但西尔维娅和同事的努力让它浴火重生，只是预算降到了原来的1/4。现在这个任务被更名为水手木星－土星77（Mariner-Jupiter-Saturn 77），简称MJS 77。有限的预算并未降低他们对这个任务的期许。虽然从官方层面来说，MJS 77 的目标是邂逅土星，但任务团队绝不会满足于这段缩水的旅途。他们想探索整个太阳系，所以他们拿定了主意，要尽可能地让飞船走得远一点。为了达成这个目标，他们需要西尔维娅进一步完善 post-E，飞船邂逅火星以后，这套程序将指引飞船继续前行，飞往天王星和海王星。编写程序真的很好玩，西尔维娅甚至不觉得这是在工作。每天早上走进实验室，她都会迫不及待地立即开始编程。

飞船将沿着他们设计的轨道在行星之间跳一曲华尔兹。首先它会绕着个头最大的舞伴木星转上半圈，从木星的众多卫星之间穿过，然后奔向下一位舞伴土星。借助土星的力量，飞船继续前往天王星，最后直奔海王星。最可怜的是小冥王星，她就像舞会上无人邀请的壁花，由于距离实在太远，这场盛会根本没有她的份儿。西尔维娅的程序确保了飞船轨迹正好能赶上行星的运行路径，这样他们就能节省大量燃料，纯粹依靠一颗行星的引力场飞往下一颗行星。这曲优雅舞步中的每一个动作都是工程师精心设计出来的。

虽然计算机程序可以算出完美的轨道，但成功的飞行还是离不开人类的操作。JPL 任务控制室里的飞行技术员需要在航程的特定节点通过深空网络向飞船发送控制信号。由于飞船需要进行这样的中段校正，所以它必须携带助推器所需的燃料。飞船所需的电力由钚-238 电池提供，除此以外，其他所有苦力活儿都由重力助推来完成。1972 年，JPL 的团队公布了这条大胆的航线，明确了 MJS 77 任务的目标。西尔维娅不敢相信，他们的计划就这么白纸黑字地定了下来。这篇文章的标题叫作《水手木星／土星1977：任务框架》，它的篇首和结语都引用了阿瑟·C.克拉克著作《2001：太空漫游》中的名言，这彰示了本次任务远大的目标。但真正让西尔维娅感到激动的是，她看到自己的名字出现在作者名录里。这是她发表的第一篇文章，文中提及的航线是她和整个团队不辞辛劳精心计算出来的，她对此感到无比自豪。除了作者名录以外，他们还刊登了一张团队照片。5位共同作者里面，一身白衣笑容灿烂的西尔维娅是唯一的女性。

西尔维娅为MJS 77规划路线的时候，海伦正在凝视自己的家园。她手中捏着一张从太空中拍摄的地球照片。1972年，阿波罗17号飞船执行了最后一次载人登月任务，这张名叫《蓝色大理石》的著名照片就是那时候拍的。

虽然阿波罗计划获得了空前的成功，但公众一直不太支持这个项目。阿波罗11号升空后不久举行的一次民意调查显示，整个20世纪60年代，大部分美国人都觉得载人登月任务耗资巨大，得不偿失。1965年，只有39%的美国人认为，美国应该不计成本、不惜代价，争取成为第一个登月的国家。现在，成功的光环渐渐淡去，公众的支持愈发低迷。人们觉得阿波罗计划过于昂贵，毫无必要，尤其是考虑到，正在进行的越南战争已经让这个国家债务缠身。1970年，NASA的预算削减了17%，要知道，他们刚刚帮助美国赢得了太空竞赛，这真是一份奇怪的奖赏。第二年，阿波罗14号刚刚发射，200名非裔美国人抗议者就在肯尼迪角举行了一场"反月球岩石游行"（March Against Moon Rocks）。游行队伍的一位领头人何西阿·威廉姆斯引用了佐治亚《罗马新闻论坛报》（*Rome News Tribune*）上的话："我们之所以发起抗议，是因为我们的国家不能把人道放在第一位。"很多人也有同样的感受，尤其是在阿波罗 13 号发生事故以后。

NASA 内部普遍期待，登月计划能撑到阿波罗 20 号任务，但这样的希望很快就变得渺茫起来。阿波罗 15 号首次在月球上停留 3 天，宇航员还驾驶月面车行驶了一段距离，但在这次任务成功以后，尼克松总统开始考虑彻底砍掉阿波罗计划。他担心再次发生阿波罗 13 号那样的事故，这无疑会影响他在 1972 年的连任竞选。在 NASA 的极力游说下，他勉强同意了他们继续推进阿波罗 16 号和 17 号任务。但局面十分清晰，登月计划到此为止。整个阿波罗计划合计完成了 6 次载人登月任务，将 12 位宇航员送上了月球表面。尽管它获得了这么辉煌的成功，但 1979 年的一次调查显示，只有 41% 的美国人认为阿波罗计划物有所值。是时候向前看了。

随着阿波罗计划的结束，尼克松政府开始重新考虑 NASA 的未来。将昂贵的火箭送上天空，让它一去不返，这显然很不经济。有鉴于此，太空任务组提出了一个野心勃勃的计划，其中包括航天飞机、空间站、载人月球任务和火星任务。这个过于庞大的计划完全不属于这个年代，除非 NASA 继续扩张，否则它根本无法承载这样的野心。不过航天飞机的想法很对尼克松的胃口。和空间站或者载人任务不一样，航天飞机看起来相当实用。这标志着美国航天关注的焦点正在从太空探索转向实际应用。如果能制造出可重复使用的火箭，再加上一条不超过近地轨道的航线，太空旅行就有可能成为人人都负担得起的东西。这样的理念最初来自沃纳·冯·布劳恩，早在20世纪50年代，他就提出了类似的想法，人们称之为"冯·布劳恩范式"（von Braun paradigm）。奇怪的是，冯·布劳恩的这个想法源自他在"二战"中的工作。他在纳粹的美洲轰炸机计划（Amerika Bomber）中首次设计了航天飞机，这种长着翅膀的火箭能升上亚轨道高空，向纽约投掷炸弹。

虽然这个故事的开篇有些不可思议，但白宫重新审视了太空任务组的提案。既然预算缩水了一大截，性价比高的项目自然更受重视。尼克松批准的第一个项目是天空实验室（Skylab），作为美国的第一个空间站，它拥有双重优势：首先，它相对比较便宜；其次，它的研发已经完成。天空实验室来自NASA的阿波罗应用计划（Apollo Applications Program），这个计划旨在利用阿波罗任务的剩余硬件开展新项目。天空实验室实际上是从阿波罗计划还没来得及使用的一枚土星火箭第三级上切割出来的，它既能充当工作站，又能完成观测太阳的任务。1973年，天空实验室发射升空。这次任务的地面支持由亨茨维尔的马歇尔太空飞行中心负责，这里曾是冯·布劳恩的大本营。不过现在，这位退休的火箭科学家已经离开了亚拉巴马。时年61岁的冯·布劳恩正在和癌症搏斗。

这是NASA的第一次太空维生实验，一个宇航员小组准备在空间站里生活84天。但太空实验室并不是人类从地球上发射

冯·布劳恩的美洲轰炸机，绘制于 1947 年（《大众机械》）

的第一个空间站。两年前，苏联抢先拔得头筹，但那个被命名为礼炮 1 号（Salyut 1）的任务最后演变成了悲剧。1971 年 6 月，在太空中创造了 23 天的生存纪录以后，三位苏联宇航员乘坐再入舱返回地球。到达地面时，这艘联盟 11 号（Soyuz 11）飞船看起来毫无损伤，所以当回收团队打开舱门发现三位宇航员已经死亡的时候，所有人都惊呆了。后来他们发现，飞船上的一个均压阀提前打开了，舱内空气急速泄漏，高尔基·多布罗沃尔斯基（Georgi Dobrovolski）、弗拉迪斯拉夫·沃尔科夫（Vladislav Volkov）和维克托·帕特萨耶夫（Viktor Patsayev）暴露在太空的真空环境中，他们也因此成为第一批（目前也是唯一的一批）死在大气层外的人。

虽然这是一次机械故障引起的不幸事故，但苏联在确认宇航员死因时十分谨慎。他们只是简单地宣布此次事件"正在调查"，除此以外没有任何细节。当时天空实验室正准备发射，NASA 担心长时间待在太空中可能危害宇航员的生命。他们无法确认太空环境是否安全。直到两年后，苏联才向西方世界公布了联盟 11 号事故的原因。

除了天空实验室以外，美国的政客觉得航天飞机也很有性价比。可重复使用的"太空巴士"能搭载宇航员和设备安全地往返太空。私营承包商提供的设计方案源源不断地涌来，1972年，尼克松选定了最后的优胜者。讨论项目的过程中，费用成了最关键的因素，安全反而退居其次。这份价值26亿美元的天价合同被加州的北美洛克威尔公司（North American Rockwell）收入囊中，民主党全国委员会主席吉恩·韦斯特伍德（Jean Westwood）谴责说，这个决定是"蓄意拿美国纳税人的钱给（尼克松）自己的预选铺路"。大量涌现的工作机会肯定能提高尼克松拿下金州[1]55张选举人票的概率，而且洛克威尔公司是报价最低的投标者，这无异于锦上添花。

NASA给航天飞机定了个相当匆促的发射日期：1978年。这种新的航天器由轨道器、火箭助推器和巨大的燃料箱组成，其中轨道器位于燃料箱上方。它的发射方式和火箭差不多，不过等到燃料箱成功分离以后，轨道器可以滑翔返回地球。这个眼熟的设计其实和飞机差不多，人们希望有朝一日，乘坐航天飞机的宇航员能像商业航班的乘客一样轻松舒适地登上太空。航天飞机升空后，火箭助推器将从机身上分离并坠入大海，它的残骸由一艘船舶负责回收。从另一方面来说，分离后的燃料箱将在大气中解体。

天空实验室和航天飞机计划得到了政府的批准，与此同时，其他项目还在挣扎求生。1973年，尼克松取消了在地球轨道上部署大型望远镜的项目。这台设备就是后来的哈勃太空望远镜

1　Golden State，加州的别称。——译者注

（Hubble Space Telescope），当时它还处于研发阶段，NASA 原本想用航天飞机将它送上太空。天文学家一直梦想拥有一台不受地球大气层干扰的望远镜，有了这样的设备，他们就能为远方晦暗的天体拍下前所未有的清晰照片。虽然哈勃计划还在筹备阶段，离拍照那一步还远得很，但这个项目的取消激起了强烈的反响。天文学家和天文爱好者发起了大规模的游说活动，政府最终收回了成命。望远镜将由马歇尔太空飞行中心完成组装，其他科学设备的研发交给了戈达德太空飞行中心。

虽然 NASA 提案的项目正在构筑太空探索的新纪元，但预算高昂的航天飞机不可避免地吸引了所有人的视线。JPL 的很多人将航天飞机视为竞争者。他们知道，NASA 的预算正在萎缩，航天飞机花掉的每一块钱都是从他们的太阳系探索项目里挤出来的。资金如此紧张，工程师担心他们的壮游可能搁浅。

虽然 JPL 专注于探索行星，但他们的实验室里挂满了地球的蓝色大理石照片。那颗发光的蓝色球体悬浮在黑色的背景里，非洲大陆和南极冰冠在洁白的云层下清晰可见。这张熟悉的照片也让人们开始意识到，我们这颗星球是多么脆弱。1970 年，美国人发起了第一届世界地球日活动，从太空中拍摄的地球照片激发了公众对环境问题的关注。海伦凝视着这张照片，覆盖地球大部分面积的蔚蓝海洋深深吸引了她的注意力，最近她接到的任务正好和海洋有关。

海伦参加的这个项目名叫"海洋卫星"（SEASAT），它的目标是搜集地球海洋的数据。1978 年，海洋卫星从加州的范登堡空军基地发射升空，它能探测海洋表面的风、温度、浪高和海洋地形。这颗卫星搭载的精密设备包括一台雷达高度计、一台微波散射仪和一台首次应用于太空的合成孔径雷达（synthetic aperture radar）。海洋卫星每36小时绕地球运行一圈，它的遥感系统能覆盖地球上95%的面积。这颗卫星探测到的海洋细节数据超过了所有人的预期。海洋卫星的灵敏度极高，它甚至能通过潜艇航行时激起的波浪探测到潜艇在水下的位置。但10月的一次严重短路摧毁了这颗卫星，导致它彻底失效。虽然经历了这样的打击，海洋卫星搜集到的大量数据仍让海伦觉得欢欣鼓舞。这次任务只是一个开始，海洋卫星开启了一道大门，接下来一连串雷达卫星陆续升空，为我们研究地球提供了大量素材。海洋卫星率先采用的雷达系统后来也成了航天飞机的一部分。

与此同时，芭芭拉正在为海盗计划（Viking project）殚精竭虑地工作。他们打算让一艘飞船登陆火星，这在历史上还是第一次。虽然水手号粉碎了人们在火星上找到复杂生命的希望，但他们仍盼着能在那颗红色星球上找到某种简单的外星生命形式，它可能类似地球上那些耐受力极强的细菌（嗜极菌）。为了寻找这些生物，JPL给飞船设计了能挖掘泥土的机械臂，采集到的土壤样本将送到飞船内部的实验室里进行分析。最后这些数据将被送回地球。JPL延续了以前的传统，海盗计划由两艘成对的飞船组成，他们有两次尝试的机会。

根据任务团队的设计，每艘海盗号飞船由两个部分组成：一台轨道器和一台登陆器。轨道器负责探测火星，寻找合适的着陆场，然后登陆器才会开始降落。降落伞将帮助登陆器安全着陆。轨道器继续在太空中运行，除了探测火星大气以外，它还负责将地面上登陆器发送的信息传回地球。

芭芭拉正在思考海盗号飞往火星可能采取的航线。她绘制了几条不同的轨迹，工程师们聚在一起讨论走哪条路成功的概率最大。海盗号的发射日期定在火星离地球最远的时候，飞船需要飞越 2.06 亿英里的漫长距离。这次任务和水手号火星任务很不一样，后者的飞行时间只有 6 个月，而海盗号的飞行时间长达 11 个月。为了维持这样的超远距离通信，JPL 必须根据 DSN6 个站点（每个站点都配备了巨型碟形天线）的位置细心规划飞船的航线。由于海盗号远在 2.06 亿英里以外，它发出的信号要过 20 分钟才能传到地球，飞船要想收到地球方面的回复，那就得再等 20 分钟。芭芭拉编写的程序为海盗号规划了一条漫长的绕日航线，但飞船始终处于 DSN 的覆盖范围内。这条路线有点像螺壳上精妙的螺旋，飞船将沿着弧线离开地球轨道，绕着太阳转上大半圈，最后进入火星轨道。

芭芭拉知道，就算飞船真能成功抵达火星，后面的任务也并不轻松。虽然轨道器会拍摄备选着陆场的照片，但总的来说，登陆器降落的时候他们根本就是两眼一抹黑，谁也不知道这台小机器人着陆的地方到底是什么样子。如果登陆器因地形过于崎岖而坠毁，他们所有的努力就将付诸东流，这样的可能性简直令人寝食难安。1975 年 8 月和 9 月，芭芭拉在加州目送两艘海盗号飞船先后从佛罗里达发射升空，这两次任务之间的间隔只有 1 个月。

芭芭拉密切关注海盗号的时候，海伦正在游泳池边享受良宵。她喜欢坐在露天看台上看女儿伊芙游泳。一叠厚厚的工作资料放在她身旁。伊芙在泳池里和队友一起练习，海伦坐在岸上琢磨项目里的难题。她会时不时地抬起头来，欣赏女儿有力的踢腿动作。强壮美丽的伊芙是海伦的骄傲。对海伦的孩子们来说，生活并非一帆风顺。他们有时候会觉得妈妈的工作就像家里的另一个孩子，那个讨厌鬼时常需要妈妈无微不至的照料。虽然工作牵扯了海伦大量的精力，但孩子一直是她生命中最重要的部分。

孩子们都进了学校，他们的家庭生活变得轻松了一些；现在亚瑟也和妻子一样成为 JPL 的一员。他和实验室的技工一起工作，孩子有活动的时候，他们俩总是尽量调整时间表。这对夫妻尤其重视伊芙的水上运动天赋。幸运的是，海伦可以带着打印出来的资料到处跑。她涉及的项目五花八门，JPL 的每个项目里都能看到她的身影。哪怕程序不是她写的，她也会帮同事纠错。海伦注重工作中的细节，这让她成为一名出色的管理者。

凯西·萨林很快就会开始想念海伦。凯西怀上了第三个孩子，她即将离开实验室。她热爱工程师的工作，过去两年里，她担起了前所未有的重要责任。凯西特别喜欢编程。她家里已经有了两个小男孩，本来她打算这次生育以后还是回实验室工作，但她的丈夫调到了圣迭戈，他们要搬家了。凯西知道，离开 JPL 以后，她再也找不到这样的工作了。任务设计部为她举行了一次告别午餐，很多人都哭了，大家纷纷祝福凯西好运。

凯西期盼宝宝降生的时候，JPL 的女工程师也在期盼海盗号和火星的邂逅。1976 年 6 月 19 日，飞船抵达火星，轨道器开始按计划拍照。下午 6 点左右，海伦和团队焦急地等待着这批图片，他们将从中挑选一个着陆点。数据来得很慢，火星照片一行行出现在显示屏上，所有人都凑到了屏幕前面，恨不能再靠近一点。看到第一张照片，大家激动地欢呼起来。第一次看到火星的时候，他们还在用蜡笔涂抹印着数字的纸带，但这一次，海盗号拍摄的照片清晰得纤毫毕现。但他们的激动很快变成了震惊，眼前的景象完全不像他们认识的那个火星。行星地表出现了大量熔岩流和深邃的环形山，单靠水手号拍的照片，谁也想不到火星上还有这样的地方。崎岖的地形令人望而生畏，机器人根本不可能在这里着陆。"我们需要你。"一位同事对海伦说。海伦十分清楚，想让登陆器安全着陆，现在他们需要一套新的计算机程序。时间不多了。

海盗 1 号飞船原本计划在 1976 年 7 月 4 日登陆火星，为美国建国两百周年送上一份大礼。现在他们不得不推迟登陆时间。他们不能等太久，第二艘海盗号很快就将抵达火星，到时候他们必须转移工作重心，DSN 也需要重点关注新到的飞船。这段日子里，整个团队每天都要在实验室里泡上 16 到 18 个小时，他们试图理解火星复杂的地质环境。为了找到最理想的着陆点，工程师和科学家不得不密切合作。根据前面收到的照片，他们觉得某个地方很可能有流动的水，着陆场不能离那个位置太远，同时还得保证登陆器有足够的空间。加州理工的学生和实习生一座座清点环形山，同时还负责把原始数据录入新的计算机程序。科学家会检查计算机的分析结果，试图找出背后的规律。整个操作过程竟然需要这么多人工干预，有的学生对此深感惊讶，他们原本以为 JPL 的超级计算机足以取代所有人工。面对他们的疑惑，高级科学家哈罗德·马瑟斯基和蔼地回答："计算机就像你脚上的鞋。走碎石路的时候你需要穿鞋，但鞋子没法替你走路。"

南希·基（Nancy Key）正在这条碎石路上跋涉。国庆节那天，她在实验室里加班到了深夜。海盗号需要这些女程序员，JPL 团队的大部分员工都取消了假期。国庆的烟花升上天空的时候，南希隐隐听到了远处传来的欢呼。五彩缤纷的烟花在黑夜中绽放，空中烟雾弥漫，有的女孩跑到窗边看了会儿烟花。她们推开窗户探头张望，然后回到桌边继续工作。

温暖的夜风透过敞开的窗户吹了进来。南希发现空气中飘浮着黑色的灰烬。"这是怎么回事？"她问道。女孩们望向窗外，发现山坡着了火。烟花点燃了峡谷里干枯的灌木。她们讨论了一会儿该怎么办。"呃，火看起来不是很大。"一个女孩说。南希同意她的看法。火星机器人还在两亿英里外兜圈子，她们满脑子都是数字，没空担心火灾。女孩们继续埋头工作，幸运的是，火很快就被扑灭了。

利用计算机的分析结果，科学家尽可能地选了个最安全的着陆点。1976 年 7 月 20 日凌晨 5 点，他们向登陆器下达了降落指令。控制室里的气氛十分紧张。登陆器离火星地面越来越近，降落伞打开了。但没有实时图像，他们不知道机器人下方是安全的着陆点还是狰狞的石头。他们什么也做不了，只能等着那台机器人慢吞吞地飘向火星地面。然后他们终于听到了天籁般的声音："降落完成，我们已经成功着陆。"屋子里立即一片欢腾。南希不敢相信，他们真的做到了。就在所有人都忙着拥抱亲吻的时候，从火星地表拍摄的第一张照片传到了 JPL。映入眼帘的是遍布岩石的崎岖地面，仿佛在提醒他们这片着陆场有多危险。直到第二天，登陆器发回有史以来第一张火星彩色照片的时候，他们才后知后觉地发现了自己有多幸运。一块大石头躺在 30 英尺外，要是不幸撞上了它，登陆器早已粉身碎骨。

来自火星地表的第一张彩色照片呈现出一片红色的崎岖地貌，天空被染成了奇怪的淡粉色。红色星球果然名副其实。但登陆器的目标不仅仅是拍照，它还得寻找生命的化学证据。两个月后，另一台登陆器也将加入搜索的行列。随着两艘海盗号飞船先后登陆火星，JPL 发现的问题比答案还多。他们设计了一系列实验来探测火星微生物新陈代谢的痕迹，最后的确得到了阳性结果，但其他所有测试的结果都是阴性的，争议就此爆发。火星的土壤里没有有机化合物，这意味着这颗星球上根本就不存在生命。

芭芭拉和同事在午餐桌上讨论火星任务的未来，一个黑发软塌塌的男人坐到了旁边那张桌子上。他们都认识这位访问科学家。这些年来，卡尔·萨根参与了 JPL 的很多任务——其中包括水手计划、先驱者计划和海盗计划——他们捣鼓的所有东西里似乎都有他的影子。大家都知道，萨根聪明绝顶，待人也很和气。芭芭拉隔着房间朝他笑了笑。

苏也加入了午餐桌旁的讨论。她正在逐渐回归往日的生活。回归职场对她颇有裨益——她热爱这份工作和 JPL 的朋友。不过回家却是一件难事。苏深爱着儿子，但丈夫让她觉得束手无策。这段维持了十五年的婚姻已经无以为继。苏在矛盾中挣扎，她总是会想，我不想让两个儿子觉得，婚姻就是这样。她不再认为稳定是生活中最重要的东西，她只想给儿子一个没有争吵的家。虽然痛苦，苏还是决定离婚，她只能尽量往好处想。

工作为苏提供了一个远离家事烦扰的小天地，她正在为壮游计划编写程序。她和芭芭拉在尤尼瓦克计算机的 Exec 8 操作系统上用 FORTRAN 5 语言编程。这是计算机领域的尖端技术。和她们一起并肩战斗的是旅行者（Voyager）的任务设计主管，这位工程师名叫查理·科赫斯（Charley Kohlhase），他们从水手号任务初期就开始合作了。科赫斯和这个项目的主管约翰·卡萨尼（John Casani）都不喜欢 MJS 77（即壮游计划）冗长的正式名称，所以他们在黑板上写了几个备选代号：流浪者（Nomad）、朝圣者（Pilgrim）和心宿二（Antares）。但这些名字都遭到了否决。最后他们终于从夭折的火星任务里找到了一个合适的名字：旅行者。这下感觉对了。

为了确定旅行者的航线，他们分析了数千条可能的轨道。工程师们从来没有认真考虑过将渺小的冥王星纳入飞船航线。176 年一遇的行星排列为这次木星／土星／天王星／海王星探索任务提供了一个绝佳的机会，但要飞往冥王星，他们需要的是600 年一遇的罕见排列。飞越土星已经是一个巨大的挑战。事实上，出了这间实验室，他们就得管好自己的嘴巴，不能提起造访天王星和海王星的计划。工程师们知道，国会只是勉强批准了这个计划，要是他们还敢提出建议扩展旅程，整个项目都可能烟消云散。所以他们只能秘密筹备这次远行，等待飞船离开土星后再申请授权。

旅行者计划如此庞大，每个人都必须全力以赴。工作压力这么大，他们总是担心出错。在他们的工作中，反复检查至关重要，为了强调这一点，部门经理金特里·李鼓励大家坚持"适当的偏执"。芭芭拉还记得 JPL 早年间的忙乱，计算员常常需要一路小跑着把笔记簿上的计算结果送到试验井里正在点火的火箭旁边；但是现在，他们把公式输入系统之前总要检查好几遍。所以李发明的术语成了姑娘们的金句，她们反复检查计算结果的时候总会无意识地念叨这句咒语。

遇上急活儿的时候，科赫斯总会冲到办公室里找海伦。海伦写起程序来又快又好，她是科赫斯心目中的王牌。

女程序员们忙着奔向太阳系边缘的时候，近地空间里出了点问题。人类的第一个空间站天空实验室岌岌可危。它的两个火箭助推器出现了泄漏，由于这段时间太阳活动异常活跃，NASA 不可能发起地面救援。天空实验室已经在地球轨道上运转了 6 年，现在他们只能忍痛放弃这个空间站。作为最后一批造访天空实验室的宇航员之一，指挥官杰里·卡尔（Jerry Carr）对这次告别深感悲伤，后来他说："这座美丽的空间站曾为我们高悬空中，我们真不愿意放弃它。"1979 年 7 月 11 日，天空实验室在大气层中坠毁，它的碎片散落在印度洋和澳洲大陆上。这座早夭的空间站证明了人类的确能在太空中工作、生活。在国际空间站的研发过程中，天空实验室是一块重要的奠基石。

昂贵的空间站化作了天空中的流星，西尔维娅也成了实验室里的明星。现在她已经拿到了西海岸大学的工程学硕士学位。

离开海伦的团队以后，西尔维娅来到了迪克·华莱士麾下，人们很快发现，她是一位极具天赋的工程师。她一丝不苟地编制了旅行者任务的程序，为这对双子飞船设计出优美的轨道。西尔维娅负责的那部分工作特别困难：她需要找到一条离木星的卫星和土星环都足够近的路线，这样才能最有效地利用它们的重力完成助推，同时确保飞往天王星和海王星的下一步任务能够顺利进行。为了降低任务风险，团队为旅行者1号规划了一条捷径，它的航线离木星和土星比较近；旅行者2号的路线就曲折多了，它将先后飞越天王星和海王星。事实上，为了满足任务的整体要求，他们把旅行者2号的发射时间安排在了1号前面。

1977年5月底，西尔维娅和男朋友一起去电影院看热门电影《星球大战》。西尔维娅十分疲惫，她一直惦记着某段跑不起来的程序，根本无法彻底甩开代码放松下来。她反复推敲着那几个无法运行的指令。突然间，一片星空占据了整个屏幕。乔治·卢卡斯想象中的宏大外太空深深吸引了西尔维娅。看到R2-D2，她忍俊不禁地笑了起来，电影里的机器人和他们实验室里的完全不同，酒吧那场戏里稀奇古怪的角色也让她惊叹不已。和电影院里的所有人一样，她迷失在这个故事里。电影结束后，西尔维娅走出黑暗的放映厅，重新看到了白日的天光，她觉得浑身充满了力气。感觉就像她和JPL的同事们正保护着一个共同的秘密。要不了多久，她就将看到真正的外太空，完全不需要好莱坞的特效。

NASA的一位元老已经看不到旅行者的壮丽旅程了。1977

年 6 月 16 日，65 岁的沃纳·冯·布劳恩死于胰腺癌。但他留下的强大火箭将继续服务于探索太阳系的伟大事业，两个月后，搭载着旅行者 2 号的大力神-半人马（Titan-Centaur）火箭昂然挺立在卡纳维拉尔角的发射台上。这个清晨，JPL 的所有人都绷紧了神经。女程序员们知道，壮游计划只有这一次机会。要等到行星下一次排列成这样的形状，需要耗费三代人一生的光阴。

发射任务还没开始就出了问题。飞船上的计算机突然失效了，幸运的是，他们很快解决了这个麻烦，再次做好了发射准备。肯尼迪航天中心 4 英尺高的倒计时电子钟数到了 0。伴随着一阵白烟，火箭缓缓离开地面。火箭排出的废气不出所料地吞没了发射台附近的所有设备和工作人员，场面宛如天幕坠落。火箭助推器喷出的氧化铝粒子拖出一道耀眼的白光，几乎能晃瞎观察者的眼睛。仅仅几分钟后，火箭就消失在人们的视线中。

火箭载着飞船划过佛罗里达清澈的天空，旅行者却陷入了混乱。就像突然被卷进漩涡的人类一样，旅行者也被火箭晃晕了头，它找不到方向了。JPL 新上任的主任布鲁斯·穆雷（Bruce Murray）说，这是"焦虑发作"。JPL 的工程师束手无策。如果现在重启系统，飞船可能就再也找不到方向了。旅行者将在浩渺的宇宙中不知疲倦地寻找方向，整个任务也将付诸东流。所以他们选择静观其变，期望计算机系统能自己纠正过来。没过多久，纠错保护程序开始介入，飞船恢复了正常。大家刚刚松了口气，一小时后，他们又遇到了第二个麻烦。旅行者号是一艘半自动飞船，现在它忙于处理另一个导航问题，所以系统切断了和地球的联系。又过了 79 分钟，旅行者再次找到了方向，通信也恢复了，这艘飞船终于踏上了飞往木星的旅途。

旅行者计划的第二次发射更是一波三折。这次任务安排在 9 月 5 日，距离旅行者 2 号升空只有 16 天。虽然这是 JPL 发射的第二艘旅行者飞船，但它的名字却是旅行者 1 号，因为它在太空中飞行的路径比另外那艘双胞胎飞船短得多，所以它将率先抵达土星。发射日的天气倒是不错。佛罗里达深蓝色的天空清澈如洗，加州已经迎来了破晓的第一缕晨光。但 JPL 的团队毫不关心外面的天色，他们挤在控制室里等待倒数。佛罗里达时间上午 8 点 56 分，伴着一阵猛烈的火焰和废气，火箭载着飞船升空了。起初火箭飞得很慢，然后它开始稳定加速。火箭没过多久就消失在万里无云的天空中，只余下一道螺旋状的尾迹。

情况不太对劲。东西海岸的地面人员都盯着那枚慢慢划过大气层的火箭，它似乎飞得太慢了一点。JPL 外派到卡纳维拉尔角的两位团队成员尤其担心。查理·科赫斯转向约翰·卡萨尼说道："我有不好的预感，我们可能达不到足够的速度。"如果飞船无法达到逃逸速度，它在太阳系里的旅程只能提前终结。旅行者 1 号最终将落入地球轨道，被母星的重力捕获，再也无法前进分毫。推进剂正在不断消耗，他们的时间不多了。由于推进剂管线系统出现了轻微的泄漏，飞船吞噬的燃料已经比他们原来计划的多了 1 200 磅。加州这边的气氛更加紧张。他们无助地坐在显示器前，没有任何办法。剩余的推进剂还能维持 3.4 秒，就在这时候，火箭终于在第一级大力神的燃料箱分离之前突破了引力阱。大家都松了口气。旅行者 1 号进入了一条足够高的轨道。

现在，工程师和计算员的注意力转移到了第二级的半人马火箭上，他们知道，这几枚火箭携带的燃料有一定的冗余，大家希望它们能将飞船送往木星。但彻底烧光所有燃料也会带来危险，燃料箱壁只是一层薄薄的不锈钢板，它的厚度绝不会超过硬币。这样的燃料箱就像气球，全靠内部的推进剂支撑才能维持形状。这样的设计能够最大限度地减轻火箭的重量，但在燃料耗尽以后，整个燃料箱会被自重压垮，箱体上的接缝很可能裂开。一旦发生这种情况，随之而来的爆炸将摧毁整艘飞船。

火箭运行到预定位置后，任务控制室里的飞行控制员再次点燃半人马火箭。这次他们的运气也很好。就在推进剂只剩下几秒钟的时候，飞船进入了理想的木星航线。他们愉快地扔掉了几乎完全空掉的燃料箱。

伟大的星际旅程已经启航。载着各种科学设备、摄像机以及一张卡尔·萨根和同事一起设计的镀金铜唱片，旅行者号飞向了茫茫太空。这张唱片就像一封瓶中信，它收录的声音包括澎湃的海浪、鸟鸣、55种语言的问候和90分钟的音乐选段。海伦和她的团队都十分好奇，在探索宇宙的旅程中，这艘飞船将揭开多少秘密。

第十二章
看起来像个女孩

风暴的规模让所有人倒抽了一口凉气。代表旋风的红斑足有三个地球那么大，它正在咆哮着盘旋。JPL的员工觉得它就像一只巨大的眼睛，他们挤在实验室的礼堂里目瞪口呆地注视着这场狂野的风暴，其中包括芭芭拉·鲍尔森、海伦·凌和西尔维娅·伦迪。她们不敢相信，木星就这样出现在眼前。这颗行星大气层的色彩仿佛来自某幅印象派画作，笔触明亮，细节模糊，淡蓝色和象牙色的条带里夹杂着暗红色的斑纹。你很难相信这些条带正以400英里的时速绕着这颗庞大的行星旋转。木星卫星的景象更加壮观，女工程师们在伊俄（Io，木卫一）上看到了前所未见的巨型火山，富含硫磺的烟柱拔地而起，规模起码是地球上的10倍。从1979年3月5日到4月13日，旅行者1号在木星系统中穿行，它搜集了海量的数据，并拍摄了近1.9万张照片。这次邂逅带来的发现能顶过去十年。

第二年她们又去了几次礼堂，每次都得费劲推开横在过道中间的睡袋。很多工程师把睡觉的地方搬到了实验室里，尤其

是那些没有家室的年轻人，屏幕上不断闪现的成千上万张照片
彻底迷住了他们。照片里的土星环看起来那么清晰，那么脆弱，
仿佛触手可及。旅行者2号从土星环上方飞过，阳光照亮了一
圈圈环带内部不计其数的冰碴、尘埃和岩石。有的环带彼此纠
缠，就像一条美丽的金项链；有的环带拥有奇怪的辐条，看起
来很像车轮的轮辐。土星环的层数实在太多，JPL影像科学团队
的负责人布拉德福德·史密斯（Bradford Smith）不得不放弃了
把它们全部清点出来以供媒体使用的企图。他恼羞成怒地告诉
那些出版集团："你们自己来数。"

　　1980年11月和1981年8月，两艘旅行者号先后离开了土
星，前后相隔九个月。NASA愿意支持两艘飞船继续前进，整
个团队欢欣鼓舞。他们暗度陈仓的计划获得了成功，旅行者可
以继续探索太阳系。旅行者1号一马当先，直接飞往太阳系边
缘；旅行者2号将在接下来的5年里飞往天王星，然后再跟随
姊妹飞船前往外太空。就在这时候，灾难降临了。旅行者2号
安装了两台摄像机的平台卡住了。摄像机仍在继续工作，但现
在它们只能拍到无尽的黑暗宇宙。JPL无法控制镜头的方向，他
们可能再也拍不到想要的照片。工程师们想了很多办法，试图
让摄像机重新对准行星，但却徒劳无功。不过接下来，他们遇
上了一个幸运的意外。一位飞行控制员下达了一个错误的指令，
他试图让卡死的平台旋转起来，但所用的力量却是平时的10倍。
结果这个命令歪打正着，现在他们终于能够调整摄像机了，只
是速度必须放得很慢。这次故障的原因可能是他们之前疯狂拍
摄照片的时候不小心锁死了系统。现在，只要他们的动作足够

小心缓慢，飞船上的镜头依然可以捕捉天王星和海王星的神秘美景。只需要等到旅行者2号抵达那两颗行星——只剩下17亿英里的路程了。

旅行者任务是一次前所未有的壮举，它让JPL的团队变得更加团结。他们一起坐在礼堂里望着源源不绝的精彩照片啧啧称奇，下班以后，他们还会一起打垒球、一起玩保龄球，或者一起远足。旅行者让他们深感骄傲。他们的辛苦工作和付出得到了回报，那些照片美得不像真的。随着飞船继续穿过太阳系，他们也终于开始真正地意识到，我们的地球有多么特别。旅行者计划的总航程长达130亿英里，这次任务清晰地告诉我们，拥有蔚蓝大海和洁白云朵的地球是太阳系里唯一一颗能支持生命存活的行星。但JPL的团队认为，如果我们能飞越这9颗行星，一点点接近那些未经探索的灿烂星系，那么除了这颗蓝色大理石球以外，我们终将在这个宇宙中找到无数可能孕育生命的星球。旅行者一路前行，离开阳光能照到的领域，进入恒星际空间，在这个过程中，它们会不断地向地球发送数据。旅行者1号是这次星际之旅的先锋，旅行者2号紧跟它的脚步。大约到2025年，飞船上的3套钚-238电池就将耗尽，但沉默的旅行者仍将继续前进。对那些有幸加入JPL任务团队的人来说，旅行者是他们职业生涯的顶点，也是他们最美好、最重要的成就。

旅行者让我们看到了太阳系的新景观，与此同时，海伦仍在继续雇佣女员工。虽然NASA的预算连年下降，但丝毫没有影响她雇人的节奏。"我们这里就是个姐妹会。"欢迎新雇员的时候，玛丽琳·吉尔克里斯特开玩笑说。这群姐妹无论上下班都常常黏在一起，她们一起度过了数不清的光阴。

只雇用女员工，这是梅茜·罗伯茨为任务设计部定下的传统。虽然那已经是 30 年前的事情，但海伦仍在不折不扣地执行这项政策。梅茜录用新人的时候常常告诫她们："在这里工作，你必须看起来像个女孩，举止像个淑女，思考方式像个男人，干起活来像条狗。"从某个角度来说，她的建议迄今仍未过时。要想加入海伦的团队，首先你得是个女人。

梅茜雇佣芭芭拉、海伦和苏的时候，她对科学界女性的认识还十分有限，就像当时的 JPL 仍在地球附近的局促空间里打转。她不可能未卜先知地预见到，有朝一日，这群女人能在工作中争取到如此重大的职责。她也绝不会料到，计算员能升级成菲利斯·布瓦尔达（Phyllis Buwalda）这样的任务设计主管，或者像西尔维娅那样自己领导一个探索宇宙的团队。

海伦尊重梅茜留下的传统，她坚持雇佣受过良好教育、拥有数学和计算机科学经验的聪明女性。面对这些女孩，她不仅会提醒她们高学历的重要性，还会教导她们如何平衡工作和育儿。过去 10 年来，这一直是海伦培养新人的基本方针，看到新来的女孩在工作中不断成长，她倍感欣慰。海伦本人经过破格提拔当上了工程师，她不需要学位，但她还是会督促自己亲手雇来的每一个女孩努力学习。

从另一方面来说，苏·芬利从来就不喜欢学校。她自己就是从大学里退学的，后来也一直没打算过回去。所以有一天，苏看到一封写着"致苏·芬利博士"的信放在办公桌上，她感到十分惊讶。信件的内容倒是平平无奇，只是她参与的某个项目的常规沟通。但苏不由自主地拈起信封轻轻抚摸。她当然不是博士，但这封信让她突然意识到了一些事情。我的同事觉得我是个博士，她骄傲地想道。她小心翼翼地把信封收了起来，就像收藏一份珍贵的纪念品。感觉沮丧的时候，只要看到这个信封，她就会想起自己在这间实验室里的价值。

苏正在参与一个新任务，法国国家太空研究中心（Centre National d'Etudes Spatiales）、苏联太空计划（Soviet space program）和NASA共同发起了一个大胆的计划，他们打算把两只携带观测设备的气球送入金星大气层。这两只气球的设计寿命只有短暂的46个小时。在为期近两天的探索旅程中，它们会在金星地表上空几英里的高度绕这颗星球飞行1/3圈。每只气球下方都挂着一条"贡多拉"小船，里面配有各种仪器，可以测量温度、压力、风速、云层粒子密度、天空环境光强度甚至闪电的发生频率。为了保护设备免遭金星大气中的硫酸腐蚀，贡多拉小船会涂上一层白色的亮光漆。整套设备（包括气球和贡多拉）将借助苏联的维加任务发射升空，这枚火箭的目标是探索哈雷彗星。

1985年6月，两只气球先后进入了金星的夜半球，前后相差只有几天。这片区域名叫"美人鱼谷"（Mermaid Valley），科学家之所以选择这个位置，是因为这里的温度相对较低，只有约427℃。在离地大约33英里的高度，被特氟龙材料包裹的塑料气球打开降落伞，开始充入氦气。工程师担心，如果把气球部署到阳光直射的地方，其内部的氦气会发生爆炸。现在，两只气球在暗夜中渐渐膨胀，顺着金星大气层的风向下飘落，接下来，它们开始向地球传送数据。

虽然气球搭载的科学设备来自法国，发射由苏联完成，但苏掌握的深空网络决定着任务的成败。DSN已经从寥寥几座位置优越的跟踪站发展成了遍布全球的通信网。苏进入JPL的时候正值冷战，当时的她绝对无法想象，30年后，她竟会跟苏联人合作。现在已经是1985年了，两个曾经剑拔弩张的国家携起手来，追踪来自金星气球的微弱信号。苏升级了软件，调动全球的DSN天线跟踪气球，这些巨大的抛物面碟形天线可以自动旋转调整方向。不幸的是，程序接连出错。她开始手工插入指令，早年间她常常这么干。有的习惯真的很难改，她笑着暗自想道。

几小时后，苏和几位男性队友在控制室里等待确认任务是否成功。昏暗的房间里鸦雀无声。每个人都紧盯着眼前的显示屏，漆黑的屏幕没有任何反应。突然间，屏幕上冒出了斑点。戈尔德斯通的天线捕捉到了气球的信号。苏简直不敢相信，她手写的程序真的派上了用场。她情不自禁地跳了起来，一半出于激动，另一半是辛苦工作后的解脱。世界上再也没有比这更棒的事了。片刻之后，苏转头看了看身边的同事，刚才只有她高兴得跳了起来。她有些难为情，不过她立即看到了几位同事脸上理解的笑容。

成功之外也有悲伤：玛姬要离开实验室了。她的第二段婚姻岌岌可危，为了挽救这段脆弱的关系，她不惜付出任何代价。家里有六个需要照顾的孩子，她觉得自己该回家了。她的离开让大家都很伤感。这个姑娘儿乎是在大家的眼皮子底下成长起来的。芭芭拉还记得玛姬18岁时的样子，那时的她刚刚踏入这个行业。梅茜一直相信这个姑娘的潜力，她也给了这个女孩许多宝贵的机会，例如创造历史的探索者1号发射任务。30年后，玛姬终于决定放手。女工程师们举行了一个送别派对，她们约定以后一定保持联系。

海伦、苏和芭芭拉还不打算急流勇退。她们太忙了。一个新任务占据了她们的全部精力：伽利略号（Galileo）。旅行者拍摄的图片激起了JPL对木星及其神秘卫星的兴趣，女工程师正忙着计算轨道，她们打算借助几颗卫星的重力驱动飞船围绕木星旋转。与此同时，她们还在研究另一个问题：这艘飞船将远航近30亿英里，JPL该如何跟它保持联系？工作任务十分繁重，芭芭拉连吃午餐的时间都挤不出来。她经常冲进自助餐厅以最快的速度喝杯巧克力奶昔，吃个可颂三明治，然后回到办公室继续工作。不健康的饮食让她开始发福，但她实在没空理会这些琐事。

1986年1月28日，芭芭拉没吃早饭，一早就来了办公室。那天清晨，实验室里非常安静，因为大家都在电视前面等着观看航天飞机的第25次发射。1972年航天飞机立项的时候，他们曾经预测这种飞行器一年能发射60次，虽然它实际上的发射次数比这少得多，但也足以说服大家，太空旅行是安全的。实验室的大多数工作人员都挤在电视机前，克里斯塔·麦考利夫（Christa McAuliffe）是人们关注的焦点，因为挑战者号（Challenger）上的这位老师将成为第一位进入太空的平民。三年前将美国第一位女性宇航员萨利·莱德送上太空的也是这艘挑战者号航天飞机。虽然 JPL 负责的都是无人探索任务，航天飞机跟他们没什么关系，但海伦手下的女孩都迷上了麦考利夫。她就像她们的姐妹：她是一位家有幼子的妈妈，也是蜚声全国的名人，深受女性爱戴。

今天帕萨迪纳天气不错，佛罗里达却冷得出奇。但发射已经推迟了 6 次，大家早已迫不及待。JPL 的员工尤其热切，因为他们知道，下次航天飞机任务很可能会把伽利略号送往木星。这枚探测器无形中给挑战者号带来了不少压力。由于伽利略号的发射任务就安排在 4 个月以后，为了赶上特殊的行星排列，这次发射绝不能推迟，所以 NASA 必须尽快完成挑战者号的这次任务。除了伽利略号以外，排队等待的还有另一个任务：经历了数次迁延，哈勃望远镜终于在 1986 年做好了发射准备。这艘航天飞机的任务日程排得很满。

JPL 的工作人员欣赏着这艘气势恢宏的航天飞行器，它的助推器里藏着一枚美丽的十一角星，这个设计源于"二战"期间英国科学家的狂想，20 世纪 50 年代，JPL 的计算员也曾为它付出心血。这枚星星从最开始就是航天飞机庞大的助推器里不可或缺的重要组成部分。

起初这次发射和以前的任何一次没什么两样，巨大的火箭载着七名乘员飞向清澈的蓝天。航天飞机越飞越高，一股轻盈的白烟从它的废气喷嘴里喷涌而出。但一分多钟以后，悲剧发生了。全国观众眼睁睁看着挑战者号在空中爆炸解体，火箭助推器在空中画出一道道盘旋的白烟。机上的乘员——麦考利

夫、格里高利·贾维斯（Gregory Jarvis）、朱迪斯·A.蕾斯尼克
（Judith A. Resnik）、弗朗西斯·R. 斯科比（Francis R. Scobee）、
罗纳德·E. 麦克内尔（Ronald E. McNair）、迈克尔·J. 史密斯
（Michael J. Smith）和鬼冢承次（Ellison S. Onizuka）——无一
生还。

　　灾难的源头是一枚橡胶圈：航天飞机右侧固态火箭助推器
上的一枚 O 型密封圈出了问题。里根总统委派了罗杰斯委员会
（Rogers Commission）调查此次事故，后来他们发现，多年前
马歇尔太空飞行中心的工程师就曾提出，这枚 O 型圈可能存在
隐患。1978 年 1 月，马歇尔中心固态火箭发动机分部的一名主
管在一份发给上司的备忘录里专门提到了这枚 O 型圈的问题，
他表示，利用 O 型圈的压力对连接部位进行合理的密封是"为
了预防灼热气体泄漏，以免造成灾难性的失败"。尽管有很多人
提出反对意见，但最初的设计并未修改。NASA 忽略了这个问
题，制造商蒂奥科尔（Thiokol）公司表示："情况并不理想，但
尚可接受。"

　　但 1986 年 1 月 27 日的降温让蒂奥科尔的部分员工也开始
担心起来。工程师艾伦·麦克唐纳德（Allan McDonald）和罗
杰·博伊斯乔利（Roger Boisjoly）建议将发射推迟到次日下午。
他们担心过低的温度可能导致 O 型圈失去弹性，无法有效密封
两节固态火箭发动机之间的缝隙。过去一年来，就职于蒂奥科
尔密封任务组的博伊斯乔利一直非常担心这些 O 型圈。1985 年
7 月 31 日，他专门写了一份备忘录来阐述自己对 O 型圈失效的
忧虑："诚挚地说，我的确非常担心，如果我们不能立即采取行

动……那么我们可能损失的不仅是一艘航天飞机，还有发射台的所有设备。"不用说，由于麦克唐纳德和博伊斯乔利提前预见到了 O 型圈的风险，1986 年 1 月，挑战者号发射前夜，这两位工程师拒绝签署发射建议书。NASA 主管驳回了他们的反对意见，批准了这次发射。虽然早有心理准备，但灾难真正发生的时候，两位工程师仍深感震惊。但他们的辩护招来的只有折磨。

看到航天飞机爆炸，苏不由得在 JPL 的电视机前哭了起来。她再也不想看发射了。另一个姑娘走进办公室告诉了芭芭拉这个噩耗，她一直忙着处理伽利略号的工作，根本没空观看直播。女工程师们陷入了震惊和悲伤。她们想起了阿波罗 1 号在发射台上陷入火海的那个灰暗的日子。现在是早上 9 点，今天还有很多事情要做，但谁也无心工作。这场灾难占据了她们的所有思绪，正在进行的编程工作突然变得无足轻重。

悲伤的情绪尚未平复，女孩们不由自主地走向礼堂，旅行者号还在行星间飞翔，它拍摄的照片正在源源不断地传来。几天前，旅行者 2 号刚刚邂逅了天王星。现在她们沉默地坐在这里，整个礼堂肃穆得像一座教堂。她们握着彼此的手，望着充斥屏幕的天王星和它的卫星，这样的画面似乎能抚平她们的震惊和伤痛。

天王星仿佛一轮庄严的新月，它的云层下掩藏着沸腾的海洋，小小的卫星米兰达（Miranda）表面有一道 V 形的奇怪深渊。第一次看到这颗卫星的时候，工程师和科学家都惊讶极了：这和他们原本预想的环形山遍地的死亡星球完全不同。虽然旅行者 2 号飞越米兰达的时间只有短短 5.5 个小时，但它拍到了这条深谷的很多照片，这道峡谷比地球上的大峡谷还深 10 倍。

　　旅行者 2 号要到三年多以后才能抵达海王星。1989 年 8 月 25 日，为了庆祝壮游计划顺利走到最后一站，著名吉他手查克·贝里在 JPL 的院子里来了一场露天演出。旅行者搭载的金唱片收录了他的歌曲《约翰尼·B. 古德》。温暖的夏日傍晚，JPL 的工作人员和他们的家人朋友在户外翩翩起舞。派对的气氛轻松快活。壮游计划终于跨过了最后一块里程碑，他们已经在两天前收到了来自海王星的最后一批照片，那是一颗蔚蓝色的星球。身处喧嚣的实验室，屏幕上的海王星看起来那么清澈宁静。但它看似平静的蓝色天幕下藏着呼啸的狂风，最大风速高达每小时 1 242 英里，超过太阳系内的任何地方。

　　挑战者号失事后，航天飞机任务被叫停了，伽利略号的发射也只能推迟。这意味着它的航线必须大幅调整。之前的航线是按照木星在某个特定时间段内的位置严格计算出来的，现在他们只能重算一条新的航线。除此以外，他们原本打算用来把伽利略号和航天飞机宇航员小组送上太空的火箭上面级也被判定为过于危险，不能使用。现在他们只能改用推力更小的火箭，这又进一步影响了伽利略号的航线。探测器不能走直线了，它必须利用重力助推。幸运的是，他们在这个领域已经积累了很多经验。伽利略号将两次飞越地球，一次飞越金星，借此积攒足够的动量，将探测器送往木星。3 年的旅程也因此延长到了 6 年。

　　约翰尼·德莱弗（Johnny Driver）是芭芭拉在伽利略项目里的顶头上司，这位老板人如其名，在这位工作狂的影响下，所有工程师都习惯了长时间加班。芭芭拉正在试图解决伽利略编程任务中的一个麻烦。JPL 的其他很多任务都是成对设计的，但伽利略号却是个独子。他们把成功的所有希望都寄托在这一艘飞船上。多套交互通信计算机系统让他们的工作任务变得更加繁重。最大的难题不是写程序，而是在浩如烟海的代码中找到出问题的地方。终于捉住这条虫子的时候，芭芭拉激动地叫了起来。但她的兴奋转瞬即逝。看到芭芭拉如此得力，德莱弗干脆把硬骨头都交给她啃。简洁是计算机编程的第一准则。虽然这次任务的要求比以前任何一次都更复杂，但从某些角度来说，他们对编程的要求始终如一。他们希望写出最干净的代码，尽量压缩程序行数，方便查找错误。

当然，现在的编程比以前复杂多了。20 年前，女工程师们绝对想不到 FORTRAN 竟能实现这么多功能。现在这种计算机语言的性能比以前强得多，足以实现大规模编程，更强的容错性也让代码变得更加灵活。与此同时，她们还在学习一种新的编程语言：HAL。这个缩写是"高阶组合语言"（High-Order Assembly Language）的简称，它已经成了 NASA 通用的工作语言。但姑娘们觉得这个名字很好笑。她们常常故意模仿 1968 年那部电影《2001：太空漫游》里的反派电脑哈尔 9000（HAL 9000）冷冰冰的单调声音，借此嘲笑 HAL 的名字。用 HAL 和 FORTRAN 编程并不容易，同时使用两种语言又进一步增加了伽利略号软件的复杂程度。

计算机硬件也发生了翻天覆地的变化。仅仅 10 年前，女计算员们还在争抢庞大的 IBM 电脑的工作时间，海伦甚至记得，当年她在那台宝来 E101 上编程的时候还得把小针插进针板里。现在，她和团队里的每位成员都有一台个人电脑，这真是个惊人的进步。她们得感谢微处理器的问世，这种小金属片比海伦的头发丝还薄。

微处理器掀起了一场计算革命。这个新发明的起源仍有争议，但很多人认为它的发明者是英特尔公司的工程师，尤其是马尔西安·"特德"·霍夫（Marcian "Ted" Hoff）。当时霍夫正在研发一款台式计算器，它需要 8 枚独立芯片，每枚芯片内置的程序分别负责一项任务。霍夫用"芯片"这个术语来称呼微型集成电路片，芯片个头虽小，结构却很复杂，它取代了计算机里的真空管。1958 年夏，得州仪器的一位新雇员杰克·基尔比（Jack Kilby）想出了这个主意，他把晶体管和它的所有元件都蚀刻在一小片金属锗上面。基尔比之所以选择锗来充当介质，是因为这种金属是一种半导体，它在特定条件下才能导电。后来的制造商用硅取代了锗，虽然锗的性能更优秀，但硅是沙子的主要成分，这种元素储量丰富，价格低廉。

尽管计算机芯片优于最初的晶体管，但霍夫觉得它仍有改进的空间。当时计算机的每一项功能都需要一枚独立芯片才能实现，霍夫想研发一种多任务处理芯片，毕全功于一役。因此他提出了通用芯片的概念，它需要配合可擦写、可编程的内存使用。英特尔公司推出的 4004 芯片长 1/16 英寸，宽 1/18 英寸，硅基板内蚀刻了 2 300 个晶体管。这个小家伙的计算能力和柯拉相当，JPL 的姑娘们曾把这台庞大的 IBM 计算机视为团队的一员。20 世纪 80 年代，柯拉逐渐退出了 JPL 的舞台，大家甚至没跟她好好告别。女工程师们再也没有机会和办公室里的计算机产生这么深厚的感情，它们总是来去匆匆。技术发展得太快，人类没时间停下脚步和机器好好交朋友。

第一款微处理器 4004 问世后不久，后来者接踵而至。1971年，英特尔公司在广告中宣称，这门全新的技术是一台"芯片上的可编程微型计算机"。不过在这场革命的萌芽阶段，他们只看到了微处理器在工业领域的广阔市场前景，当时他们根本想象不到，这项技术注定会改变整个计算业。没过多久，他们的产品就进入了计算器、收音机和玩具，到了 20 世纪 70 年代中期，个人电脑应运而生。

微处理器让计算机从笨重昂贵的机器变成了价格合理的小型设备。1974 年，微型仪器与遥感系统公司（MITS）推出了自助式安装的电脑套装"牵牛星"（Altair）。牵牛星既没有键盘也没有显示器，它只能通过闪烁的小灯传递信息。数据通过拨钮开关输入系统，机器前方的红色 LED 灯珠会以特定的模式闪烁，以这种方式输出运算结果。MITS 原本以为售价 395 美元的牵牛星最多能卖掉几百台，但短短三个月内，他们就收到了 4 000 台订单。

微型计算机的成功让 MITS 大受鼓舞，1975 年，他们抱着试试看的心情雇用了一对从孩提时起就相交莫逆的密友：时年20 岁的哈佛学生比尔·盖茨（Bill Gates）和 22 岁的霍尼韦尔公司员工保罗·G. 艾伦（Paul G. Allen）。两位年轻人为牵牛星开发了一套基于 BASIC 的编程语言，现在这台机器变得好用多了。起初他们把程序写在纸带上，牵牛星配备了一台电传打字终端，艾伦在键盘上输入，"PRINT 2+2"，纸条立即就会吐出答案：4。新的软件大受欢迎，很多使用者把它拷贝下来分享给朋友。于是盖茨和艾伦发现，他们俩获得的收益远小于预期——这两个年轻人差点就破产了。作为回应，1976年年初，盖茨给家酿计算机俱乐部（Homebrew Computer Club）写了一封"致爱好者的公开信"，这封信后来发表在俱乐部的内部通讯上，盖茨宣称："你们大部分人用着偷来的软件……毫不在意辛苦创造它的人是否得到了报酬。"尽管盖茨和艾伦手头窘迫，但他们俩还是决定创建自己的公司，微软帝国就此起步。

牵牛星的成功也激励了另外两位计算机工程师，他们恰好是家酿俱乐部的会员：史蒂芬·沃兹尼亚克（Stephen Wozniak）和史蒂夫·乔布斯（Steve Jobs）。看到牵牛星的第一眼，沃兹尼亚克犹如醍醐灌顶。"个人电脑的整个愿景一下子从我脑子里冒了出来，"他说，"那天晚上，我开始在纸上规划一台计算机的雏形，它就是后来的苹果 I（Apple I）。"

个人电脑（简称PC）很快掀起了一场革命，苹果、IBM、施乐（Xerox）、坦迪（Tandy）、康默多（Commodore）等公司在这场革命中做出了不可磨灭的贡献。到20世纪80年代，个人电脑已经侵入了JPL，虽然在最开始的时候，它并不受人们的欢迎。主管们觉得强大的大型中央计算机足以满足实验室的需求，他们根本不需要给每个人都配上一台电脑。

但是没过多久，使用方便、性能强大的PC就粉碎了他们的抵抗。惠普公司出品的机器摆上了每位技术人员的办公桌。随着新电脑的到来，办公室的格局也发生了变化。1984年，独立办公室的墙壁被推倒了，取而代之的是令人望而生畏的格子间。新格局差点激起了一场暴动。噪声、二手烟和缺乏隐私让很多工程师不胜其扰。作为部门主管，海伦得以保留她的私人办公室，但芭芭拉被分配到了四人共用的格子间里。不过她发现自己并不在乎这样的变化。和她共处一室的三位同事里有两个刚毕业的新员工，芭芭拉欣赏她们的冲劲。

新 PC 给芭芭拉留下了深刻的印象，每台个人电脑里都有一枚小小的硅片，能完成所有中央处理功能的微处理器就刻在上面。新电脑比柯拉先进得多。柯拉每秒钟能循环 100 万个周期，或者说，主频 1 兆赫（MHz），与此相对，20 世纪 80 年代末的个人电脑主频高达 25MHz。这间实验室里最早的电脑程序和编写程序的女人就像第一批筚路蓝缕的先驱，现在他们迈入了计算机速度和性能爆炸式发展的新纪元。

木星研究项目成为受惠于这门新技术的幸运儿。旅行者已经离开木星继续飞向太阳系外的广阔空间以探索宇宙的奥秘。与此同时，伽利略号将盘旋在这颗行星周围，试图解答 JPL 的科学家魂牵梦萦的那些问题。为什么木星的卫星差异如此巨大，某颗卫星上的火山还在喷发，另一颗卫星却埋葬在冰层之下？他们希望研究木星及其形态各异的卫星是如何形成的，借此更好地理解太阳系内其他星球的构造。

1989 年 10 月，伽利略号搭乘航天飞机亚特兰蒂斯号（Atlantis）进入太空，踏上了飞往木星的旅途。虽然这并不是挑战者号失事后的第一次航天飞机任务 —— 前一年秋天，发现号航天飞机已经完成了一次发射 —— 但那场悲剧仍萦绕在女工程师们的脑海里。航天飞机从卡纳维拉尔角轰鸣着起飞的时候，她们都没看直播。这次发射十分圆满，伽利略号顺利进入太空，大家都松了口气。女工程师们庆祝了这次成功。为伽利略任务架构软件是芭芭拉职业生涯中最具挑战的项目之一，不过前面还有更多艰难险阻等待她去征服。

18个月后，灾难降临到了伽利略号头上。飞船顶部一台尺寸类似搬家卡车的天线打不开了。当时伽利略号已经绕着金星转完一圈回到了地球轨道，它将在这里积聚足够的动量，然后像发射弹弓一样飞往木星。虽然工程师们想尽了办法试图松开天线内部的加强条，但铰链就是纹丝不动。他们认为飞船之所以会出问题，很可能是因为挑战者号失事之后，伽利略号任务推迟了太久。飞船在库房里存放了五年，谁也没想过要检查天线加强装置的表面涂层和润滑情况。如果天线一直不能正常工作，那他们就将损失这颗价值15亿美元的探测器在木星上采集到的绝大部分数据。本次任务也将陷入彻底的失败。

现在他们只能指望飞船上仅存的低增益天线，但它发出的信号强度只有高增益主天线的万分之一。这相当于伽利略号指向地球的天线从消防水枪换成了玩具喷水枪。JPL无法改善飞船上的天线，他们只能提高DSN的灵敏度，让它更好地接收来自远方的微弱信号。苏写了一套程序，它能通过数字手段将DSN多台天线的力量集合到一起，形成一个阵列。考虑到飞船使用的软件已经是六年前编写的了，所以编制这套程序的时候她特别注意兼容性。这是一次前所未有的创新，谁都没想到，他们竟然还能通过这种新颖的方式挖掘DSN的潜力。阵列程序启动的时候，大家都屏住了呼吸。他们成功了，DSN 奇迹般地收到了信号，苏编写的程序拯救了这个任务，伽利略号继续飞向木星。

飞越火星和木星之间巨岩密布的小行星带时，这艘飞船创造了历史。阵列程序已经起效，JPL 的工作人员震惊地发现，伽利略号幸运地经过了一颗名叫艾达（Ida）的小行星，它竟然拥有自己的卫星。安全离开小行星带以后，这艘飞船又亲眼见证了一颗被命名为"休梅克－利维9"（Shoemaker-Levy 9）的彗星粉身碎骨，坠入木星大气层。这颗彗星的共同发现者正是曾服务于徘徊者项目的尤金·休梅克。伽利略号拍到的视频和照片动人心魄，画面上的木星仿佛正在经受无数炸弹的洗礼，撞击的碎片发出耀眼的橙色火光，在云层上方留下黑洞洞的巨大伤疤。

1995 年 12 月，伽利略号终于抵达了这颗巨行星，木星的海量照片及其卫星的新数据开始源源不断地涌向地球。伽利略号的大气探测器以 106 000 英里的时速坠入这颗行星的大气层，然后展开了降落伞。根据探测器发回的天气数据，木星的气候炎热而干燥，风速高达每小时 450 英里。58 分钟后，探测器融化在木星的大气层中。苏从木卫欧罗巴（Europa，木卫二）的照片上发现了厚重的浮冰之下存在咸水海洋的第一手证据。另外两颗卫星盖尼米德（Ganymede，木卫三）和卡里斯托（Callisto，木卫四）上也有类似的痕迹。木卫一的火山还在猛烈地喷发，与此同时，狂风正摇撼着木星的大气层。伽利略号发回的壮丽照片和科学数据让苏深感自豪。2003 年 9 月 21 日，在太空中跋涉了 14 年、又在木星轨道上运转了 8 年的伽利略号走到了生命的终点，它以 100 000 英里的时速撞向这颗气态巨行星，结束了辉煌的一生。

并不是每个任务都有机会得救。某天晚上，想起那个出了问题的心爱项目，睡不着的西尔维娅只能这样安慰自己。她是"彗星会合小行星飞越"计划（Comet Rendezvous Asteroid Flyby，CRAF）的任务设计主管。为了筹备这次探索，她花费了多年心力。CRAF 的目标是研究小行星 449（Hamburga）的地质结构，然后与卡普夫（Kopff）彗星并肩飞行 3 年，探索这颗彗星的成分、大气和彗尾。西尔维娅甚至找了苏和芭芭拉两位朋友来帮忙。但是现在，一切全完了。彗星和小行星的魅力似乎不够大，无法吸引 NASA 资金的垂青。西尔维娅躺在床上，觉得自己多年的辛劳都打了水漂。

CRAF 是 NASA 预算削减的受害者。1990 年，白宫和国会联合召开的预算会议规定了政府各类支出的上限，包括国内的还有国际的。迫于压力，白宫的分委员会只能在增加住房、补贴老兵和 NASA 的太空站之间做出取舍。经历了一番辩论以后，分委员会选择了前者。不过后来白宫推翻了这个决议，分委员会只得做出妥协，他们削减了住房资金，也放弃了进一步削减 NASA 的支出。空间站得救了，但 NASA 的其他项目就遭了殃。NASA 内部由来已久的优先级问题又摆到了 JPL 面前：要科学发现还是要载人探索。虽然 NASA 秉承着"更好、更快、更便宜"的政策，但 JPL 仍将保留他们的科学追求。

西尔维娅的项目胎死腹中，残余的资源也流入了别的项目，但她本人却再次陷入了爱河。西尔维娅在自助餐厅的午餐桌旁认识了 JPL 的另一位工程师，兰尼·米勒。米勒是一位核物理博士，他完全跟得上西尔维娅快节奏的思路。虽然他们两分属于不同的项目，但米勒和西尔维娅有很多共同点，所以他们很快就结了婚。婚后不久，这对夫妇开始考虑生孩子——他们俩都没有孩子，西尔维娅小时候和几位姐姐共度过许多快乐的时光，所以她一直认为自己早晚会生孩子。但时机已过，现在他们俩年纪都大了，工作也很繁忙。于是他们决定继续过二人世界。

虽然 NASA 的预算十分紧张，但 CRAF 的终结也带来了新的机会。JPL 可以拯救另一个项目：土星往返任务。这个备份项目被命名为"土星轨道泰坦探测器"计划（Saturn Orbiter Titan Probe，SOTP），它的目标是探索土星的环带、大气和卫星，确定它们的成分。JPL 将和欧洲空间局（European Space Agency，ESA）合作完成这项任务。拥有 22 个成员国的 ESA 创立于 1975 年，总部设在巴黎。随着苏联和 ESA 的合作日益增多，昔日的竞争开始死灰复燃。美国永远不甘人后，哪怕在合作中他们也想稳压伙伴一头。NASA 负责制造轨道器，ESA 的任务是制造探测器。

姑娘们觉得 SOTP 飞船看起来十分眼熟，它的三轴设计跟之前成功的水手号和旅行者号任务如出一辙。但 SOTP 的个头要大得多，它的尺寸差不多是旅行者号的 4 倍，这艘长 22 英尺、天线高 13 英尺的飞船也因此成为 NASA 迄今为止最大的行星际飞船。工程师们睁大眼睛，看着这艘巨无霸在 JPL 的总装车间里渐渐成型。没过多久，这个任务就得到了一个正式的名称：轨道器被命名为卡西尼号（Cassini），欧空局的探测器叫作惠更斯号（Huygens）。

虽然彗星/小行星任务取消的伤痛尚未平复，但西尔维娅还是全力投入了卡西尼号的工作。工程师们正在规划飞往土星的往返航线，他们利用重力助推为飞船积攒更多动量。卡西尼-惠更斯号将两次飞越金星，然后经过地球和木星前往土星。

这并不是 NASA 和 ESA 唯一的合作项目。经历了多年迁延、预算削减和挑战者号的灾难，1990 年 4 月 24 日，哈勃望远镜终于搭乘发现号航天飞机飞向太空。一个月后，这台望远镜睁开眼睛，拍下了第一张照片。从理论上说，哈勃的分辨率优于地面上的任何一台望远镜，但它的处女作却让人大跌眼镜。约翰·霍普金斯大学（Johns Hopkins University）太空望远镜科学研究所（Space Telescope Science Institute）里操纵哈勃的天文学家立即明白，一定有什么地方不对劲。很快他们发现，这台望远镜直径近 8 英尺的主镜头有点问题。为了解决这个麻烦，宇航员对哈勃进行了修复，没过多久，这台太空望远镜就开始向地球发送各种各样的精彩照片，姑娘们觉得其中一些画面非常熟悉。以前的水手号任务也拍到过这些似曾相识的行星地貌。看到哈勃拍摄的金星照片上厚重的硫酸云，海伦和芭芭拉不由得想起，1962 年，水手 2 号第一次掀开了金星的面纱，当时的兴奋和激动还历历在目，那是人类探测器第一次飞越其他行星。

现在芭芭拉正忙于重返金星的麦哲伦号任务（Magellan）。JPL 的科学家想深入研究这颗行星为什么会是一片荒芜的废土，考虑到金星和太阳之间的距离，它原本应该是最像地球的一颗行星。上一次行星际探测器任务（旅行者号）已经过去了 10 年。

由于 NASA 的预算一路下跌，麦哲伦号使用的材料和设备基本都是以前那些任务剩下的边角余料。他们的目标是尽可能地测绘这颗行星。作为序列设计团队的一员，芭芭拉正在为这艘飞船编写程序。靠着这套程序，绕金星飞行的麦哲伦号才能和 DSN 始终保持联系。

芭芭拉编写程序的时候出了名的认真。她试图进一步优化麦哲伦号的某个程序，但主管鲍勃·威尔森却告诉她："你不用再打磨了，程序运行得挺好。"多年的经验让芭芭拉养成了一丝不苟的工作习惯。她身边的海伦正在编写航天飞机发射和行星际发射之间的过渡软件。与此同时，新的计算机也让她惊讶不已。海伦不敢相信，IBM 的"折叠式个人电脑"（PC Convertible）笔记本竟然这么轻薄。这台电脑的重量只有 13 磅，所以海伦走到哪儿都能带上它。

1989 年 4 月 28 日，团队聚集在一起观看发射。倒数开始的时候，所有人面面相觑。这次发射没人分发花生。工程师迪克·华莱士在徘徊者 7 号发射时开创了这项传统，但今天他却忘了这事儿。作为科学家，他们本来不应该迷信，但这次的疏忽还是让大家捏了一把冷汗。从 1964 年开始，几乎每次发射他们都会分发花生。离发射还有 31 秒，倒数停了下来。航天飞机的电子系统出了点问题，发射被取消了。房间里有不少人情不自禁地吐出一口长气。一周后的 5 月 4 日，倒数重新开始。这次华莱士把花生当成了第一要务。芭芭拉和其他工程师终于安下心来，目送火箭成功升空。他们踏上了重返金星的旅途。

1990 年 8 月，麦哲伦号抵达金星。截至目前，这个任务按计划完成了所有步骤，这标志着任务团队合作默契。飞船开始绕着金星运行，利用雷达成像尽可能地测绘行星地表。芭芭拉希望，他们编写的程序能够不负众望，为科学家采集更详尽的金星数据。

1991 年 4 月的一天，天气晴好。屋子里的灯已经关掉了，但阳光依然耀眼。芭芭拉微笑着望向任务主管阿尔·纳加塔，麦哲伦号任务团队齐声唱着《生日快乐歌》，一只装饰着星星、点着蜡烛的蛋糕放在她面前。芭芭拉闭上双眼，任由无数愿望在脑海中打转，最后她终于选定了一个。她睁开眼吹熄烛火，期待这个愿望真能实现。虽然 JPL 的规模越来越大，现在帕萨迪纳的这间实验室已经有了 5 000 多名员工，但亲密的氛围一直保留了下来。

芭芭拉在麦哲伦号团队里待得很愉快。团队的所有成员相亲相爱，他们的友谊就像生日蛋糕上的糖霜一样紧密。大家记得她的生日，这不过是件小事，但几十年来芭芭拉待过很多个项目组，她深知这样的小事代表着一个强有力的团队和一位了不起的项目主管。

这么多年来，芭芭拉曾无数次将生日愿望许给手头的项目。但并不是所有项目都有好的结果。比如说，她的下一个项目"火星观察者号"（Mars Observer）就带来了她职业生涯中最痛苦的一次失败。刚开始的时候，一切都很顺利——只有一点小小的瑕疵：他们忘了分发花生。1992 年 9 月，飞船从卡纳维拉尔角发射升空。芭芭拉站在大屏幕前，她知道，过不了多久，她就不能再这样观看发射了。随着年龄日益增长，她开始考虑退休。上一次火星任务——维京计划——已经过去了 17 年，每个人都迫不及待地想重返那颗红色星球。海伦和芭芭拉并肩工作，为火星观察者开发了一套图形显示软件。火星上还有那么多秘密等待他们去探索，观察者号将帮助他们一窥红色星球的气候、地质和重力场。

但芭芭拉已经看不到这次任务的结果了。啃下了编程任务里的硬骨头以后，她把剩余的工作交给了其他能干的同事。1993 年 4 月，芭芭拉光荣退休，这时候距离她第一次走进 JPL 的大门已经过去了整整 45 年。收拾办公室感觉就像打开一枚时间胶囊。墙上贴满了 JPL 历次任务的备忘录，她把旅行者号拍摄的照片、麦哲伦号传回来的金星风景和数不清的奖章奖杯收进盒子，这才动身去参加告别午宴，所有朋友都在那里等她。芭芭拉最后一次环顾办公室，喉头不由得有些哽咽，但她忍住了泪水。这不是永别，她告诉自己，我会回来的。芭芭拉知道，就算退休了，她也不会跟大家疏远，尤其是海伦、苏和西尔维娅。

4 个月后，芭芭拉听到了一个坏消息。火星观察者号失踪了。按照预定计划，它应该在两天后进入红色星球的轨道，但就在这时候，飞船从地图上消失了。工程师们提出了各种设想——接受度最高的假设是，飞船的燃料管线发生了泄漏，船体开始自转，于是飞船进入了"应急模式"，通信系统的功能也因此受限——但真相永远迷失在了浩瀚的宇宙中。火星观察者号就这样不见了，任务彻底失败。报纸头条严厉谴责 NASA 为这堆莫名消失的金属浪费了 8.13 亿美元，芭芭拉却为他们付出的辛劳暗自神伤。

一年后，海伦也到了退休的年纪。她做好了离开的准备，没有任何遗憾。办公室里挤满了几十年来曾在 JPL 工作过的许多工程师，其中甚至有 20 世纪 50 年代的老同事，他们特地赶来，和大家分享宝贵的回忆。人人都爱海伦。海伦微笑地望着那一张张熟悉的脸庞，她还热情地拥抱了丹尼斯·蒂托（Dennis Tito），这位 JPL 的前工程师现在成了身家亿万的太空旅行者，他特地赶来，为自己最喜欢的人类计算员送上祝福。黄昏的燥热尚未散尽，大家聊起了昔日的时光，他们的脸上没有泪水，因为他们知道，虽然很多人已经离开了实验室，但他们的友谊仍将长存。

作为几位密友里最年轻的一个，参加芭芭拉和海伦的退休宴会时，西尔维娅的心情颇为沉重。她会想念她们。不过西尔维娅在 JPL 的工作也发生了变化。她申请了实验室内部的新岗位，现在她得到了那个梦寐以求的职位：火星探索计划的项目经理。

火星项目有计划的扩张令西尔维娅欣喜不已。1998 年火星探勘者（Mars Surveyor）任务告一段落之后，西尔维娅才就任新职，不过中间这几年她也没闲着。作为整体任务的一部分，JPL 计划先在那颗行星上建立通信网络，然后再把火星车送到地表。西尔维娅亲眼看着火星车在实验室里渐渐成型，开始接受严格的训练。为了模拟火星地表环境，JPL 修建了一片尘土遍地的崎岖场地，小机器人慢慢学着从原始的"蹲踞"姿势"站"起来，它伸展身体，"长"到了一英尺高。这次着陆他们不打算使用火箭，团队正在设计一套新颖的系统，火星车将利用降落伞和气囊实现软着陆。看到火星车在地面上弹起10层楼的高度，随后安然无恙地降落在地面上，大家都欢呼起来。

1996年12月，JPL发射了配备气囊的火星探路者号（Mars Pathfinder）飞船。实验室里的情绪十分紧张，归根结底，上一次成功的火星任务已经是20年前的事儿了。火星观察者号的失败无疑延长了火星探索的低迷期。俄罗斯的火星探索任务同样举步维艰。1988年，他们的福布斯任务（Phobos）惨遭失败，这艘飞船原本打算探索火星及其卫星。火星任务总是凶多吉少，迄今为止，大约有2/3的火星任务以失败告终。

1997年7月，NASA的飞船抵达了火星。降落伞顺利展开，将火星登陆器和火星车安全地送到地表。直到落地前8秒，气囊才开始充气膨胀，充满气以后，整个气囊宽度达到了约17英尺。登陆器撞向那颗遥远行星的地表然后高高弹起的时候，气囊把它紧紧裹在中间。又经历了15次弹跳以后，登陆器才停止了滚动。气囊慢慢瘪了下去，太阳能电池板像花瓣一样舒展开来。为了表示庆祝，西尔维娅骄傲地站在火星车巨型气囊的复制品旁边拍了张合影。

这台被命名为"卡尔·萨根纪念站"（Carl Sagan Memorial Station）的登陆器开始向地球发送信息和图片，火星车也做好了漫游的准备。有史以来的第一台火星车名叫"旅居者号"（Sojourner），这个名字是为了纪念废奴主义者索杰纳·特鲁思（Sojourner Truth）。只有25磅重的小机器人开始在火星地表逡巡，利用X射线谱仪分析岩石。它发现，火星岩石中的二氧化硅含量高于预期。现在我们手里唯一的火星岩石样品来自流星，它们都是玄武岩。这种火山岩的硅含量相对较低，但却富含铁和镁。玄武岩在地球、月球和火星陨石中都很常见，所以地质学家原本以为探路者任务也会找到这种岩石。但事实上，这么高的二氧化硅含量意味着构成火星地表的很可能是另一种火山岩，而地球上的这种岩石通常存在于水体附近。新发现刺激了科学家的胃口，他们渴望得到更多数据。

旅居者号坚持工作了 85 个太阳日，这远远超出了 JPL 的预期。火星上的太阳日比地球上的 24 小时长了 39 分钟，按照任务计划，这台小机器人的寿命只有 7 个太阳日。最终旅居者号和地球失去了联系，原因很可能是电池耗尽。

幸运的是，JPL 团队知道，他们还会回来。1998 年 12 月和 1999 年 1 月，探勘者计划先后完成了两次发射。飞往火星的飞船共有两艘，它们分别被命名为"火星气候探测者"（Mars Climate Orbiter）和"火星极地着陆者"（Mars Polar Lander）。气候探测者的任务是探测火星天气，为下一代的地面火星车提供信号中继。晚一个月发射的极地着陆者将在火星南极降落，勘探当地的地质构成。南极的白色冰冠很可能藏有水源。

工程师们密切关注着探测者号的航线，随时纠正飞船在宇宙中飞行的轨迹。问题也就出在这里。地面数据和飞船上的数据不太一样，他们很快找到了原因。飞船软件用的是公制单位，但地面上的计算机程序却采用了小众得多的英制单位"磅·秒"。虽然从 1990 年开始，公制就成了 NASA 唯一的计量单位，但地面计算机向探测者号助推器发送导航指令的软件却来自一家私营承包商——洛克希德·马丁公司（Lockheed

Martin）。他们用不常见的英制单位发送指令，但飞船上由 JPL
编程的系统用的却是公制单位"牛顿·秒"，结果助推器的实际
推力变成了预估值的 4.45 倍。出了这么丢人的差错，工程师们
只得频繁手动校正飞船航线。探测者号抵达火星以后，飞船将
启动引擎冲进轨道，然后缓慢减速。至少他们是这样计划的。
引擎点火的时候，西尔维娅紧张极了。飞船的速度太快，离地
高度又太低，结果探测者号也像之前的观察者号一样失踪了。
它很可能深深扎进了火星大气层，然后再次离开火星，进入了
绕日公转轨道。

极地着陆者号也经历了相似的命运。飞船抵达红色星球以
后，它的信号就消失了。日子一天天过去，西尔维娅渐渐放弃
了希望，着陆者大概再也找不着了。飞船失踪的原因可能是软
件错误导致引擎提前关闭。西尔维娅的震惊慢慢变成了悲伤。
探勘者计划彻底失败，更糟糕的是，接连两次事故让火星任务
的前途变得更加渺茫。由于不确定因素太多，NASA 取消了原
定于 2001 年发射的"火星着陆者"（Mars Lander）任务。临危
赴任的西尔维娅忐忑不安，尤其是考虑到，JPL 原本计划增加
火星任务的数量。大约每隔两年，行星就会排列成特殊的形状，
通往火星的大门也将随之开启。要想抓住每一次机会，他们必
须提前决定该用什么方式探索火星，是发射探测器还是火星车，
更重要的是，如何利用有限的预算完成科学目标。

西尔维娅和她的团队一边调查任务失败的原因，一边继续
艰难前行。为了完成任务，他们需要更紧密地团结在一起，做
更多的测试，她希望帮助实验室养成这样的团队文化。他们为

火星任务规划的未来聚焦于新一代的火星探测漫游车。一次开会的时候，唐娜·雪利（Donna Shirley，她是火星探索任务的项目经理，也是西尔维娅的上司之一）环顾房间，坐在桌子旁边的所有工程师都是女性。在唐娜的记忆中，这还是她第一次看到这样的场面。时代真的变了，她想道。工程师们正在考虑制造灵活的机器人，有朝一日，这些机器人会钻开火星地表、搜集样品，然后把它送回地球。他们希望探索这颗星球的地质历史，找到生命存在的证据。

在西尔维娅的带领下，火星项目办公室一气呵成地创造了一个又一个成功。2004年，勇气号（Spirit）和机遇号（Opportunity）漫游车在火星地表弹跳着陆，这次他们用的依然是气囊。不过勇气号落地以后，气囊挡住了它的路。可怜的火星车怎么都甩不掉这个大麻烦，JPL的工程师只得指挥它转了半圈，驶下侧面的一个斜坡。终于获得自由的勇气号在火星上挖了一块土，拍下了第一张来自其他行星地表的显微照片。

从另一方面来说，机遇号一出门就交了好运。这台火星车一不小心就绊到了证据：它发现了几块曾经淹没在深得足以供人戏水的咸水下面的岩石。利用机械臂末端的显微镜头，机遇号传回了一张满是小圆球的照片，JPL的工程师给这些圆球起了个外号：蓝莓。"蓝莓"内部充满了一种特殊晶体形态的赤铁矿，地球上这样的晶体只有在水中才能形成。西尔维娅觉得火星车就像一部分的她自己，看着勇气号和机遇号在红色星球地表逡巡，就好像她自己正行走于火星的尘埃之间。两台火星车都发回了壮观得令人震撼的火星全景照片。火星车的设计使用寿命是一年，这个目标让坚持了3个月的旅居者号望尘莫及。结果勇气号和机遇号的表现远远超过了西尔维娅的预期。勇气号在火星上转悠了5年，最后陷进柔软的土壤，损失了一个轮子；而机遇号直到10年以后还在不知疲惫地逡巡。2012年，两台火星车又迎来了一位新伙伴：好奇号（Curiosity）。

机器人在火星上漫游的时候，一个新的女性群体在JPL内部逐渐成形。海伦、芭芭拉和苏招进来并亲手培育的姑娘们已经在实验室的各个部门扎根发芽，现在她们也开始雇佣自己的女下属了。JPL女性工程师的比例从1984年的9%上升到了1994年的15%。时至今日，JPL雇用的女员工比NASA的任何一个航天中心都多，你在任何职位上都能看到女性的身影。这是梅茜和海伦50年来坚持不懈地雇佣女性换来的伟大成果。女性在JPL扮演的角色变得越来越重要，美国其他地方的趋势却正好相反。1984年，计算机科学专业有37%的毕业生是女性，然而到了今天，这个比例已经下降到了18%。

50年的时间足够让你写出一大堆程序。西尔维娅、海伦、玛姬、苏、芭芭拉和她们的同事编写的代码还将继续服务于飞船、导航系统、气候研究和火星漫游车。哪怕这些女程序员早已离开了JPL，她们留下的代码仍将继续工作；它们可能会被分割、改变用途、分配给其他任务、进入太空、在遥远的异星运行，甚至可能重返地球。直到今天，这些代码仍在支持许多航天器的任务系统，从2012年踏上火星的好奇号，到2004年进入土星轨道的卡西尼号，再到未来那些旨在研究我们这个世界的地球轨道飞行设备。

海伦的离开标志着一个时代的终结。那个曾经被称为计算员的女性群体已经不复存在，取而代之的是另一群更强大、担负更多责任的新一代女性。芭芭拉和海伦曾在122号楼那间阳光充沛的办公室里开启她们的职业生涯，这间屋子曾经培育出了一个团结的纯女性团队，现在这间办公室变得黑漆漆的，昔日的木质办公桌早已被刨花板和塑料材质的家具取代。

2008年，在JPL工作了40年的西尔维娅也离开了这间实验室，她的职业道路堪称最后一批计算员和新一代女工程师之间的桥梁。西尔维娅没有孩子，但侄子和侄女都深爱着她。西尔维娅看到，她深深喜爱但却不幸夭折的彗星任务在一个名叫"罗塞塔号"（Rosetta）的项目里激起了一点回响。这个任务的目标是捕捉一颗掠过天空的彗星，它也受惠于西尔维娅留给JPL的遗泽。2004年，ESA与NASA合作研制的罗塞塔号发射升空；2014年11月12日，飞船搭载的"菲莱号"（Philae）着陆器降落在67P/丘留莫夫-格拉西缅科彗星（67P/Churyumov-Gerasimenko）上。DSN收到了菲莱发出的信号，它记录下了这颗彗星在靠近太阳的过程中逐渐复苏的活动。

苏仍留在JPL。她已经在这间实验室工作了58年，她决心等到2016年7月，她参与研发的最后一艘飞船"朱诺号"成功进入木星轨道以后再退休。

柔和的光线照亮了加州理工雅典娜俱乐部（Caltech Athenaeum）的拱门和高柱，JPL正在举行一场特殊的盛会：探险者1号50周年庆典。2008年1月的一个晚上，JPL决定以这种方式来纪念美国第一颗卫星离开大气层的重要日子。令人悲伤的是，拟定宴会宾客名单的时候，JPL 漏掉了几个重要的名字。50 年前，芭芭拉和玛姬曾坐在控制室里跟踪天空中那颗卫星的轨迹；但在 2008 年的这一天，她们却只能坐在帕萨迪纳的家里，虽然那里离庆典会场只有短短几英里。还记得 JPL 那间控制室的人已经不多了，芭芭拉和玛姬忝列其间，她们的辛劳托起了我们迈向太空的第一步。

她们留下的遗泽仍在执着地探索未知。旅行者号正驶向漆黑的太空深处。1990 年 2 月 14 日，旅行者 1 号回过头拍下了最后几张照片；根据卡尔·萨根的建议，拍到了太阳和 6 颗行星的这一系列照片被命名为"太阳系全家福"（Family Portrait）。由 3 张照片合成的"暗淡蓝点"（Pale Blue Dot）是其中最出名的一张，因为从 40 亿英里外看，地球的尺寸还不及一个像素，这个渺小蓝点周围的宇宙那么壮阔，但我们已知的所有生命都生活在阳光下这个旋转的小蓝点上。最后一次回望家园之后，那颗小探测器离开太阳系，进入了恒星际空间。渐行渐远的旅行者 1 号是有史以来飞得最远的人造物体，但制造它的功臣并不全是男人。

旅行者号的铝制内存条里躺着一笔宝藏。这艘飞船内置的程序合计只有 40KB，占据的空间不足苹果手机内存的万分之一，这些代码是一群出类拔萃的女性用铅笔和纸张一句句写出来的。这些程序不仅是她们杰出工作的一个缩影，还代表着她们职业生涯的巅峰年代。翱翔于宇宙尘埃间的代码是这群女性留给群星的礼物。

后 记

我穿过安全门，进入访客停车场。草坪上的鹿悠闲地嚼着野草，毫不畏惧周围来往的行人。这一幕和芭芭拉的描述一模一样。但实验室跟我想的不太一样，它看起来……有点小。几幢房子紧紧挤在一起，庭院里到处都是正在享受加州阳光的年轻人。这里感觉不像政府机构，倒像是大学校园。

不过，外表总是富有欺骗性，等我真正走进那几幢建筑，复杂的科学才开始显露真容。我和17位女伴一起目睹了漫游车在崎岖的场地里"捉迷藏"，工人们在一间干干净净的巨大车间里组装飞船。同伴告诉我，几十年来，这里几乎没怎么变过。和我同行的这群女性并不是第一次来到这间实验室，她们是JPL的第一批女计算员。我的同伴包括芭芭拉·鲍尔森、琼妮·乔丹、凯瑟琳·萨林、乔治娅·德沃尔尼琴科、维吉妮亚·安德森、珍妮特·戴维斯、海伦·凌（女儿伊芙陪在她身边）、西尔维娅·米勒、维多利亚·王、玛姬·布隆、卡洛琳·诺曼、莉迪亚·沈、琳达·李、玛丽·克劳利、南希·基和苏·芬利。为了赶来参加这次聚会，她们中有几个人甚至不辞辛劳穿越了整个国家。

刚刚见到这群女人，我立即发现，她们不仅是曾经的同事，也是亲密的朋友。她们指着 11 号楼连声抱怨，不少人还记得那间既没有暖气也没有空调的混凝土墙壁计算机室。然后她们又望向早已废弃的试验井，回忆当年那些震耳欲聋的小型发动机试验。我看着芭芭拉和海伦。这么多年来，她们俩交谈过成千上万次，包括正式的和非正式的，但这次却不一样。她们已经有很多年没见面了。

　　海伦住在附近的一所养老院里，孩子们常常来照顾她，尤其是伊芙。丈夫亚瑟退休的时间比她还早 5 年，从那以后他一直在照顾孙辈。他们的儿子帕特里克从小跟着海伦学习 BASIC和 FORTRAN，在母亲的激励下，他选择了计算机科学专业。伊芙特别擅长游泳，她在这条道路上奋勇前行，甚至进入了美国奥运游泳队预选赛。亚瑟去世后，海伦和伊芙相依为命，伊芙细心地照顾母亲，她特别喜欢给妈妈烘焙点心。

　　2003 年，芭芭拉的丈夫哈利得了癌症。哈利生命垂危的时候，有一天，芭芭拉突然觉得头晕目眩，然后她狠狠地摔倒在地，完全爬不起来。以前她从没出现过这样的状况。最后芭芭拉终于设法爬了起来，但医生担心这可能是中风。当时他们的女儿凯伦和凯西住在爱荷华，听到消息，她们立即赶回家里照顾妈妈。结果芭芭拉没什么大事儿，但哈利的健康却每况愈下。女孩们陪着爸爸度过了生命的最后一周，最后哈利溘然长逝。那个曾经用毯子裹着她们、给她们换尿布、深深爱着她们的父亲就这样去了。芭芭拉的莫名晕倒冥冥中仿佛送给了女儿一份礼物，是她给了她们最后一次陪伴父亲的机会。哈利去世后，芭芭拉搬到了爱荷华，那里离女儿更近一点。她的时间表被教堂、朋友和家人填得满满的，最近她还当上了曾祖母。

尽管大家都上了年纪，玛姬看起来还是像这个大家庭里的宝宝。回忆起在 JPL 工作的岁月，她的眼睛像 20 岁的少女一样闪闪发光。玛姬没有结婚，但她并不缺少家庭的温暖：平时她会照顾 97 岁的母亲，偶尔还会帮忙看护几个孩子。她还记得当年在实验室上班的时候，一个好保姆对她来说有多重要。

西尔维娅的退休生活丰富多彩。她和兰尼常常出去旅行。在她的退休宴会上，听到朋友们的溢美之词，西尔维娅说："我都不知道我有这么厉害，简直能在水面上走路！"虽然西尔维娅非常谦虚，但她给 JPL 留下了宝贵的遗产，我们的无人火星探索任务离不开她的工作。

苏也常常在外面奔波，不过这是出于工作需要。她主要负责 DSN 任务，所以经常去全球各地出差，包括澳大利亚、西班牙和格陵兰。去研究站出差意味着在他们的项目饱受媒体关注的时候，苏通常不在国内。"他们关注的焦点永远都是 JPL 的控制室，但真正干活的人不会出现在电视上。"她说。苏眼睁睁看着实验室发生了翻天覆地的变化，但并不是所有变化都是积极的。2008 年，也就是苏进入实验室工作的第 50 年，JPL 修改了政策，要求所有工程师都获得高级学历。苏一直没念完大学，所以他们取消了她的全职职位，把她调整成了小时工。不过等到管理层发现苏的加班时间多得惊人以后，他们立即破例把她的职位改了回去。苏是 NASA 目前在职时间最长的女员工。直到今天，她仍是 JPL 的软件测试员兼分系统工程师，苏热爱这份工作，她还珍藏着一份手绘轨道的坐标纸。没想到吧。

　　在 JPL 参观的时候，我们经过了一台探险者 1 号模型。芭芭拉和玛姬站在模型前面依依不舍地驻足欣赏。真正的探险者 1 号已于 1970 年 3 月 31 日坠入太平洋，那时候她们还在 JPL 工作。女人们的目光扫过这颗细长的卫星，记忆如潮水般涌来。有机会亲耳听到她们的诉说，我深感荣幸。

　　那个周末结束的时候，女人们在满月的照耀下道别。经历了数十年岁月的洗礼，她们的友谊仍历久弥新，在拥抱、亲吻和祝福中，我听到了一句特别伤感的话："这大概是我们最后一次见面了。"在这最后的告别中，她们的友谊比任何火箭发动机都更强大。

致　谢

　　我非常感谢为了这个项目接受访谈的众多女性，她们中有的人曾在 JPL 工作过，有的人至今仍是 JPL 的雇员。她们都是无名英雄，没有她们的默默付出，就没有美国的航天项目。我十分感激她们和家人花费大量时间与我分享故事，回忆往昔的经历。真希望我能把她们的所有故事都写出来，每次访谈都是这个项目不可缺少的一部分，她们为本书提供了宝贵的资料和信息。

　　为了帮助我完成本书，有几位女性付出了大量时间。芭芭拉·鲍尔森便是其中之一。为了找到这个名字背后那位真正的芭芭拉，我试了足足 12 次，幸运的是，最后我终于联系上了她。如果没有她惊人的记忆力、敏捷的头脑和友好的态度，我绝对无法完成本书。我非常感谢芭芭拉和她了不起的家人，尤其是她的两位女儿，凯伦·毕肖普和凯瑟琳·克努森，感谢她们提供的宝贵协助。除此以外，西尔维娅和兰尼·米勒也为本书做出了不可磨灭的贡献。西尔维娅花了很多时间接受我的访谈，帮助我联系受访者，发给我有用的资料和照片。苏珊·芬利的知识也为我提供了至关重要的帮助；为了帮助我，苏花了很多时间跟我沟通，有时候通过电话，有时候是当面交谈。我还想特别感谢伊芙和海伦·凌。伊芙为本书提供了不可或缺的资源，我感谢她的努力和出类拔萃的烘焙技巧。

特别感谢"火箭男孩"，尤其是罗杰·伯克、查理·科赫斯、比尔·麦克劳克林、迪克·华莱士和弗兰克·乔丹，这群 JPL 的退休工程师曾创造历史，他们理应获得比现在更多的认可和肯定，他们的回忆和帮助是一份无价的宝藏。

如果没有我了不起的经纪人劳里·阿布科米尔，这本书根本不可能问世。我非常感谢她的支持、智慧和娴熟的编辑技巧。不管我遇到什么问题，劳里总能给出答案。

我十分感激我杰出的编辑阿斯亚·马奇尼克。她将这份啰唆重复、小错不断的潦草手稿点化成了一本好书。她对科学的热情和处理文字的技巧无人能及。我特别感谢杰恩·亚夫·肯普和黛博拉·雅各布斯，他们宝贵的技能显著提高了本书的质量。同样感谢吉纳维夫·尼尔曼做出的重要贡献。能和利特尔和布朗公司的杰出团队合作，我感到非常幸运，他们的热忱和宝贵经验为本书增添了许多光彩。

在本书的创作过程中，我还得到过其他很多人的帮助。加州理工学院和喷气推进实验室的档案管理员为我提供了极大的支持。衷心感谢不屈不挠的朱莉·库珀，她花费了大量时间帮助我研究资料、寻找照片、安排采风。档案管理员邓迪·章和历史学家埃里克·康韦为我的研究提供了极大的帮助。特别感谢莎拉·汤普森，她帮助我安排了一个特别之夜，让我有机会和 JPL 女计算员们见上一面。感谢 P. 托马斯·卡洛尔，非常感谢你做的研究和无私的帮助。

我非常幸运地请到了几位读者帮助我审读本书，特别是梅格·洛森堡博士，他既是行星学领域的超级巨星，又是历史学家，还是一位极有天赋的编辑者；除此以外，还有澳大利亚斯维本科技大学天体物理及超算中心的银河系外观测天文学家杰弗里·库克博士和 JPL 的天才历史学家朱莉·库珀。他们的远见和智慧为本书提供了极大的帮助。

感谢"小火鸡"团队，尤其是艾丽卡·希尔登、奥特姆·布鲁查、雪利·麦克吉尔、艾米·布兰克维尔、克里斯汀·拉斯孔、瓦莱利·勒维特·哈尔西、克莱尔·莱斯、蕾切尔·尼尔森、劳里·威克斯、曼德·诺曼、艾米·麦克凯因、艾丽卡·维吉妮亚·约翰森、罗希·福尔波、考利·斯拉玛、安德鲁·亚历山大和霍利·巴顿。

很多朋友和家人为本书提供了帮助，包括马可·卡茨和贝斯蒂·布恩、乔伊斯·布恩和我们深深想念的约翰·布恩、伊娃·格朗德吉格、鲁比·弗朗西斯·霍尔特、谢尔顿·卡茨、罗斯·格朗德吉格、蕾切尔和格里·考克莱、伊丽莎白·吉恩和西恩·卡西曼、辛西娅·博伊尔、莎拉·埃里奥特和基尔·鲁宾斯特恩、克里希·格朗特、杰罗姆太太和克罗宁太太、J.A. 和乔林·麦克法兰、伊丽莎白·肖、埃姆林·琼斯、蒂姆·弗拉纳根、艾米·坎托和斯科特·安布鲁斯特、珍妮弗和佩森·汤普森、斯科特和谢伊·霍尔特。感谢克莱尔和杰里·麦克克里瑞，在那次重要的研究之旅中，如果不是你们的支持和爱，我完全不可能完成本书；同样地，我要特别感谢我的公公肯·霍尔特，他为我提供了许多帮助和鼓励。

　　感谢我生命中最重要的人：我的丈夫拉尔金·霍尔特和我们的灵感小天使，埃莉诺·弗朗西斯和菲莉帕·简。

注　释

　　我为本书所做的研究主要是 2011 年至 2015 年完成的第一手访谈。对于访谈中涉及的事件，我尽可能地查找了文献资料加以印证。受访对象包括曾在 JPL 担任计算员的女性及其家人、在 JPL 与她们密切合作的工程师、实验室的其他研究者以及 JPL 的现任工作人员。对于那些已经去世的女性和男性，我主要依据其朋友家人的回忆，以及信件、日记之类的文件资料来还原当时的情景。虽然很多访谈内容并未出现在最后成书的作品中，但它们帮助我构建了一幅 JPL 工作和生活的丰满画卷。

　　受访对象包括：维吉妮亚·安德森、维吉妮亚·普雷蒂曼·贝尔特兰多、罗杰·伯克、玛格丽特·布隆、玛丽·克劳利、珍妮特·戴维斯、乔治娅·德沃尔尼琴科、苏珊·芬利、芭芭拉·加夫尼、罗伯塔·黑德利、琼和弗兰克·乔丹、南希·基、查尔斯·科赫斯、克里斯汀·劳森、琳达·李、伊芙·凌、海伦·凌、比尔·麦克劳克林、西尔维娅·米勒、玛西亚·诺伊格鲍尔、卡洛琳·诺曼、芭芭拉·鲍尔森、菲尔·罗伯茨、莉迪亚·沈、唐娜·雪利、雅尼娜·波尔多·史密斯、帕特里夏·坎莱特·史密斯、凯瑟琳·萨林和维多利亚·王。

除此以外，很多采访对象为我提供了大量历史资料，包括任务报告、信件、照片和新闻摘录。

本书还参考了 JPL 档案中的下列文献：Analog-Computing Facility at JPL; Director's Projects Review: Agendas; Earth-Mars Trajectory Calculation Collection; Flight Command and Data Management Collection; Frank Malina Collection; Galileo S-Band and X-Band Telemetry Parameters Computations Collection; Historical Biography Collection; History Collection; Hsue-Shen Tsien: articles, photos, 1939–1970; JPL Annual Reports; JPL Bulletins: 1944–1958; JPL Computational Mathematics Collection; JPL Computer Group Memoranda Collection; JPL Personnel Lists; Mariner Mars Aperture Collection; Mars Pathfinder Assembly; Navigations Systems Records; Operations History of the JPL Electronic Differential Analyzer for 1952; photo albums, newsletters (*GALCIT-EAR, Lab-Oratory, Universe*); Records of the Flight Office; Robert Droz Collection; SEASAT artwork; Solid Propellant Engineering Section Records; Spacecraft Configuration Testing Collection; Test and Launch Operations Collection; transcript of interview with Charles Kohlhase, 2002; transcript of interview with Charles Terhune, 1990; transcript of interview with Gerald Levy, 1992; transcript of JPL press conference regarding the recent launch of Sputnik I; Viking Lander Camera Test Collection; Viking Project Records; Voyager Computer Command Subsystem Document Collection; Walter Powell Collection。

发射日

文中对话部分直接来自访谈内容，部分基于访谈及文献（主要包括会议纪要、实验室记录、信件和口述史）进行再创作。

个人轶事来自访谈内容。探险者 1 号的发射细节来自：Matthew A. Bille and Erika Lishock, *The First Space Race: Launching the World's First Satellites* (College Station: Texas A&M University Press, 2004)。

第一章　飞上云端

所有个人轶事均来自调查数据、私人信件、口述史、作者对 JPL 雇员的访谈及照片、会议纪要、新闻等文献资料。

关于自杀小队及 JPL 的早期历史来自：Frank Malina, "The Rocket Pioneers: Memoirs of the Infant Days of Rocketry at Caltech", *Engineering and Science* 31(5)(1968); Malina, "Memoir on the GALCIT Rocket Research Project, 1936–1938", *Smithsonian Annals of Flight* 10 (1974); Malina, "The Jet Propulsion Laboratory: Its Origin and First Decade of Work", *Spaceflight* 6(5) and 6(6) (1964); oral-history interview of Malina by Mary Terrall, December 14, 1978, Caltech Archives; Chris Gainor, *To a Distant Day: The Rocket Pioneers* (Lincoln: University of Nebraska Press, 2008); and Erik M. Conway, "From Rockets to Spacecraft: Making JPL a Place for Planetary Science", *Engineering and Science* 70(4)(2007)。

根据帕萨迪纳市官网资料，1929 年，帕萨迪纳的工业企业仅有 159 家，到 1933 年更是进一步下降到了 83 家。(http://ww2. cityofpasadina.net/history/1930-1950.asp，查阅于 2014 年 12 月。)

女性在计算行业工作的历史，包括早期服务于天文学及 WPA 的部分来自：David Alan Grier, *When Computers Were Human* (Princeton, NJ: Princeton University Press, 2007), and Grier, "The Math Tables Project of the Works Project Administration: The Reluctant Start of the Computing Era", *IEEE Annals of the History of Computing* 20(3)(1998): 33-50。

弗里茨·兹威基那句"你是个大傻瓜"的引言出自 Mary Terrall 于 1978 年 12 月 14 日对马利纳的口述史采访，收录于加州理工学院档案馆。值得一提的是，不久后，兹威基开始支持马利纳的工作，最终他也成了 JPL 的顾问。

万尼瓦尔·布什那句"我真是不明白，正经的科学家和工程师怎么会跑去搞火箭"的引言出自：G. Pascal Zachary, *Endless Frontier: Vannevar Bush, Engineer of the American Century* (New York: Free Press, 1997)。

关于喷气发动机研发的更多细节可参考：Sterling Michael Pavelec, *The Jet Race and the Second World War* (Westport, CT: Praeger, 2007)。

关于马利纳的信息来自：Frank Malina Collection, JPL Archives。他的 FBI 档案及个人信件可通过国会图书馆查阅。

杰罗姆·亨塞克那句"就让冯·卡门去完成巴克·罗杰斯的任务吧"的引言出自：Malina, "Origins and Frist Decade of the

Jet Propulsion Laboratory", in Eugene M. Emme, ed., *The History of Rocket Technology: Essays on Research, Technology, and Utility* (Detroit: Wayne State University Press, 1964)。

关于 JATO 技术的讨论来自：J. D. Hunley, *Preludes to U.S. Space-Launch Vehicle Technology: Goddard Rockets to Minuteman III* (Gainesville: University Press of Florida, 2008)。

厄柯普飞行试验及其结果的细节来自：Malina, "Results of Flight Tests of the Ercoupe Airplane with Auxiliary Jet Propulsion Supplied by Solid Propellant Jet Units: Report", 1941, JPL Archives History Collection。这份资料中的原始记录提到了芭比·坎莱特的贡献以及杰克·帕森斯的那句引言："飞行员打算等到飞机修好以后立即重启飞行测试，他的勇敢值得我们钦佩。"

关于厄柯普飞机在梅西百货出售的描述来自：Paul Glenshaw, "Buy Your Plane at Penney's", *Air & Space Smithsonian*, November 2013。

埃莉诺·罗斯福"我们知道，我们必须面对；我们也知道，我们已经做好了准备"的引言出自她在 1941 年 12 月 7 日所做的每周广播演讲。

关于道格拉斯 A-20A 轰炸机实验的描述来自：J. D. Hunley, *The Development of Propulsion Technology for U.S. Space-Launch Vehicles, 1926–1991* (College Station: Texas A&M University Press, 2013)。

关于梅尔巴·尼德、弗里曼·金凯、梅茜·罗伯茨和维吉妮亚·普雷蒂曼的细节来自："Reminiscences of California Institute of Technology Guggenheim Aeronautical Laboratory, GALCIT

No.1, later JPL", memo from Nead to Kyky Chapman, JPL Archives History Collection。

沃特·鲍威尔用斧头袭击马利纳的事件来自：Powell's comments on Malina's memoir, Walter Powell Collection, JPL Archives。马利纳的回忆录里还谈到了冯·卡门为 JPL 选择下一任主任的事，以及克拉克·密立根在此事中扮演的角色。

一本关于杰克·帕森斯的传记提到了他在观察建筑工人融化沥青时突然产生了用沥青制造推进剂的想法，出自：John Carter, *Sex and Rockets: The Occult World of Jack Parsons* (Port Townsend, WA: Feral House, 2005)。

关于杰克·帕森斯沥青基推进剂（又名 GALCIT 61-C）的技术细节，包括用于测试的计算结果，来自："The Preparation and Some Properties of an Asphalt Base Solid Propellant GALCIT 61-C", GALCIT Report No. 22, JPL Archives History Collection。

梅茜被提拔为"计算团队领导"的记录出现在 1946 年 9 月 3 日的一份实验室备忘录里。

关于 20 世纪 40 年代的玫瑰花车游行以及帕萨迪纳专科学校女学生在体育课上接受强制选拔的记录出自：Kim Kowsky, "Parade Passed Her By: In 1942, a Rose Princess Could Only Wave Goodbye to Her Dreams", *Los Angeles Times*, December 27,1992。

第二章　西行记

所有个人轶事及家族史均来自作者访谈。

中国在"二战"中的角色来自：Rana Mitter, *Forgotten Ally: China's World War II, 1937—1945* (New York: Houghton Mifflin Harcourt, 2013)。

关于飞虎队的更多信息来自：Daniel Ford, *Flying Tigers: Claire Chennault and His American Volunteers, 1941—1942* (New York: Harper Collins, 2007)。

20 世纪 40 年代航空工业爆炸式发展的情况来自：Robert A. Kleinhenz et al., "The Aerospace Industry in Southern California," prepared for the Los Angeles Economic Development Corporation, 2012。

美国的航空器制造业从 1939 年的全世界前四十名上升到 1945 年的全球第一，来自：Roger E. Bilstein, *The American Aerospace Industry* (New York: Twayne, 1996)。

第三章　火箭升空

所有个人轶事及家族史均来自作者访谈。

1955 年，芭芭拉在第一百枚下士导弹上签下名字。1955 年 4 月 28 日，这枚火箭从白沙发射升空。2001 年 1 月，威廉·皮克林在 JPL 图书馆所做的一次关于 JPL 轶事的演讲中提及此事。

关于下士、WAC 下士和减震器 WAC 的描述来自：Frank H. Winter, *Rockets into Space* (Cambridge, MA: Harvard University Press, 1990); A. Bowdoin Van Riper, *Rockets and Missiles: The Life Story of a Technology* (Baltimore: Johns Hopkins University Press,

2007); and Mike Gruntman, *Blazing the Trail: The Early History of Spacecraft and Rocketry* (Reston, VA: American Institute of Aeronautics and Astronautics, 2004)。

WAC 下士命名的过程，包括"无高度控制"和"妇女陆军兵团"的双关，来自：Simon Naylor and James R. Ryan, eds., *New Spaces of Exploration: Geographies of Discovery in the Twentieth Century* (London: I.B. Tauris, 2010)。

关于白沙导弹靶场的描述来自个人访谈和信件。关于白沙靶场疯狂轶事的描述来自：M. G. Lord, *Astro Turf: The Private Life of Rocket Science* (New York: Walker, 2006)。白沙美丽的风景和它在托立尼提试验中发挥的作用来自：Rose Houk and Michael Collier, *White Sands National Monument* (Tucson, AZ: Western National Parks Association, 1994)。

1949 年 1 月的暴风雪来自：Stephen B. Johnson, "In 1949, the Snowman Socked Los Angeles", *Los Angeles Times*, January 11, 2013。

下士导弹和减震器 WAC 测试的结果记录在一份官方的政府报告中：James W. Bragg et al., "Development of the Corporal: The Embryo of the Army Missile Program", Army Missile Command (Huntsville, AL: April 1961)。

V-2 火箭掠过埃尔帕索上空并于华雷斯坠毁的事件来自："V-2 Rocket, Off Course, Falls Near Juarez", *El Paso Times*, May 30, 1947。

卡纳维拉尔角在可可比奇的建设史来自：Tony Long, "July

24,1950: America Gets a Spaceport", *Wired*, July 24,2009。

柯拉莉·皮尔森帮助减震器 WAC 发射的信息来自作者访谈。1949 年 2 月 24 日这次发射和减震器 WAC 技术细节的更多信息来自: J. D. Hunley, *Preludes to U.S. Space-Launch Vehicle Technology: Goddard Rockets to Minuteman III* (Gainesville: University Press of Florida, 2008)。

关于苏联第一颗原子弹（代号"闪电一号"）的描述来自: Andrew Krepinevich and Barry Watts, *The Last Warrior: Andrew Marshall and the Shaping of Modern American Defense Strategy* (New York: Basic Books, 2015)。

钱学森在美国使用的是英文名"Hsue-Shen Tsien"。他的经历来自: Iris Chang, *Thread of the Silkworm* (New York: Basic Books, 1995)。读者亦可利用信息自由法（Freedom of Information Act）获得他的 FBI 档案。直到 1999 年，美国政府仍宣称钱学森是一名间谍，资料来源: U.S. House of Representatives Report 105-851, "Report of the Select Committee on U.S. National Security and Military/Commercial Concerns with the People's Republic of China, Submitted by Mr. [Christopher] Cox of California, [Committee] Chairman", January 3, 1999, 105th Congress, second session。

弗兰克·马利纳和 FBI 的纠葛以及他后来自我放逐到法国的事情记录在他的 FBI 档案中。

关于下式导弹运送车队的描述，包括它绵延 16 英里的长度，来自: Stephen B. Johnson, *The Secret of Apollo: Systems Management in American and European Space Programs* (Baltimore: Johns

Hopkins University Press, 2006)。

第四章　导弹小姐

所有个人轶事及家族史均来自作者访谈。

关于 JPL 预算增长到 1 100 万美元及实验室人员扩张的描述来自：Clayton R. Koppes, *JPL and the American Space Program: A History of the Jet Propulsion Laboratory* (New Haven, CT: Yale University Press, 1982)。

JPL 在 20 世纪 50 年代多次刊登广告并在大学里张贴广告征募计算员，此事记录在实验室内刊 *Lab-Oratory* 中。

洛杉矶非裔美国人口的变化来自：Charles A. Gallagher and Cameron D. Lippard, eds., *Race and Racism in the United States: An Encyclopedia of the American Mosaic* (Santa Barbara, CA: Greenwood, 2014)。

关于南加州推掉柑橘果园，批量建造住宅的描述来自："Tract Housing in California, 1945−1973: A Context for National Register Evaluation", prepared by the California Department of Transportation (Sacramento, CA: 2011)。

JPL 雇佣凡士通轮胎和橡胶公司制造下士火箭，以及实验室日渐不满该公司产品质量缺乏稳定性的描述来自：Stephen B. Johnson, *The Secret of Apollo: Systems Management in American and European Space Programs* (Baltimore: Johns Hopkins University Press, 2002)。

哈罗德·詹姆斯·普尔发明燃烧的星星，这个故事来自：P. Thomas Carroll, "Historical Origins of the Sergeant Missile Powerplant", in Kristan R. Lattu, ed., *History of Rocketry and Astronautics: Proceedings of the Seventh and Eighth History Symposia of the International Academy of Astronautics, 1973-1974* (San Diego: Univelt, 1989)。

关于中士火箭 12 次爆炸和燃烧星星带来的问题来自：Roger D. Launius and Dennis R. Jenkins, eds., *To Reach the High Frontier: A History of U.S. Launch Vehicles* (Lexington: University Press of Kentucky, 2002)。

关于斐波拉契数列的更多信息可参考：Alfred S. Posamentier and Ingmar Lehmann, *The (Fabulous) Fibonacci Numbers* (Amherst, NY: Prometheus Books, 2007)。

IBM 701 的历史来自：Paul E. Ceruzzi, *Beyond the Limits: Flight Enters the Computer Age* (Cambridge, MA: MIT Press, 1989), and Emerson W. Pugh, *Building IBM: Shaping an Industry and Its Technology* (Cambridge, MA: MIT Press, 1995)。

根据 1953 年 2 月的 JPL 内刊 *Lab-Oratory* 报道，珍妮·劳森和伊莱恩·查普尔都被派去了 IBM 的培训学校。

"二战" 期间听磁带录音的回忆来自：John T. Mullin, "Creating the Craft of Tape Recording", *High Fidelity*, April 1976, 62-67。

关于磁带如何记录数据的更多信息来自：H. Neal Bertram, *Theory of Magnetic Recording* (New York: Cambridge University Press, 1994)。

1952 年 4 月 18 日，小托马斯·沃森告诉 IBM 的股东："这次出差我们原本希望拿到 5 台订单，但我们打道回府的时候已经拿到了 18 台订单。"出自：Susan Ratcliffe, ed., *Oxford Treasury of Sayings and Quotations* (Oxford, England: Oxford University Press, 2011)。

20 世纪 50 年代 JPL 发生事故的情况来自作者对前员工的访谈，此外几乎没有这方面的文献资料。

关于中士导弹惯性制导系统的信息来自：Koppes, *JPL and the American Space Program*。

Leslie Greener, *Moon Ahead* (New York: Viking Press, 1951)。

20 世纪 50 年代帕萨迪纳反对废除种族隔离政策的活动及学校负责人的遭遇来自：Adam Laats, *The Other School Reformers: Conservative Activism in American Education* (Cambridge, MA: Harvard University Press, 2015)。

珍妮·劳森和西奥多·波尔多的结婚公告刊登在 1954 年 9 月 2 日的 *California Eagle* 上。

第五章　蛰　伏

所有个人轶事及家族史均来自作者访谈。

一本非常精彩的沃纳·冯·布劳恩传记：Michael J. Neufeld, *Von Braun: Dreamer of Space, Engineer of War* (New York: Alfred A. Knopf), 2008。

冯·布劳恩和华特·迪士尼的关系来自：Mike Wright,

"The Disney-Von Braun Collaboration and Its Influence on Space Exploration", in Daniel Schenker et al,. eds., *Selected Papers from the 1993 Southern Humanities Conference* (Huntsville, AL: Southern Humanities Press, 1993)。

"人类很快就将征服太空"是《考利亚氏》从 1952 年到 1954 年刊登的系列文章。冯·布劳恩为这个系列撰写了 8 篇文章，其中包括"跨越最后的边疆"，1952 年 3 月 22 日。

冯·布劳恩的傲慢以及他在美国科学界激起的嫉妒来自: Drew Pearson and John F. Anderson, *U.S.A.——Second-Class Power?* (New York: Simon and Schuster, 1958)。

"要深入研究宇宙射线，我们必须先造出能发射卫星的火箭"的引语出自: William Pickering, "Study of the Upper Atmosphere by Means of Rockets," JPL Publication No. 15, June 20,1947。

国际地球物理年的策划出自: "Proposed United States Program for the International Geophysical Year, 1957-1958," National Academy of Science, National Research Council, 1956。

本书使用了 JPL 档案馆的人员记录来推算计算部门的平均雇员数量。

轨道飞行器计划和先锋计划的竞争来自: Dwayne A. Day, "New Revelations About the American Satellite Programme Before Sputnik", *Spaceflight* 36(11)(1994):372-373; Constance McLaughlin Green and Milton Lomask, *Vanguard: A History* (Washington, DC: U.S. Government Printing Office, 1970); Roger D. Launius et al., eds., *Reconsidering Sputnik: Forty Years Since the Soviet Satellite*

(London: Routledge, 2013); Pickering with James H. Wilson, "Countdown to Space Exploration: A Memoir of the Jet Propulsion Laboratory, 1944−1958", in R. Cargill Hall, ed., *History of Rocketry and Astronautics* (San Diego: Univelt, 1986)。

太空中的真空条件详见：Andrew M. Shaw, *Astrochemistry: From Astronomy to Astrobiology* (Chichester, England: John Wiley, 2006)。

关于离开大气层需要面对的挑战，详细解释可参考：Paul A. Tiper and Gene Mosca, *Physics for Scientists and Engineers*, 6th ed. (New York: W. H. Freeman, 2007)。

关于多级火箭技术，包括达到逃逸速度、进入轨道需要的速度和方向，详细解释可参考：George P. Sutton and Oscar Biblarz, *Rocket Propulsion Elements* (Hoboken, NJ: John Wiley, 2009)。

红石和陆军弹道导弹局的历史来自：T. Gary Wicks, *Huntsville Air and Space* (Charleston, SC: Arcadia, 2010)。

先锋计划为何能打败轨道飞行器计划，来自：Green and Lomask, *Vanguard*。

德尔科罗拉多酒店的历史来自：Donald Langmead, *Icons of American Architecture: From the Alamo to the World Trade Center* (Santa Barbara, CA: Greenwood, 2009)。

木星−C 的信息详见：Clayton R. Koppes, *JPL and the American Space Program: A History of the Jet Propulsion Laboratory* (New Haven, CT: Yale University Press, 1982); Abigail Foerstner, *James Van Allen: The First Eight Billion Miles* (Iowa City: University of

Iowa Press, 2009); Roger D. Launius and Dennis R. Jenkins, eds., *To Reach the High Frontier: A History of U.S. Launch Vehicles* (Lexington: University Press of Kentucky, 2002); Asif A. Siddiqi, *The Red Rockets' Glare: Spaceflight and the Soviet Imagination, 1857−1957* (New York: Cambridge University Press, 2010); and James M. Grimwood and Frances Strowd, "History of the Jupiter Missile System", Report of U.S. Army Missile Command, July 27, 1962。

"微型锁"详见：David Christopher Arnold, *Spying from Space: Constructing America's Satellite Command and Control Systems* (College Station: Texas A&M University Press, 2008), and in H. L. Richter Jr. et al., "Microlock: A Minimum-Weight Radio Instrumentation System for a Satellite," JPL Publication No.36, April 17, 1958。

第六章　90天和90分钟

所有个人轶事及家族史均来自作者访谈。

斯普特尼克发射时皮克林在华盛顿特区的经历来自：Douglas J. Mudgway, *William H. Pickering: America's Deep Space Pioneer* (Washington, DC: National Aeronautics and Space Administration, 2008)。

再入大气层的难度详见：José Meseguer et al., *Spacecraft Thermal Control* (Oxford, England: Woodhead, 2012)。

为再入大气层设计的笨重整流罩详见：Andrew Chaikin, "How the Spaceship Got Its Shape", *Air & Space Smithsonian*, November 2009。

木星-C，或称朱诺火箭被取消引起的失望详见：Clayton R. Koppes, *JPL and the American Space Program: A History of the Jet Propulsion Laboratory* (New Haven, CT: Yale University Press,1982)。

硝酸导致烧伤的原理详见：L. Kolios et al., "The Nitric Burn Trauma of the Skin," *Journal of Plastic, Reconstructive and Aesthetic Surgery* 63(4)(2010)。

斯普特尼克的历史可参考：Paul Dickson, *Sputnik: The Shock of the Century* (New York: Walker, 2007), and Yanek Mieczkowski, *Eisenhower's Sputnik Moment: The Race for Space and World Prestige* (Ithaca, NY: Cornell University Press, 2013)。

苏联宣布斯普特尼克发射成功当晚，冯·布劳恩与梅达里斯和麦克尔罗伊那段"先锋计划不可能成功"的对话出自：William E. Burroughs, *This New Ocean: The Story of the First Space Age* (New York: Random House, 1998)。

艾森豪威尔总统在木星-C和探险者计划中扮演的角色详见：Yanek Mieczkowski, *Eisenhower's Sputnik Moment: The Race for Space and World Prestige* (Ithaca, NY: Cornell University Press, 2013)。

红袜计划详见：Paolo Ulivi and David M. Harland, *Lunar Exploration: Human Pioneers and Robotic Surveyors* (London:

Springer, 2004); R. Cargill Hall, *Lunar Impact: The NASA History of Project Ranger* (Mineola, NY: Dover, 2010); and Jay Gallentine, *Ambassadors from Earth: Pioneering Explorations with Unmanned Spacecraft* (Lincoln: University of Nebraska Press, 2009)。

苏联政府公布的日常健康报告宣称，狗狗宇航员莱卡十分健康，只是后来它死在了太空里。直到 2002 年公众才得知，实际上莱卡进入太空几个小时以后就因过热而死（斯普特尼克 2 号内部的温度超过 49℃）。更多信息可参考：Jennifer Latson, "The Sad Story of Laika, the First Dog Launched into Orbit," *Time*, November 3, 2014。

先锋计划初期的失败和后来的成功详见：Constance Mc-Laughlin Green and Milton Lomask, *Vanguard: A Story* (Washington, DC: U.S. Government Printing Office, 1970)。

肯尼迪的警告，"我们的国家正因为……自满而失算……输掉和苏联的卫星-导弹竞赛"等等，这句引语出自：Zuoyue Wang, *In Sputnik's Shadow: The President's Science Advisory Committee and Cold War America* (New Brunswick, NJ: Rutgers University Press, 2009)。

探险者 1 号的发射，包括卡纳维拉尔角和 JPL 之间的通信往来及后来的新闻发布会，出自：Matthew A. Bille and Erika Lishock, *The First Space Race: Launching the World's First Satellites* (College Station: Texas A&M University Press, 2004)。

冯·布劳恩引语"她晚了 8 分钟"出自：Erik Bergaust, *Wernher von Braun: The Authoritative and Definitive Biographical Pro-*

file of the Father of Modern Space Flight (Washington, DC: National Space Institute, 1976)。

第七章 月 光

所有个人轶事及家族史均来自作者访谈。

NASA 的早期情况出自：Thomas Keith Glennan, *The Birth of NASA: The Diary of T. Keith Glennan* (Washington, DC: National Aeronautics and Space Administration, 2009)。

NASA 成立后不久 JPL 探索太阳系的早期计划及先驱者任务的历史出自：Clayton R. Koppes, *JPL and the American Space Program: A History of the Jet Propulsion Laboratory* (New Haven, CT: Yale University Press, 1982), and Mark Wolverton, *The Depths of Space: The Story of the Pioneer Planetary Probes* (Washington, DC: Joseph Henry Press, 2004)。

"Mars and Beyond" 是 1957 年 12 月 4 日迪士尼乐园播出的一部电视剧。

IBM 704 的描述出自：Paul E. Ceruzzi, *Computing: A Concise History* (Cambridge, MA: MIT Press, 2012)。

月球 1 号，又名"梦"（Mechta），作为这个系列任务的第四次发射，它第一次获得了成功。这艘飞船由著名的苏联火箭工程师谢尔盖·科罗廖夫（Sergei Korolev）命名，后来政府又给它改了名字。目前它还在继续绕着太阳旋转。关于月球任务和先驱者任务的更多信息可参考：Tom McGowen, *Space Race: The Mission,* the Men, the Moon (New York: Enslow, 2008)。

海军先锋计划157名雇员的调动和ABMA冯·布劳恩团队的解散出自：Virginia P. Dawson and Mark D. Bowles, eds., *Realizing the Dream of Flight* (Washington, DC: National Aeronautics and Space Administration, 2005), and Howard E. McCurdy, *Space and the American Imagination* (Baltimore: Johns Hopkins University Press, 2011)。

深空网络的历史可参考：William A. Imbriale, *Large Antennas of the Deep Space Network* (Hoboken, NJ: John Wiley, 2003)。

第八章　模拟之王

所有个人轶事及家族史均来自作者访谈。

关于维加计划的取消和JPL后来制订的计划详见：Clayton R. Koppes, *JPL and the American Space Program: A History of the Jet Propulsion Laboratory* (New Haven, CT: Yale University Press, 1982); and Stephen J. Pyne, *Voyager: Exploration, Space, and the Third Great Age of Discovery* (New York: Viking, 2010)。

关于水手计划的内容出自：Franklin O'Donnell, "The Venus Mission: How Mariner 2 Led the World to the Planets", JPL/California Institute of Technology, 2012; Robert Van Buren, *Mariner Mars 1964 Handbook*, JPL, 1965; and Koppes, *JPL and the American Space Program*。

水星计划的历史可参考：M. Scott Carpenter et al., *We Seven*

(New York: Simon and Schuster, 1962), and John Catchpole, *Project Mercury: NASA's First Manned Space Programme* (London: Springer, 2001)。

冯·布劳恩写给皮克林的这封信出自：Michael J. Neufeld, *Von Braun: Dreamer of Space, Engineer of War* (New York: Alfred A. Knopf), 2008。

艾伦·谢泼德的绕轨飞行详见：Colin Burgess, *Freedom 7: The Historic Flight of Alan B. Shepard, Jr.* (New York: Springer, 2014)。

东方 1 号的乘员能在太空中存活一周，而水星计划的飞船只能撑 24 小时，这部分内容详见：Scott Carpenter and Kris Stoever, *For Spacious Skies: The Uncommon Journey of a Mercury Astronaut* (Orlando, FL: Harcourt, 2002)。

宇宙神 - 爱琴娜火箭详见：Lewis Research Center, ed., *Flight Performance of Atlas-Agena Launch Vehicles in Support of the Lunar Orbiter Missions III, IV, and V* (Washington, DC: National Aeronautics and Space Administration, 1969)。

徘徊者的多次失败详见：David M. Harland, *NASA's Moon Program: Paving the Way for Apollo 11* (New York: Springer, 2009); Koppes, *JPL and the American Space Program*; and R. Cargill Hall, *Project Ranger: A Chronology* (Pasadena, CA: JPL/California Institute of Technology, 1971)。

激动人心的 1960 年世界大赛详见：Michael Shapiro, *Bottom of the Ninth: Branch Rickey, Casey Stengel, and the Daring Scheme* to Save Baseball from Itself (New York: Henry Holt, 2010)。

1960 年，孩子不满 18 岁的已婚妈妈里只有 25% 的人会去上班，出自：Sharon R. Cohany and Emy Sok, "Trends in Labor Force Participation of Married Mothers of Infants", Monthly Labor Review, February 2007。

1960 年避孕药在美国出现，详见：James Reed, The Birth Control Movement and American Society: From Private Vice to Public Virtue (Princeton, NJ: Princeton University Press, 2014)。

FORTRAN 语言的历史、早期打孔计算机及 IBM 1620 的工作方式可参考：Paul E. Ceruzzi, A History of Modern Computing, 2nd ed. (Cambridge, MA: MIT Press, 2003)。

格蕾丝·穆雷·霍普的故事详见她的传记：Kathleen Broome Williams, Grace Hopper: Admiral of the Cyber Sea (Annapolis, MD: Naval Institute Press, 2013)。

洛伊丝·海布特谈及编译器时表示"大家都是摸着石头过河"的引语出自：Lois Haibt, an oral-history interview conducted August 2, 2001, by Janet Abbate, Institute of Electrical and Electronics Engineers History Center, Hoboken, NJ, U.S.A. (http://ethw.org/Oral-History:Lois_Haibt)。

工程师开玩笑说，IBM 1620 名字的缩写"CADET"意思是"不能做加法，不用白费劲"。因为这台计算机没有配备实现加法功能的数字回路，这意味着如果需要做加法，操作员只能在表格里寻找答案，详见：Richard Vernon Andree, Computer Programming and Related Mathematics (Hoboken, NJ: John Wiley,

1966)。

水手号任务失败有一部分是因为程序里少了一个上标符号，出自：Ceruzzi, *Beyond the Limits: Flight Enters the Computer Age* (Cambridge, MA: MIT Press, 1989)。阿瑟·C.克拉克曾在 *The Promise of Space*（New York: Berkley, 1955）和其他文章中表示水手 1 号任务失败的原因是"史上最昂贵的连接符"，但这个说法是错误的。按照 Ceruzzi 的解释，水手 1 号失败是因为"硬件故障加上软件错误"。

关于水星 7 号和土星火箭的资料可参考：Richard W. Orloff and David M. Harland, *Apollo: The Definitive Sourcebook* (New York: Springer, 2006)。

古巴导弹危机详见：Sheldon M. Stern, *The Cuban Missile Crisis in American Memory: Myths Versus Reality* (Palo Alto, CA: Stanford University Press, 2012)。这本书和肯尼迪总统图书馆网站（http://www.jfklibrary.org/JFK/JFK-in-History/Cuban-Missile-Crisis.aspx）都描述了美国在土耳其部署的木星导弹。但直到 1987 年，美国公众才知晓这些导弹在危机中扮演的角色。

希腊数学家毕达哥拉斯有一句名言："丝弦的嗡嗡声中蕴含着几何之美，那些球体的排列中蕴藏着音乐。"比尔·皮克林告诉记者："听，这是来自金星的音乐。"这句话反复出现在很多报道里，其中包括：Philip Dodd, "Rendezvous with Venus a Success!", *Chicago Daily Tribune*, December 15, 1962。

1963 年玫瑰花车游行中的水手号详见：David S. Portree, "Centaurs, Soviets, and Seltzer Seas: Mariner 2's Venusian Adventure

(1962)", *Wired*, December 20, 2014。

第九章　行星引力

所有个人轶事及家族史均来自作者访谈。

亚伯·西尔弗斯坦谈及阿波罗计划命名时表示："我给飞船起名就像给自己的孩子起名那样用心。"这句引语出自：Charles A. Murray and Catherine Bly Cox, *Apollo: The Race to the Moon* (New York: Simon and Schuster, 1989)。

水手号火星任务详见：Edward Clinton Ezell and Linda Neuman Ezell, *On Mars: Exploration of the Red Planet, 1958-1978——The NASA History* (Mineola, NY: Dover, 2009); Clayton R. Koppes, *JPL and the American Space Program: A History of the Jet Propulsion Laboratory* (New Haven, CT: Yale University Press, 1982); *Mariner-Mars 1964: Final Project Report*, JPL, 1968; and Dennis A. Tito, "Trajectory Design for the Mariner-Mars 1964 Mission", *Journal of Spacecraft and Rockets* 4(3)(1967): 289-296。

金星可能没有磁场，因为它的核心既不是完全的固态也不是完全的液态。地球内部的相界面也会释放热量，由此产生的对流会导致地核以大约每年1毫米的速度向外扩张。但目前我们并不知道地球的动力学效应到底是不是这一事件引发的。按照天文学家建立的模型，金星核心至少有一部分是液态的，这些模型还预测了金星核的尺寸和热量，但我们仍无法确认金星核心的确切状态。金星的缓慢自转还会产生另一些有趣的效果，例如地表接收的太阳热量不均衡以及不同寻常的大气运动。关于金星磁场的讨论可参考：Frederic W. Taylor, *The Scientific Exploration of Venus* (New York: Cambridge University Press, 2014)。

关于科氏力的更多信息可参考：Graham P. Collins, "Coriolis Effect", *Scientific American*, September 1, 2009。

高温消毒影响飞船操作的问题出自：R. Cargill Hall, *Lunar Impact: The NASA History of Project Ranger* (Mineola, NY: Dover, 2010)。*Mariner-Mars 1964*, JPL 也专门提及，水手号火星任务的飞船没有进行高温消毒。

徘徊者 6 号的直播信号被切换成了 "喷一点雅芳香水，优雅地步入香氛之中"，詹姆斯·韦伯说的 "再让你飞一次，这是你们的最后一次机会" 以及皮克林在导弹小姐大赛上说的话："我们一定能力挽狂澜，让徘徊者重获生机。"详见：Jeffrey Kluger, *Moon Hunters: NASA's Remarkable Expeditions to the Ends of the Solar Systems* (New York: Simon and Schuster, 2001)。

从 1947 年到 1960 年，电话接线员的数量下降了 43%，出自 1963 年美国劳工统计局（U.S. Bureau of Labor Statistics）的报告。

NASA 各研究中心裁减计算员岗位的情况出自：Sheryll Geocke Powers, "Women in Flight Research at NASA Dryden Flight Research Center from 1946 to 1995", National Aeronautics and Space Administration History Office, 1997。

JPL 分发花生的历史详见：Associated Press, "Peanuts: Rocket Scientists' Lucky Charm," *Lodi (California) News-Sentinel*, December 3, 1999。

关于月球着陆点的争议出自: Hall, *Lunar Impact*, and Paolo Ulivi and David M. Harland, *Lunar Exploration: Human Pioneers and Robotic Surveyors* (London: Spinger, 2004)。

尤金·休梅克极力主张徘徊者 8 号在地球晨昏线附近拍照的故事出自: David H. Levy, *Shoemaker by Levy: The Man Who Made an Impact* (Princeton, NJ: Princeton University Press, 2002)。

水手 3 号保护罩引发的问题以及最后的解决方案详见: John S. Lewis and Ruth A. Lewis, *Space Resources: Breaking the Bonds of Earth* (New York: Columbia University Press, 1987)。

帕西瓦尔·洛威尔出版了三本关于火星的书籍。他对火星运河的描述主要体现在: *Mars and Its Canals* (New York: Macmillan, 1906)。

1965 年, 和计算员们一起工作的一位工程师弗雷德·布林斯利 (Fred Billingsley) 首次在出版物上提出了 "像素" (pixel) 的概念, 即 "图片元素" 的简称。数字图像处理的早期历史和 JPL 在其中扮演的先锋角色详见: James Tomayko, *Computers in Spaceflight: The NASA Experience* (Washington, DC: National Aeronautics and Space Administration, 1988)。

"火星很可能是一颗死亡星球" 出自社论 "The Dead Planet", *New York Times*, July 30, 1965。

孩子不满 6 岁的已婚女性里只有 20% 的人参与劳动, 数据出自: Committee on Finance, *Child Care Data and Materials*, U.S. Senate, 1974。

水手号的发现, 包括火星极地和磁场的情况, 详见: Ezell

and Ezell, *On Mars*。

勘测者计划的情况详见：Koppes, *JPL and the American Space Program*。

皮克林听到某位媒体工作人员说："噢，顺便说一句，我们正在向全世界直播"出自口述史访谈：Mary Terrall, November 7-December 19, 1978, Caltech Archives。

阿波罗 1 号的灾难，包括"火！驾驶舱着火了！"的引语出自：David J. Shayler, *Disasters and Accidents in Manned Spaceflight* (London: Springer, 2000)。

连裤袜的历史出自：Joseph Caputo, "50 Years of Pantyhose", *Smithsonian*, July 7, 2009。

阿波罗 6 号任务详见：Richard W. Orloff and David M. Harland, *Apollo: The Definitive Sourcebook* (New York: Springer, 2006)。

第十章　最后的太空皇后

所有个人轶事及家族史均来自作者访谈。

FORTRAN 66 的情况详见：Dennis C. Smolarski, *The Essentials of FORTRAN* (Piscataway, NJ: Research and Education Association, 1994)。

阿波罗 11 号的故事出自：Charles A. Murray and Catherine Bly Cox, *Apollo: The Race to the Moon* (New York: Simon and Schuster, 1989)。

水手任务及其发现详见：Edward Clinton Ezell and Linda

Neuman Ezell, *On Mars: Exploration of the Red Planet, 1958–1978——The NASA History* (Mineola, NY: Dover, 2009)。水手5号原本是4号的备份任务，但后来它的目的地改成了金星。

玛姬帮助研发的遥感系统详见：R.C. Tausworthe et al., "A High-Rate Telemetry System for the Mariner Mars 1969 Mission", JPL Technical Report 32-1354, 1969。

被误认为植被的尘暴和火星的春天详见：William Sheehan and Stephen James O'Meara, *Mars: The Lure of the Red Planet* (Amherst, NY: Prometheus Books, 2001)。

火星对文学作品的影响详见：Robert Crossley, *Imagining Mars: A Literary History* (Middletown, CT: Wesleyan University Press, 2011)。

《火星人入侵记》上映于1953年，《火星入侵之日》上映于1963年。

壮游计划（即后来的旅行者计划）和它的航线详见：Stephen J. Pyne, *Voyager: Exploration, Space, and the Third Great Age of Discovery* (New York: Viking, 2010), and Ben Evans with David M. Harland, *NASA's Voyager Missions: Exploring the Outer Solar System and Beyond* (London: Springer-Verlag, 2004)。

壮游计划的取消详见：Edward C. Stone, "Voyager, the Space Triumph That Almost Wasn't", *Los Angeles Times*, February 18, 2014。

妇女平等罢工的情况及"我真不明白这些女人在想什么"的引语出自：Catherin Gourley, *Ms. And the Material Girls: Perceptions* of *Women from the 1970s Through the 1990s* (Minneapolis: Lerner, 2007)。

朱塞佩·科伦坡在水手 10 号的研发中扮演的角色详见：Robert S. Kraemer, *Beyond the Moon: A Golden Age of Planetary Exploration, 1971–1978* (Washington, DC: Smithsonian Institution Scholarly Press, 2000)。

1970 年获得工程学学位者中女性的百分比出自：National Center for Education Statistics, Statistical Analysis Report, 2013。

1970 年，加州理工开始招收女生的报道出自加州理工校友网（http://www.alumni.caltech.edu/news/2014/5/12/remembering-a-milestone）及：Amy Sue Bix, *Girls Coming to Tech!: A History of American Engineering Education for Women* (Cambridge, MA: MIT Press, 2014)。

第十一章　男人来自火星

所有个人轶事及家族史均来自作者访谈。

水手 10 号任务的结果来自：James A. Dunne and Eric Burgess, *The Voyage of Mariner 10: Mission to Venus and Mercury* (Washington, DC: National Aeronautics and Space Administration, 1978)。

1973 年水手号从金星和水星实时发回图片的故事详见：J. T. Hatch and J. W. Capps, "Real-Time High-Rate Telemetry Support of Mariner 10 Operations", JPL DSN Progress Report 42-23, 1974, and Bruce Murray and Eric Burgess, *Flight to Mercury* (New York:

Columbia University Press, 1977)。

水手 10 号的确在火星上探测到了稀薄的大气层，但它的厚度完全无法和正常的行星大气层相提并论。科学家认为水星的大气层是外逸型的，在这样的环境中，由于大气密度太低，分子的行为已经变得完全不像是气体。更多信息可参考：A. L. Broadfoot et al., "Mariner 10: Mercury Atmosphere", *Geophysical Research Letters*, 3(10)(1976)。

西尔维娅这篇论文的共同作者包括：Roger D. Bourke, Ralph F. Miles Jr., Paul A. Penzo, and Richard A. Wallace。西尔维娅在文章中的署名为 Sylvia L. Van Dillen，论文详细信息："Mariner Jupiter/Saturn 1977: The Mission Frame", *Astronautics and Aeronautics*, November 1, 1972。

地球照片"蓝色大理石"拍摄于阿波罗 17 号任务期间，详见：Don Nardo, *The Blue Marble: How a Photo Revealed Earth's Fragile Beauty* (Mankato, MN: Capstone), 2014。

尼克松在 NASA 事务中的角色可参考：John M. Logsdon, *After Apollo?: Richard Nixon and the American Space Program* (New York: Palgrave Macmillan, 2015)。

德国的美洲轰炸机计划可参考：Alan Axelrod, *Lost Destiny: Joe Kennedy Jr. and the Doomed WWII Mission to Save London* (New York: St. Martin's, 2015)。

天空实验室的历史出自：Pamela E. Mack, ed., *From Engineering Science to Big Science: The NACA and NASA Collier Trophy Research Project Winners* (Washington, DC: National Aeronautics and Space Administration History Division, 1998)。

联盟 11 号的灾难详见: John F. Burns, "Emerging New Details Indicate Soyuz Trouble", *New York Times*, December 14, 1982, and "The Crew That Never Came Home: The Misfortunes of Soyuz 11", *Space Safety*, April 28,2013。

SEASAT 探测潜艇的能力详见: William J. Broad, "U.S. Loses Hold on Submarine-Exposing Radar Technique", *New York Times*, May 11, 1999。

关于海盗计划的内容, 包括哈罗德·马瑟斯基 "计算机就像你脚上的鞋" 等引语出自: Edward Clinton Ezell and Linda Neuman Ezell, *On Mar: Exploration of the Red Planet, 1958-1978—The NASA History* (Mineola, NY: Dover, 2009)。

关于海盗计划航线的考虑详见: Douglas J. Mudgway, "Viking Mission Support," JPL Technical Report 32-1526, 1976。

海盗 2 号的着陆过程详见: Walter Sullivan, "Viking 2 Lander Settles on Mars and Sends Signal", *New York Times*, September 4, 1976。

利用 DSN 跟踪海盗号的细节出自: F. H. J. Taylor, "Deep Space Network to Viking Orbiter Telecommunications Performance During the Viking Extended Mission, Novermber 1976 through February 1978", JPL DSN Progress Report 42-25, 1978。

查理·科赫斯为旅行者起名的故事详见: David W. Swift, *Voyager Tales: Personal Views of the Grand Tour* (Reston, VA: American Institute of Aeronautics and Astronautics, 1997)。

旅行者"焦虑发作"和发射过程中的意外详见：Bruce Murray, *Journey into Space: The First Thirty Years of Space Exploration* (New York: W.W. Norton, 1990)。

第十二章　看起来像个女孩

所有个人轶事及家族史均来自作者访谈。

关于旅行者任务的描述详见：Stephen J. Pyne, *Voyager: Exploration, Space, and the Third Great Age of Discovery* (New York: Viking, 2010), and Dan Vergano, "Voyager", *National Geographic*, August 18, 2014。这篇文章中还出现了布拉德福德·史密斯的那句引语："你们自己来数。"

旅行者2号平台卡住的问题及后来飞行工程师发送错误指令意外解决问题的过程出自：Associated Press, "Accident Frees Voyager 2 Camera; Now, Will It Work?", *Miami News*, August 27, 1981。

挑战者号事故的细节详见：Diane Vaughan, *The Challenger Launch Decision: Risky Technology, Culture and Deviance at NASA* (Chicago: University of Chicago Press, 1997), and "Report to the President by the Presidential Commission on the Space Shuttle Challenger Accident", June 6, 1986。

罗杰·博伊斯乔利在1985年的一份备忘录（国家档案馆，编号596263）中写道："诚挚地说，我的确非常担心，如果我们不能立即采取行动，以最高优先级解决装配接头的问题，那么我们可能损失的不仅是一艘航天飞机，还有发射台的所有设备。"

博伊斯乔利和艾伦·麦克唐纳德在挑战者号失事中扮演的角色详见：David E. Sanger, "A Year Later, Two Engineers Cope with Challenger Horror", *New York Times*, January 28, 1987。

微处理器的历史可参考：Robert Slater, *Portraits in Silicon* (Cambridge, MA: MIT Press, 1989)。

杰克·基尔比在微芯片研发过程中扮演的角色详见：T. R. Reid, *The Chip: How Two Americans Invented the Microchip and Launched a Revolution* (New York: Simon and Schuster, 1985)。

牵牛星 8800 的历史可参考：Robert M. Collins, *Transforming America: Politics and Culture During the Reagan Years* (New York: Columbia University Press, 2009)。

史蒂芬·沃兹尼亚克"个人电脑的整个愿景一下子从我脑子里冒了出来"等引语出自：Walter Isaacson, *Steve Jobs* (Simon and Schuster, 2011)。

伽利略号天线失效的故事详见：J. George et al., "Galileo System Design for Orbital Operations", Digital Avionics Systems Conference, Phoenix, Arizona, 1994, and Jean H. Aichele, ed., "Galileo, the Tour Guide: A Summary of the Mission to Date," JPL Progress Report D-13554, 1996。

关于伽利略计划的更多信息可参考：David M. Harland, *Jupiter Odyssey: The Story of NASA's Galileo Mission* (London: Springer, 2000), and Daniel Fischer, *Mission Jupiter: The Spectacular Journey of the Galileo Spacecraft* (New York: Springer-Verlag, 2001)。

CRAF 计划及其预算考虑详见：Roger D. Launius, ed., *Exploring the Solar System: The History and Science of Planetary Exploration* (New York: Palgrave Macmillan, 2013), and Peter J. Westwick, *Into the Black: JPL and the American Space Program, 1976–2004* (New Haven, CT: Yale University Press, 2007)。

关于卡西尼任务的更多信息可参考：Michael Meltzer, *The Cassini-Huygens Visit to Saturn: An Historic Mission to the Ringed Planet* (Cham, Switzerland: Springer International Publishing, 2015)。

麦哲伦任务详见：Westwick, *Into the Black*。

关于火星任务的更多细节可参考：Erik M. Conway, *Exploration and Engineering: The Jet Propulsion Laboratory and the Quest for Mars* (Baltimore: Johns Hopkins University Press, 2015)。

公制和英制单位混淆导致火星气候探测者号失败的故事详见："Mars Climate Mishap Investigation Board Phase I Report", November 10, 1999, and "Report on the Loss of the Mars Climate Orbiter Mission", EDS-D18441, November 11, 1999。

极地着陆者号的失败详见：Bruce Moomaw and Cameron Park, "Was Polar Lander Doomed by Fatal Design Flaw?", *SpaceDaily*, February 16, 2000。

关于火星漫游车的更多信息可参考：Stephen Squyres, *Roving Mars: Spirit, Opportunity, and the Exploration of the Red Planet* (New York: Hyperion, 2005), and Rod Pyle, *Curiosity: An Inside Look at the Mars Rover Mission and the People Who Made It*

Happen (Amherst, NY: Prometheus Books, 2014)。

除了个人访谈以外，唐娜·雪利的引语"一切都很顺利，然后我们突然发现，在场的工程师都是女性"亦见于：Kenneth Change, "Making Science Fact, Now Chronicling Science Fiction", *New York Times*, June 15, 2004。

苏在木星任务"朱诺"中的工作可参考她与 M. Soriano 等人合作发表的一篇论文："Spacecraft-to-Earth Communications for Juno and Mars Science Laboratory Critical Events", Aerospace Conference, Institute of Electrical and Electronics Engineers, Big Sky, Montana, 2012。

旅行者的核电池及其使用寿命详见：William J. Broad, "Voyager's Heartbeat Is Nuclear Battery", *New York Times*, August 26, 1989。

卡尔·萨根著作《暗淡蓝点：展望人类的太空家园》（New York: Random House，1994）的标题就是为了致敬旅行者 1 号拍摄的最后一张照片，这张照片也是在他的建议下拍摄的。

后 记

所有个人轶事及家族史均来自作者访谈。

2012 年 10 月，女计算员们在 JPL 重聚。

出版后记

娜塔莉亚·霍尔特在 2013 年组织了本书主人公喷气推进实验室计算员的重聚。如同叙事电影的尾声，后记中描写的这次重聚虽有岁月已逝的伤感，但更充满着温情和力量——这也是这部从个体生命出发、以群体传记形式表现的喷气推进实验室发展史的基调。

写作本书时，霍尔特是一名分子生物学科研工作者，也是一名新手母亲。她的生命经验使她关切半个世纪前同样面临各种抉择的年轻女性。她们热爱数学、从事火箭研发和太空探索等前沿领域的工作，她们的生活苦乐参半。与探寻她们的生命、成长和自我实现同样重要的是，霍尔特将鲜活的个体生命置于时代语境中。读者打开她封存完好的时间胶囊，浸入半个世纪以来的技术革新、航天事业、美国社会文化和国际关系之中，得以感受与思考人、科技和社会之间的关系。

从梅茜·罗伯茨到芭芭拉·鲍尔森，再到海伦·凌，从计算部到改组之后的任务设计部，这几位主管坚持搭建全部由女性组成的团队。"二战"与战后，雇佣女性计算员并不特别，但她们更进一步，鼓励女性雇员学习新技术、上夜校、拿学位，也欢迎生育后的女性重返职场，因此才有了更多的女程序员和女工程师。

本书也有历史之外的意味，霍尔特列举了这样的数据——"1984年，计算机科学专业有37%的毕业生是女性，然而到了今天，这个比例已经下降到了18%"。在给予太空竞赛幕后的计算员应有的承认的同时，《让火箭起飞的女孩》也激励着在今天有志于从事科技工作的女孩们。

厄柯普飞行试验成功，1941年。照片中，芭比·坎莱特在左起第三（供图：NASA/JPL－加州理工）

JPL航拍照片，1950年（供图：NASA/JPL－加州理工）

计算员们，1953 年。第一排左起：安·戴伊（Ann Dye）、盖尔·阿内特（Gail Arnett）、雪莉·克洛（Shirley Clow）、玛丽·劳伦斯（Mary Lawrence）、萨莉·普拉特（Sally Platt）、珍妮·劳森（Janez Lawson）、佩茜·内霍尔特（Patsy Nyeholt）、梅茜·罗伯茨（Macie Roberts）、帕蒂·班迪（Patty Bandy）、格莱·赖特（Glee Wright）、珍妮特·钱德勒（Janet Chandler）、玛丽·克劳利（Marie Crowley）、蕾切尔·萨拉森（Rachel Sarason）和伊莱娜·查普尔（Elaine Chappell）。第二排左起：伊莎贝尔·德沃德（Isabel deWaard）、帕特·贝弗里奇（Pat Beveridge）、珍·奥尼尔（Jean O'Neill）、奥尔加·桑皮亚斯（Olga Sampias）、莱昂汀·威尔逊（Leontine Wilson）、泰伊斯·绍鲍多什（Thais Szabados）、科林·维克（Coleen Veeck）、芭芭拉·刘易斯（Barbara Lewis）、佩茜·里德尔（Patsy Riddell）、菲利斯·布瓦尔达（Phyllis Buwalda）、谢利·桑雷特（Shelley Sonleitner）、金妮·斯旺森（Ginny Swanson）、珍·欣顿（Jean Hinton）和南希·席尔默（Nancy Schirmer）（供图：NASA/JPL–加州理工）

芭比和理查德·坎莱特（Richard Canright），1940 年（供图：帕特里夏·坎莱特·史密斯）

JPL 的午餐厅，1947 年（供图：NASA/JPL–加州理工）

比尔·皮克林为导弹小姐大赛的优胜者戴上桂冠，1955 年（供图：NASA/JPL－加州理工）

实验室定期举办的私人舞会。每个春季和秋季或者年底举办的舞会，可以让员工们开开心心地聚在一起（供图：NASA/JPL－加州理工）

计算员们在工作，1955年。海伦·凌在第二排。在最后一排打电话的是芭芭拉·刘易斯，站在窗户旁边打电话的是梅茜·罗伯茨（供图：NASA/JPL－加州理工）

左一的芭芭拉·刘易斯（鲍尔森）在1952年的导弹小姐大赛中排名第二。其他两位女士，从左向右分别为多丽丝·马洪（Doris Mahon）和朱迪斯·巴克哈夫（Judith Buckhave）（供图：NASA/JPL-加州理工）

JPL定期举办的舞会，爵士乐团很受欢迎（供图：NASA/JPL-加州理工）

1958年1月的一次新闻发布会上，探险者1号成功发射后，詹姆斯·范·艾伦、沃纳·冯·布劳恩与比尔·皮克林一起举起了卫星模型（供图：NASA/JPL-加州理工）

1958 年，计算员菲利斯·布瓦尔达与 JPL 的探险者 1 号小组成员（供图：NASA/JPL－加州理工）

1958 年，JPL 为探险者 1 号举行的庆祝会（供图：NASA/JPL－加州理工）

1964 年，比尔·皮克林为太空皇后戴上桂冠。JPL 承担的任务发生了变化，其内部选美大赛的名称也变了。（供图：NASA/JPL－加州理工）

1959 年，计算员在用伤脑筋的 IBM 704 跟踪登月任务。照片中的卡片是用于编程的打孔卡（供图：NASA/JPL–加州理工）

计算员们在处理先驱者 4 号的数据。穿白色上衣的女士是计算员菲利斯·布瓦尔达，1959 年（供图：NASA/JPL–加州理工）

苏珊·芬利，1957 年
（供图：苏珊·芬利）

加州理工新生指南
上的照片，1957 年。
坐在右边的女士是
苏珊·芬利（供图：
苏珊·芬利）

海伦和她的丈夫，1958
年（供图：海伦·凌）

比尔·皮克林将十年徽章颁给芭芭拉·（刘易斯）鲍尔森，1959 年（供图：NASA/JPL－加州理工）

芭芭拉和哈利·鲍尔森，1959 年（供图：芭芭拉·鲍尔森）

西尔维娅·米勒，1973 年（供图：NASA/JPL－加州理工）

鲍尔森夫妇和他们的女儿凯伦（Karen）和凯西（Kathy）（供图：芭芭拉·鲍尔森）

日的太空飞行操作控制中心的模拟计算机设备，1960年（供图：NASA/JPL-加州理工）

"飞越金星"期间，控制室正在进行的航天器位置追踪（供图：NASA/JPL-加州理工）

海伦·凌正为水手2号做计算，1962年（供图：NASA/JPL–加州理工）

水手2号团队，1962年。梅尔巴·尼德坐在第一排，海伦·凌站在第二排（供图：NASA/JPL–加州理工）

JPL的水手2号在1963年的玫瑰花车游行中（供图：NASA/JPL–加州理工）

新的太空飞行操作设施，1964 年（供图：NASA/JPL-加州理工）

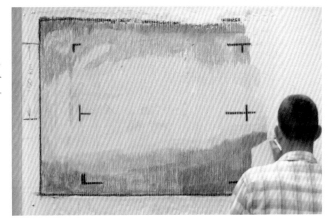

火星的第一张图片，由蜡笔绘制，1965 年（供图：NASA/JPL-加州理工）

1972 年大家正在讨论壮游计划，图中自左向右：罗杰·伯克、拉尔夫·迈尔斯（Ralph Miles）、保罗·彭佐、西尔维娅·伦迪（米勒）、理查德·华莱士（供图：NASA/JPL-加州理工）

1979 年，庆祝海伦·凌在 JPL 任职 25 周年的派对。第一排，从左到右：苏·芬利、玛丽琳·吉尔克里斯特、芭芭拉·（刘易斯）鲍尔森。第二排，从左到右：艾琳·史密斯（Irene Smith）、海伦·凌周叶、西尔维娅·伦迪（米勒）、玛丽·尼克松（Mary Nixon）、朱迪·韦克利（Judy Wakely）。第三排，从左到右：辛西娅·刘（Cynthia Lau）、苏珊娜·谢夫（Suzanne Cheeve）、维多利亚·王（Victoria Wang）、琳达·李（Linda Lee）、凯西·萨林（Kathy Thuleen）、玛姬·（贝伦斯）布隆［Margie (Behrens) Brunn］、琼妮·乔丹（Joanie Jordan）。（供图：芭芭拉·鲍尔森）

旅行者 1 号拍到的木星上的大红点，1979 年（供图：NASA／JPL－加州理工）

一位艺术家将他想象的"旅行者 1 号在太空"描画了出来（供图：NASA／JPL－加州理工）

旅行者 2 号拍到的土星环，
1981 年（供图：NASA/JPL–
加州理工）

旅行者 2 号拍到的天王星，1986 年
（供图：NASA/JPL– 加州理工）

旅行者 2 号成功到达海王星，
这也是壮游计划的最后一站。
PL 为此举办了庆祝会，图为
查克·贝里（Chuck Berry）在
演奏 "Johnny B. Goode"（供
图：NASA/JPL–加州理工）

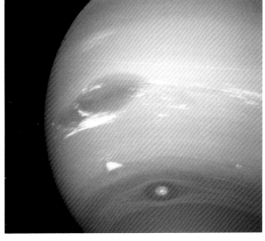

旅行者 2 号拍到的海王星，
1989 年（供图：NASA/JPL–
加州理工）

芭芭拉·鲍尔森（前排中间）和麦哲伦号序列设计团队（供图：NASA/JPL–加州理工）

旅行者1号拍到的"暗淡蓝点"，1990年（供图：NASA/JPL–加州理工）

西尔维娅·米勒和火星探路者号巡视气囊，摄于1997年7月4日，这时航天器刚刚成功降落于红色星球（供图：NASA/JPL–加州理工）

苏·芬利和芭芭拉·鲍尔森，2003 年
（供图：芭芭拉·鲍尔森）

纪念西尔维娅·米勒在 JPL 工作
40 周年，2008 年（供图：NASA/
JPL－加州理工）

芭芭拉·鲍尔森（手拿麦
克风），2013 年（供图：
娜塔莉亚·霍尔特）

西尔维娅·米勒（手拿麦克风），
2013 年（供图：娜塔莉亚·霍
尔特）

机遇号漫游车拍的火星全景摄影，此
时的机遇号还能在火星继续工作十年
（供图：NASA/JPL－加州理工）

2013 年的计算员。后排左起：南希·基、西尔维娅·米勒、珍妮特·戴维斯、莉迪亚·沈、乔治娅·德沃尔尼琴科、玛姬·布隆、凯瑟琳·萨林。前排从左至右：维多利亚·王、维吉妮亚·安德森、玛丽·克劳利、海伦·凌、芭芭拉·鲍尔森、卡洛琳·诺曼（供图：娜塔莉亚·霍尔特）

海伦·凌（最右），2013 年（供图：娜塔莉亚·霍尔特）

2013 年的苏·芬利。她是在 NASA 工作时间最长的女性，在 JPL 工作了 58 年。在她的最后一个任务——"朱诺"号——成功进入木星轨道之前，她一直不愿意退休（供图：NASA/JPL－加州理工）